KB270952

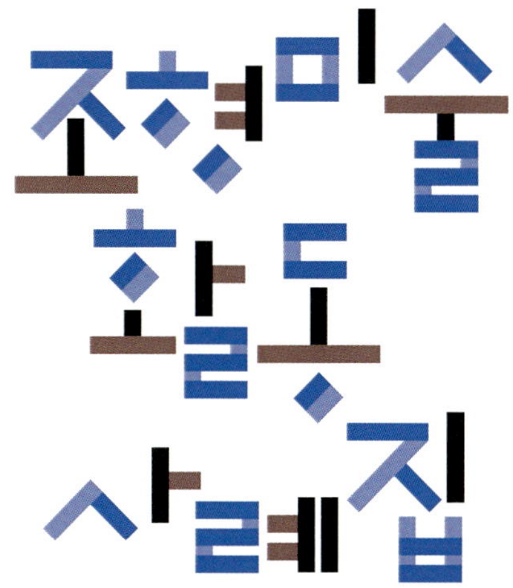

조형미술 활동 사례집

입체표현미술 편

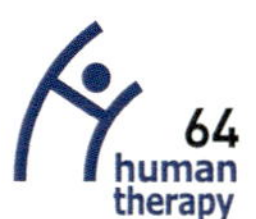

64
human
therapy

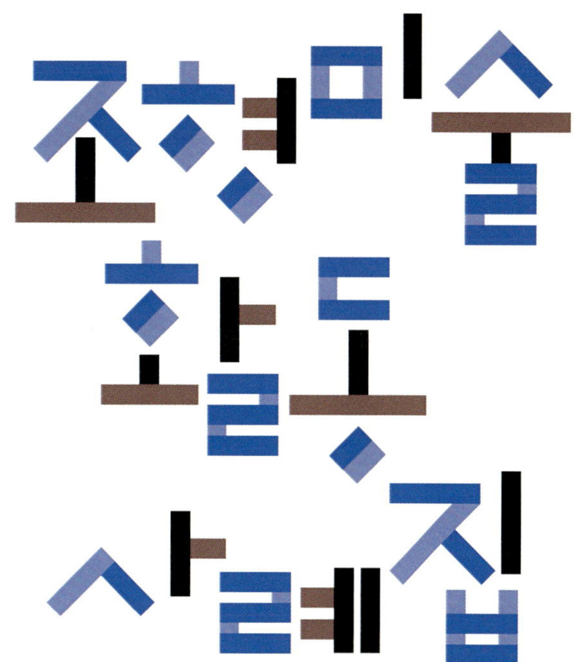

조형미술 활동 사례집

입체표현미술 편

전정민 · 이희원 지음

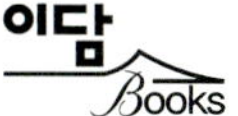

이담 Books

머리말

조형미술에는 평면표현미술과 입체표현미술이 있는데, 이번 책에서는 입체표현미술만을 다루었다. 아이들의 표현활동은 입체로써 새로운 접근을 시도하고 싶어 하는 영유아의 마음 읽기이며 교육적으로 봐서는 의미로 만드는 입체조형활동이라고 할 수 있다. 따라서 아이마다 각기 다른 자신의 의도와 의미를 표현할 수 있는 입체조형활동에 접근하도록 도움을 주고 있다. 아이들 스스로 의도를 가지고, 의미를 부여하며, 또 다른 의미를 이해해보는 활동은 또한 의미 있는 활동이 될 것이다. 이러한 의미와 의도를 가지고 조형미술활동 사례집이라는 책을 제작하게 되었다.

이 책은 이러한 영유아들이 스스로 의도를 가지고, 또한 더 높은 수준의 입체조형표현으로 구체화할 수 있도록 지도하고자 하는 교사들을 위한 책이다.

여러 가지 재료를 적절하게 선택해 사용하고 재료를 다루는 다양한 경험을 통해 창의성을 기를 수 있도록 하는 데 초점을 두었다. 또한 어린이 성장 발달 단계에 적절하도록 지도방향을 제시하여 현장의 교사들에게도 도움을 주고자 하였다. 역시 예비 교사들이 입체표현에 대한 기본적인 이해를 토대로 다양한 조형 활동을 계획하고 실행하는 데 필요한 조형미술 활동 중에 입체표현미술을 중심으로 사례를 다룬 책이다.

다양한 미술 재료와 다양한 기법들을 기본적으로 다룰 뿐만 아니라 영유아교육과정과 연결된 연간 12개월을 주제로 확장이 가능할 수 있도록 하여 현장 교사들이 월간교육계획안과 관련 활동을 적용하는 데 도움이 되도록 하였다.

오랜 현장에서 조형미술의 노하우를 아낌없이 제공해주신 공동저자 이희원 교수님께 감사드리며, 책이 완성될 때까지 옆에서 도와준 강명숙 · 이가경 제자에게 지면을 빌려 고마운 마음을 전하려 한다. 한국학술정보(주) 채종준 대표이사님을 비롯하여 원고 표지디자인, 원고 편집과 인쇄에 이르기까지 세심한 배려를 해주신 여러 관계자분께 머리 숙여 감사드린다.

2014년 9월
서목(아호) 전정민

CONTENTS

조형입체표현의 개념과 입체표현미술 발달 과정

조형이란 각 요소가 작품에서 어떤 방법으로 서로 작용하여 작품을 만들어 내는가에 대한 것이다. 미술품에서 조형 원리는 전체와 부분 간의 유기직인 짜임새를 이루는 것으로 시각적인 조형 요소들이 어떤 방법으로 서로 작용하는가에 대한 것이다.

조형 원리는 작가가 전달하고자 하는 의도를 보다 효과적으로 표현하기 위해 조형 요소들의 배합과 조합을 어떻게 결정하느냐에 따라 달라진다. 조형 원리에는 서로 비슷하게 보이는 원리로 통일 · 반복 · 조화 · 리듬 · 대칭 등이 있고, 서로 달라 보이게 하는 원리로 변화 · 대비 · 강조 · 변형 · 동세 등이 있다. 그 외에 균형과 비례 등이 있다. 자연이나 조형물에서 볼 수 있는 조형 원리는 보통 하나의 원리만이 적용되는 것이 아니라 일반적으로 여러 가지 원리가 어우러져 발견된다.

'조형입체표현미술'이란 조형의 원리를 가지고 찰흙이나 지점토와 폐품조형과 같은 3차원 입체 활동이다. 즉, 입체 활동이란 찰흙이나 지점토, 블록 쌓기, 직조, 구슬 꿰기, 목공놀이와 같은 것 등 다양한 만들기를 하는 것을 말한다. 특히 입체표현의 대표적인 활동으로 찰흙활동을 들 수 있다.

찰흙이란 대상을 재현할 수 있는 재현성(再現性), 형태가 변하는 가소성(可塑性), 촉감이 있는 촉감성(觸感性), 떼었다 붙일 수 있는 점착성(粘着性) 등의 특성을 가진다. 이러한 특성으로 입체 표현 활동을 하는 데 이점을 가질 수 있다. 찰흙 이외에도 조형활동에 소재가 될 수 있는 것은 영유아들 주변에 가까이 존재한다는 점이 매우 좋은 이점이다. 또한 조형입체표현 활동의 이점은 영유아에게 촉지각의 발달과 양감, 공간감 등을 알 수 있게 도와줄 수 있다. 이런 도움을 주기 위해서는 유 · 아동의 입체표현 발달단계의 이해가 필요하다.

유 · 아동의 입체표현 발달단계는 대표적인 로웬펠드(Lowenfeld)의 입체표현의 발달단계를 다음과 같이 살펴볼 수 있다.

로웬펠드는 입체표현의 발달단계를 난화기, 전도식기, 도식기, 또래 집단기, 의사실기, 결정기로 나누어 제시하였다. 로웬펠드의 입체표현단계는 찰흙이란 입체 재료를 통해 어떻게 인식하고 만들어 가는지를 잘 보여 준다고 할 수 있다.

(1) 난화기 The scribbling stage: 2~4세

난화기는 평면표현 발달단계에서 아무런 목적 없이 마구 긁적거리는 단계이다. 찰흙을 가지고 놀며 탐색하는 소근육 운동 단계라고 볼 수 있다. 난화기를 좀 더 세분화하면 무질서한 난화기, 조절된 난화기, 명명하는 난화기로 나눌 수 있다.

① 무질서한 난화기	손의 근육을 움직이며 찰흙을 떼었다 붙였다 가지고 노는 근육운동의 단계
② 조절된 난화기	소근육이 어느 정도 발달하여 찰흙을 공모양이나 긴 막대 모양으로 표현할 수 있는 단계
③ 명명하는 난화기	운동 지각적 사고(Kinesthetic thingking)에서 상상적 사고(imagination)로의 전환으로 알수 없는 형태의 찰흙을 만든 후 이름을 붙여 가지고 노는 단계

(2) 전도식기 The Preschematic Stage: 4~7세

난화기는 평면표현 발달단계에서 아무런 목적 없이 마구 긁적거리는 단계이다. 찰흙을 가지 전도식기에 유아들은 주변 대상과 환경을 표현하고자 다양한 시도를 하는 단계이다. 이 단계는 최초로 인물표현을 시도하는 단계이기도 하다. 예를 들어, 찰흙 덩어리에 손가락을 눌러 눈, 코, 입을 표현하기도 한다.

(3) 도식기 The Schematic Stage: 7~9세

도식기에는 소근육 발달에 의해 주변 대상과 환경을 더욱 구체적으로 표현하는 단계이다. 다양한 입체 재료를 통해 입체감, 공간감을 표현해 나갈 수 있는 단계라고 할 수 있다. 이 단계는 평면적 표현*에서 벗어나 사람을 직립시키려는 시도를 한다.

로웬펠드(Lowenfeld)는 이 시기의 유아들이 분석적 방법과 종합적 방법의 입체재료의 표현으로 나뉘어 사고의 차이를 보여 준다고 하였다. 좀 더 자세히 설명하면 분석적 방법(analytic method)은 찰흙을 전체에서 세부로 눌러 들어가면서 형태를 만드는 것을 말한다. 이 경우는 평면표현의 "시각형"으로 비례, 원근, 명암, 형태 등을 중시하게 된다. 이에 비해 종합적 방법(synthetic method)은 찰흙의 부분을 떼어 다시 붙여서 전체의 형태를 만드는 것을 말한다. 평면표현의 "촉각형"으로 주관적인 느낌과 생각을 중시하는 단계이다.

* 평면적 표현이란 표현 대상을 눕혀서 마치 그림을 그리듯 표현하는 것을 말한다.

(4) 또래 집단기|The Gang Age: 9~11세

또래 집단기에서는 다양한 주제를 사실적으로 표현하고자 한다. 즉, 세부적이며 입체적 면을 표현하려고 하는 단계이다. 그래서 인물의 전체 비례를 생각하며 만들게 된다. 예를 들어, 찰흙에 무늬를 찍거나 구멍을 내는 등 공간의 개념이 도입하는 것을 말한다.

(5) 의사실기|The Pseudo-Naturalistic Stage: 11~13세

의사실기에는 대싱을 사실적으로 만들려는 노력을 하는 시기이다. 즉, 무의식적으로 소조하는(modeling) 단계에서 의식적으로 조각하는(sculpturing) 단계로 넘어가는 단계이다.
조소는 소조와 조각으로 나누어 볼 수 있는데 소조는 대상을 보고 닮게 만들려는 것으로 분석적 방법이라고 할 수 있다. 조각이란 의도를 나타내기 위해 상상적이고 추상적인 주제를 다루는 것으로 종합적 방법이라고 할 수 있다.

(6) 결정기|The Period of Decision: 13~17세

결정기에 아동들은 분석적 방법(시각형)과 종합적 방법(촉각형)의 차이가 조금씩 뚜렷하게 나누어진다.

분석적	찰흙으로 전체적인 두상의 형태를 만든 후, 입을 파고 코를 붙이고 눈 주위를 오목하게 파낸 후에 눈을 세부적으로 만든 후 귀를 붙이고 머리를 붙이고 정리
종합적	찰흙으로 턱의 밑 부분을 만든 후에 털 위에 이와 혀를 만들고 코를 붙이고 눈을 만들고 귀와 근육, 머리카락을 만들어 완성. 주관적인 느낌과 정서로 표현대상을 만듦

(7) 청소년기|Adolescent Art: 청소년기

청소년기가 되면 아동기의 사실적 표현을 넘어 추상적이고 창의적인 표현을 시도하려는 시기이다. 이 시기는 주관적·독자적으로 표현하고자 하며, 시각형과 촉각형의 방법은 더욱 뚜렷해진다.

조형미술활동 사례

1

어린이집/ 유치원

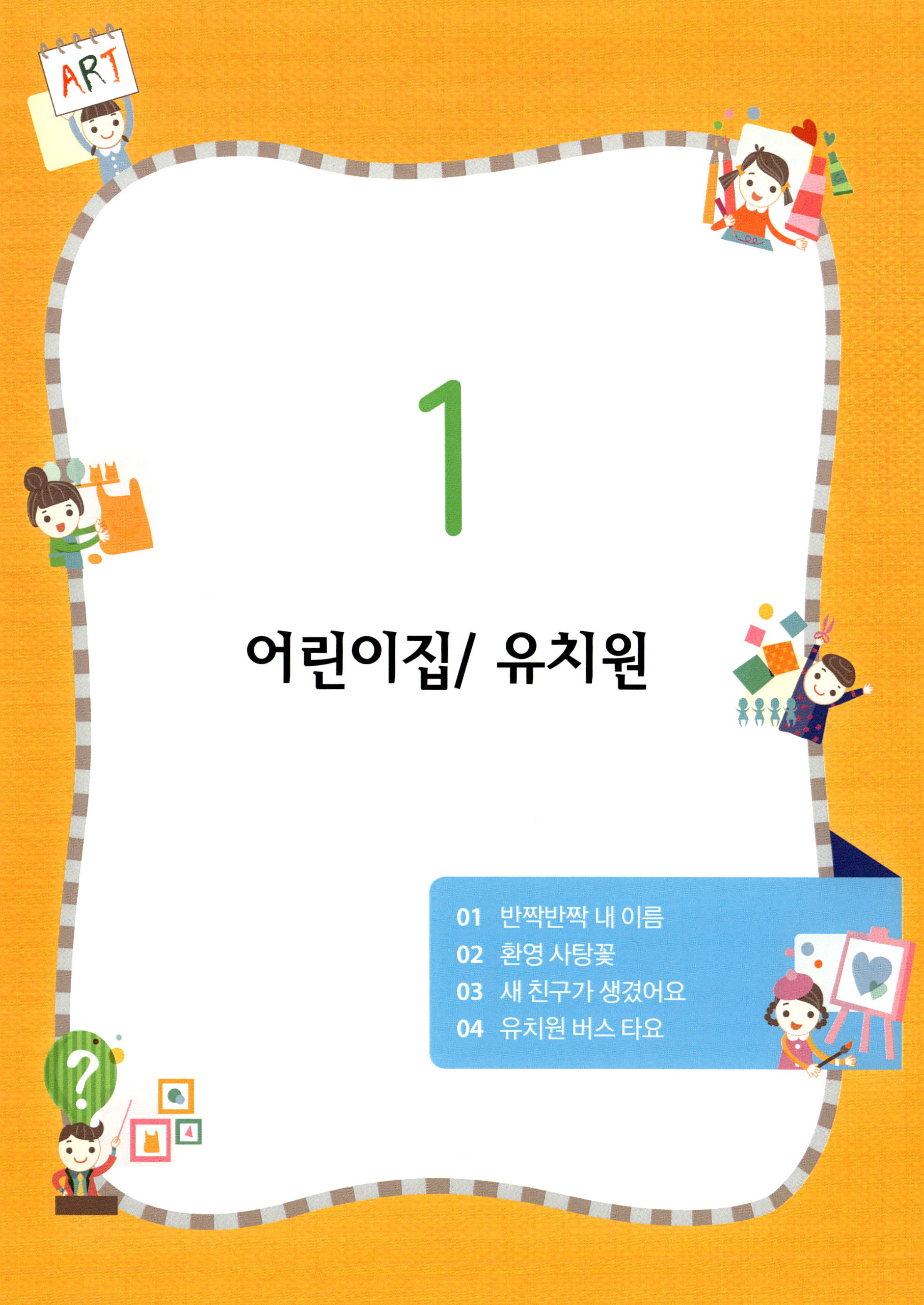

 # 01 반짝반짝 내 이름

♪ "당신은 누구십니까?~ 나는 이희원 그 이름 아름답구나~." ♫
새로운 친구와 선생님을 만나 처음 서로를 소개하고 이름을 익히기에 좋은 미술활동이다. 현재 이름을 빛내고 있는 유명인들이나 과거의 위인들에 대하여 이야기 나누고 이다음에 커서 내 이름을 빛낼 수 있는 친구들이 되도록 다짐해 본다.

(1) 지도목표

친구들과 함께 나의 이름에 관심을 갖고 꾸미며 소개한다. 모래의 감촉을 느끼고 꾸미기를 통해 소근육을 발달시키고 모래의 성질을 인지한다. 색깔모래를 이용해 이름 글자를 꾸미며 색의 아름다움을 느낀다.

(2) 재료

A4 검정 색지, 종이보다 약간 큰 상자, 색모래, 양면테이프, 목공본드, 모양펀치, 색종이, 풀

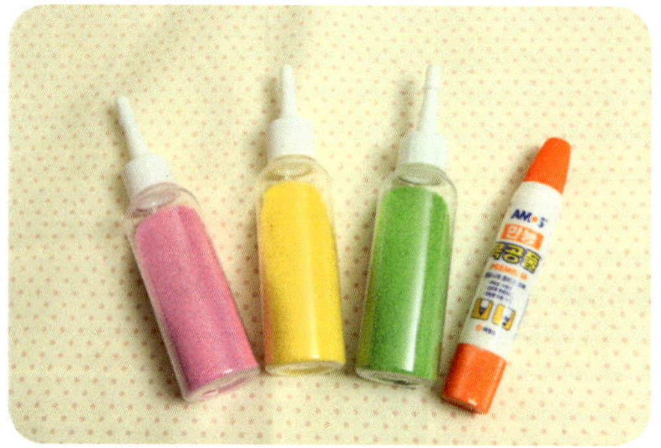
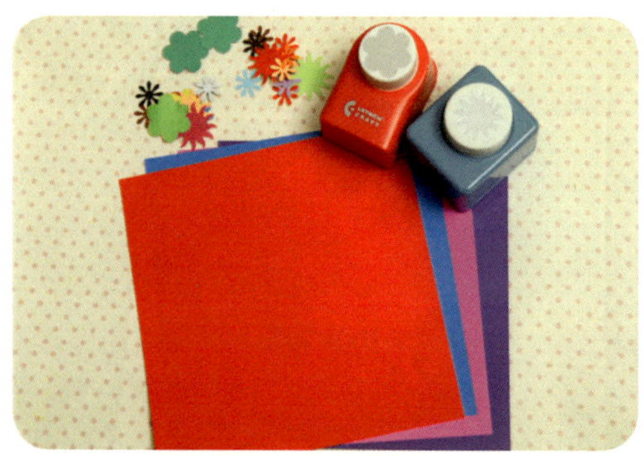

(3) 활동방법

a. 도입

① 나의 이름에 대해 이야기를 나눈다.
- 나의 이름은 무엇이니?
- 나의 이름은 어떤 자음과 모음으로 되어 있니?

② 이름꾸미기 활동에 대해 이야기 나눈다.
- 내 이름을 꾸며 보는 활동을 해 보자.
- 어떤 재료를 사용해서 꾸며 보고 싶니?

b. 전개

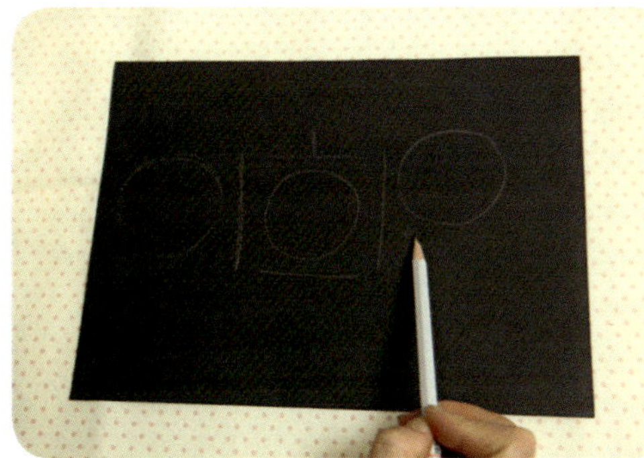

❶ 검정종이에 연필로 이름을 크게 스케치한다.

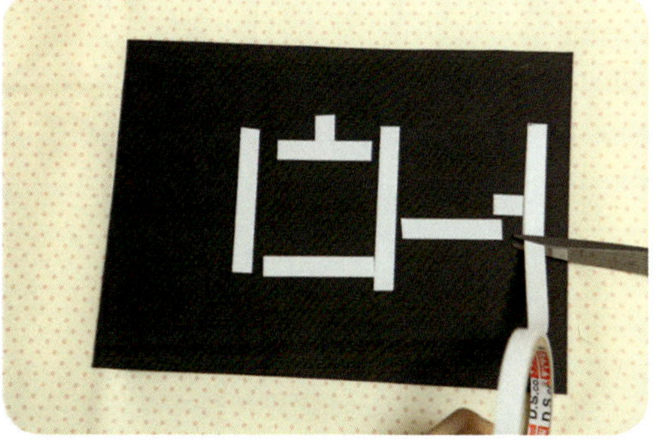

❷ 양면테이프로 글자의 직선이 있는 부분을 붙이고 스티커를 떼어 낸다.

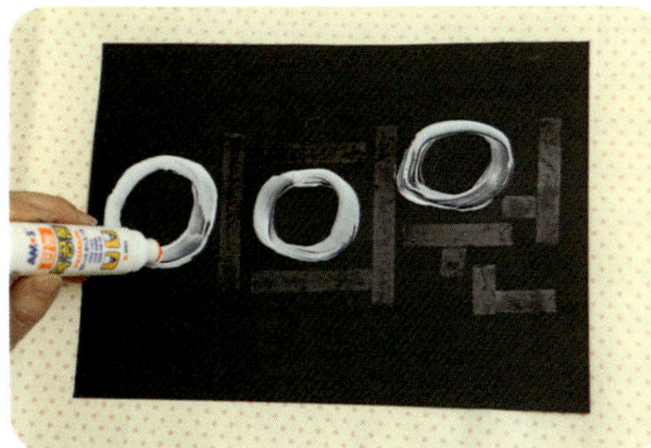

❸ 글자 모양 중 곡선이나 동그라미는 목공본드를 살짝 짜면서 따라 그린다.

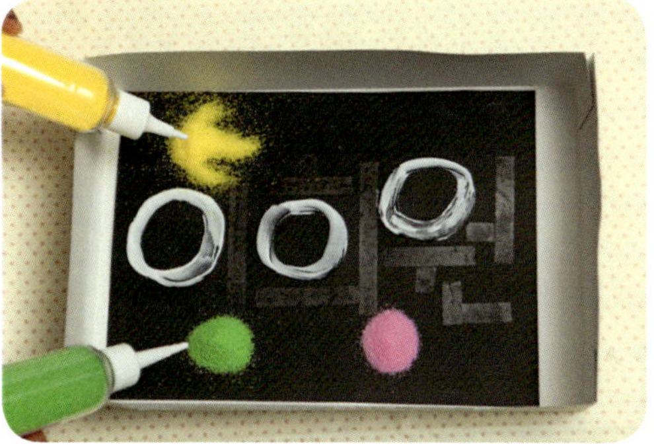

❹ 검정 종이보다 큰 상자 안에 이름이 붙은 종이를 넣고 색모래를 글자 주위에 뿌린다.

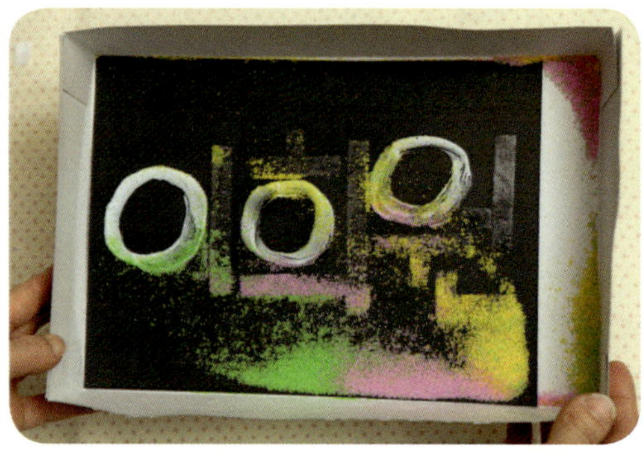

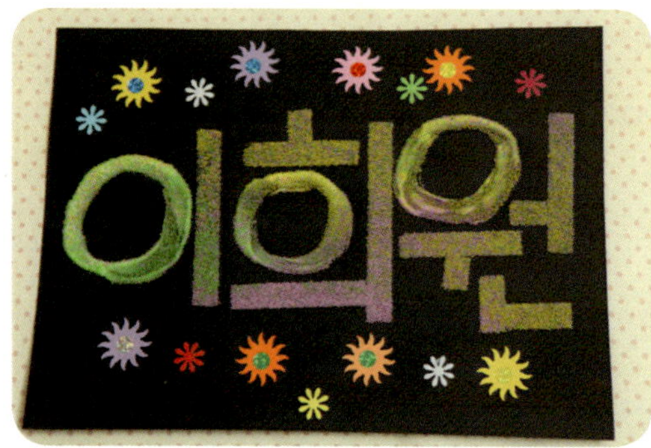

❺ 상자를 들어 위아래로 기울게 하여 접착 부분에 모래가 붙도록 살살 흔든다.

❻ 이름에 색이 입혀졌으면 모래를 가볍게 털고 주변 공간에 모양 색종이와 스티커 등을 붙여 예쁘게 꾸민다.

❼ 색모래 대신 반짝이 가루를 이용하여 이름을 더욱 화려하고 돋보이게 할 수 있다.

c. 마무리

활동을 하고 난 느낌에 대해 이야기를 나눈다.

① 내 이름을 꾸며 보았는데 어땠니?

② 내 이름은 누가 지어 주셨는지 어떤 뜻이 있는지 서로 이야기 나눈다.

유의점

양면테이프의 스티커를 떼어 낼 때 테이프까지 떨어지지 않도록 한다. 색모래가 상자 밖으로 떨어지지 않도록 살살 기울인다.

02 환영 사탕꽃

마음을 전하고 싶을 때 간단히 접어 친구나 유아에게 선물로 주면 인기 만점인 사탕꽃 접기이다. 접기 방법이 간단하여 꽃다발을 만드는 것도 어렵지 않게 할 수 있다.

(1) 지도목표

종이접기를 통해 꽃다발을 만들 수 있다. 눈과 손의 협응력을 기른다. 만들고 난 후 친구나 부모님께 드려서 선물을 주는 기쁨을 느껴 본다.

(2) 재료

9cm 색지-5장, 막대사탕, 사탕스틱(빨대), 금색 구슬끈

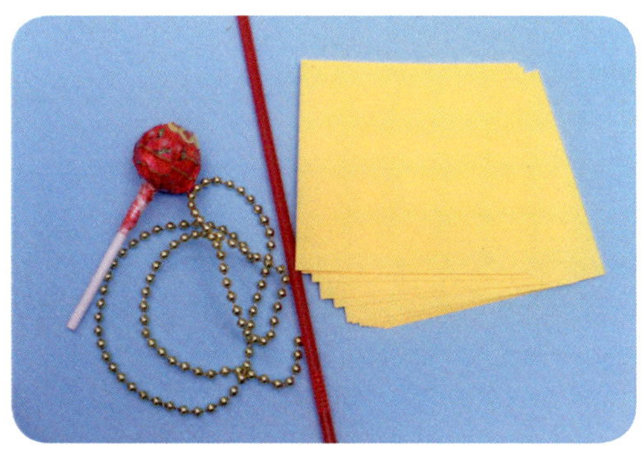

(3) 활동방법

a. 도입

① 꽃다발에 대해 이야기를 나눈다.
- 꽃을 받아 본 경험이 있니?
- 언제 받아 보았니?
- 어떤 모양의 꽃다발을 받아 보았니?
- 사탕이 들어가 있는 꽃다발을 받아 본 적이 있니?

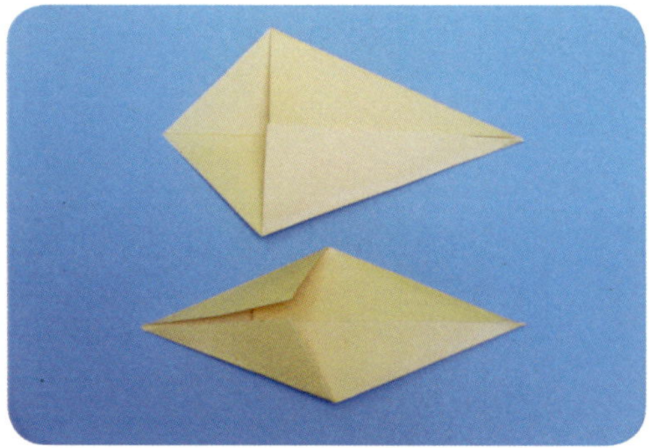

❶ 색지를 세모 접기 한 후 펼쳐서 숭심선에 맞추어 아이스크림 접기를 한다.

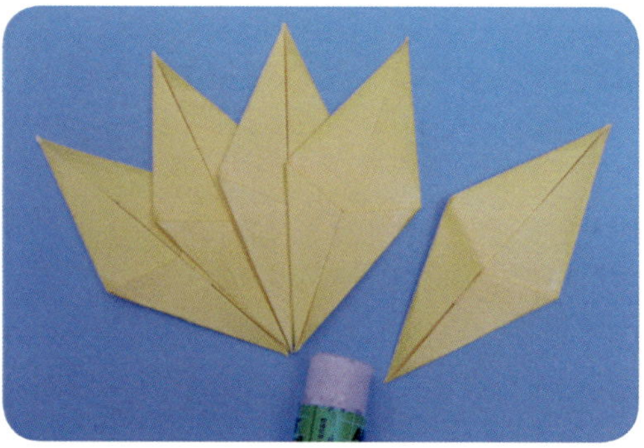

❷ 빈대쪽도 중심선에 모이 접어 방패 접기를 한다. 종이가 두꺼울수록 손톱으로 꾹꾹 눌러 접는다.

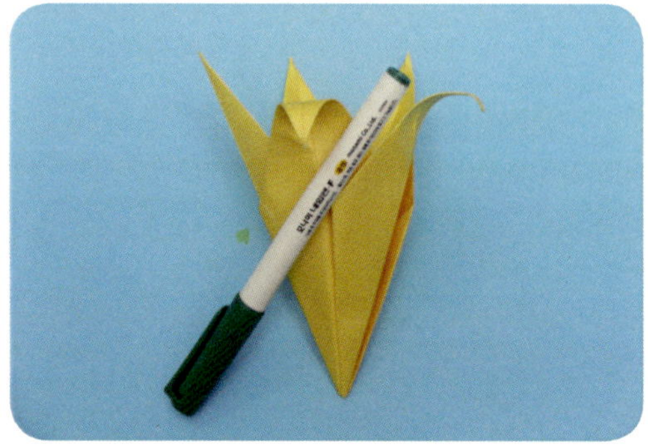

❸ 다섯 장을 다 접은 뒤 세모 부분에 풀칠하여 부채 모양으로 붙이고 마지막에 동그랗게 모아 원뿔 모양으로 붙인다.

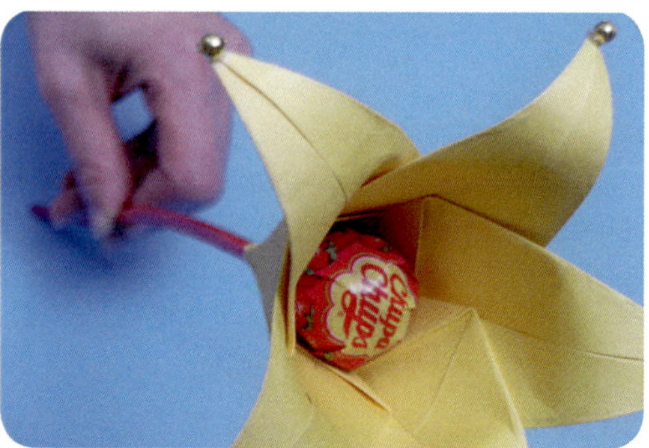

❹ 빨대에 막대사탕을 꽂고 연필을 이용하여 꽃잎을 바깥쪽으로 감아 모양을 만든 후 구슬끈을 꽃잎 끝에 하나씩 붙여 완성한다.

c. 마무리

활동이 끝나면 자리를 정리한다.

- 사탕꽃을 만들어 보았는데 어땠니?
- 어려운 점은 없었니?
- 누구에게 주고 싶니?

접을 때 색지가 두께감이 있을 경우 접기 선도 꼭 눌러 접고 딱풀 칠을 꼼꼼하게 하여 잘 붙도록 한다. 여러 가지 종이 색깔로 사탕꽃을 만들어 화려한 꽃다발을 만들어도 예쁘다.

03 새 친구가 생겼어요

종이봉투 손퍼펫을 만들어 봄으로써 친구들과 자연스럽게 이야기할 수 있는 시간을 갖는다.

(1) 지도목표

종이봉투를 활용하여 손인형을 만들어 본다. 미술재료의 다양함을 알고 재료를 활용하여 생활놀이용품을 만든다.

(2) 재료

작은 종이봉투(은행돈봉투 크기) 흰 도화지, 색연필, 풀, 가위, 색종이

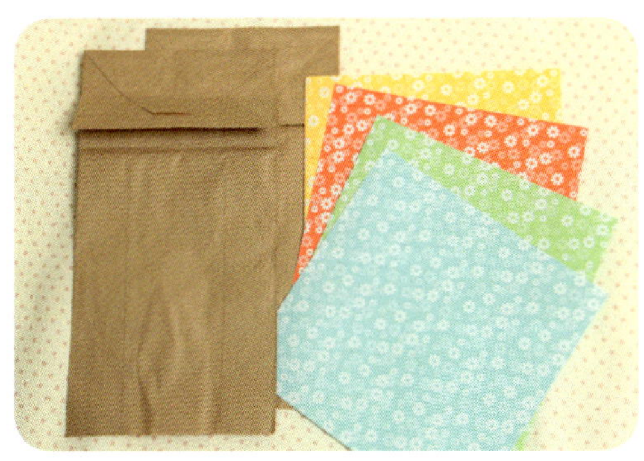 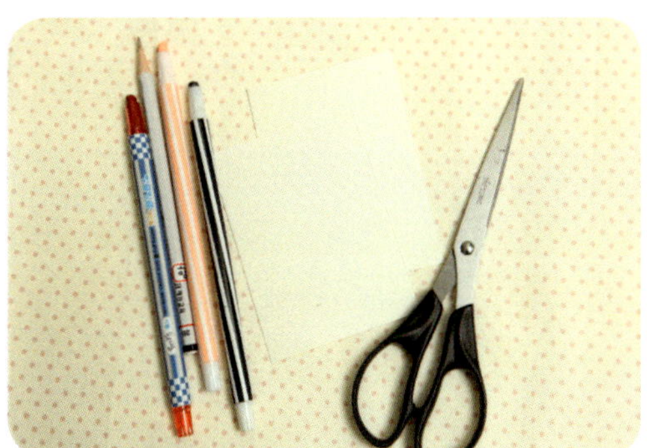

(3) 활동방법

a. 도입

① 우리 반 친구들에 대해 이야기 나눈다.
- 우리 반 친구들은 누가 누가 있니?
- 어떤 친구와 친해지고 싶니?

② 우리 반 친구들 만들기 활동을 해 볼 것을 이야기한다.
- 우리 반 친구들의 모습을 만들어 보자.

- 어떻게 하면 만들어 볼 수 있을까?
- 어떤 친구를 만들어 보고 싶니?

b. 전개

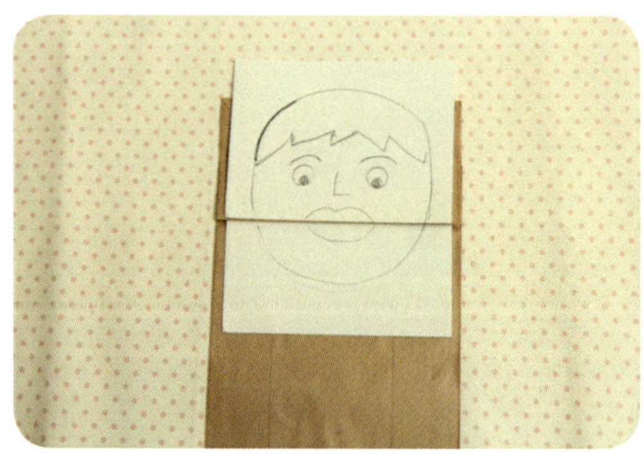

❶ 종이봉투의 밑면에 흰색 도화지를 올려놓고 얼굴의 윗입술까지 그린다.

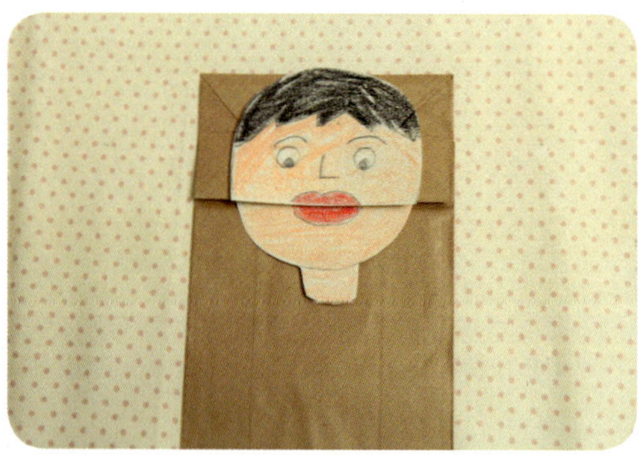

❷ 나머지 아랫부분은 도화지 위로 아랫입술부터 목까지 그린 뒤 색칠한다.

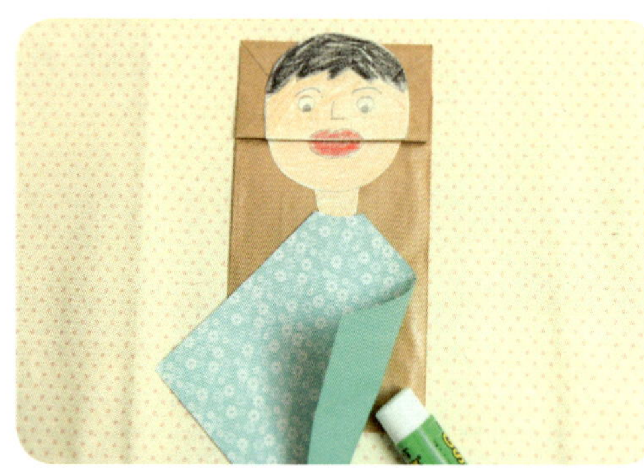

❸ 가위로 오려 종이봉투에 붙인다.

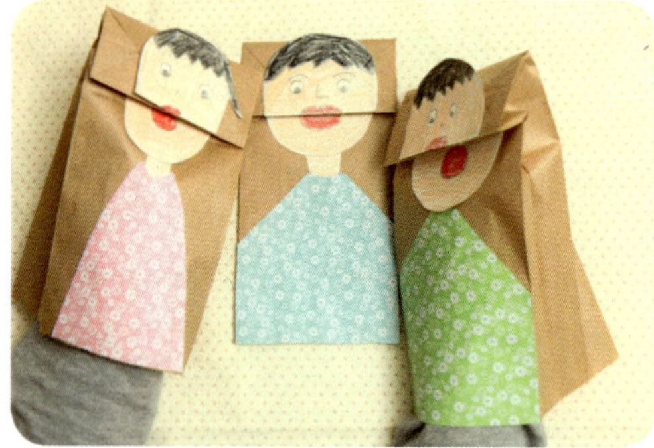

❹ 색종이로 목 아래쪽에 옷 모양을 내어 붙이고 남는 부분을 가위로 오려 낸다.
❺ 종이봉투 속에 손을 끼우고 움직여 말하는 것처럼 움직이며 놀아 본다.

c. 마무리

새로운 친구들과 빨리 친해지고 좋은 관계를 갖기 위해 서로 할 수 있는 일이 무엇일까 이야기 나눈다. 친구들과 역할 놀이, 상황별 놀이를 퍼펫으로 함으로써 자연스럽게 이야기할 수 있는 시간을 갖는다.

> **Tip**
>
> 종이봉투에 동물의 눈, 코, 입 등을 붙여서 여러 가지 동물 퍼펫으로 만들고 아이들과 동화구연이나 놀이를 할 수 있다.

04 유치원 버스 타요

등원과 하원 시에 이용하는 유치원 버스와 운전해 주시는 기사님, 타고 오를 때 도움을 주시는 선생님, 배웅하고 맞이하는 엄마 등, 유치원 버스를 이용할 때 일어나는 여러 가지 일들과 생각들을 이야기해 본다.

(1) 지도목표

내가 다니는 원의 교통수단에 대해 관심을 갖는다. OHP필름을 활용하여 친구들의 모습을 그려 본다.

(2) 재료

서류봉투, OHP필름지, 네임펜, 크레파스, 칼

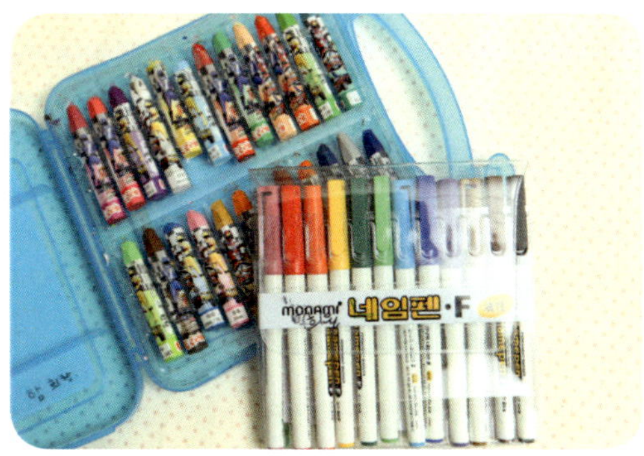

(3) 활동방법

a. 도입

① 등원할 때 이용하는 교통수단에 대해 이야기 나눈다.
- 유치원(어린이집)에 올 때 어떻게 오니?
- 우리 유치원(어린이집) 버스를 타고 오는 친구 있니?
- 유치원(어린이집) 버스는 어떻게 생겼니?
- 버스 안에는 누가 있니?
- 어느 자리에 누구와 같이 앉아서 유치원에 오니?

② 유아들과 함께 친구들과 함께 타는 버스를 만들어 보도록 한다.
  - 친구들과 함께 이용하는 버스를 만들어 보자.

b. 전개

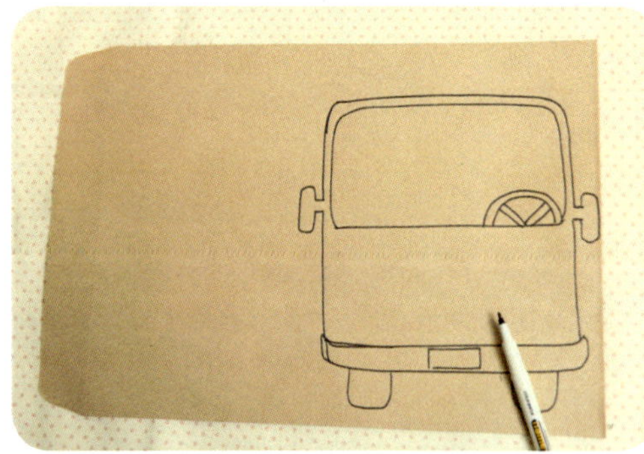

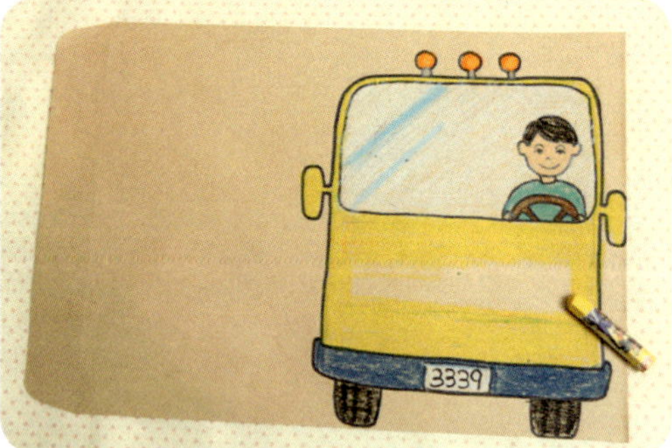

❶ 서류봉투를 그림과 같이 놓고 입구 반대쪽에 유치원 버스의 앞면을 네임펜으로 그리고 색칠한다(버스 그림을 복사해서 붙여도 좋다).

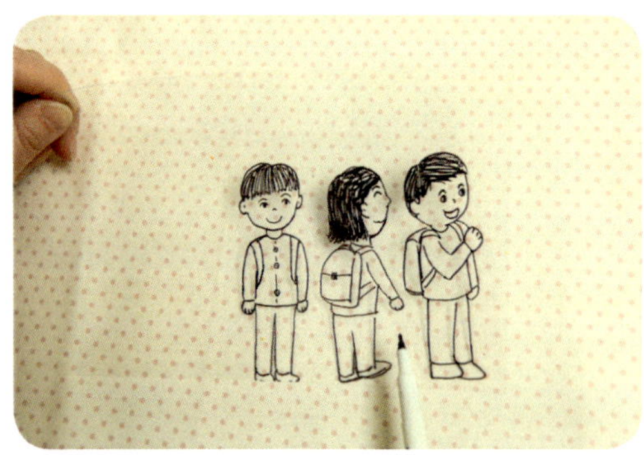

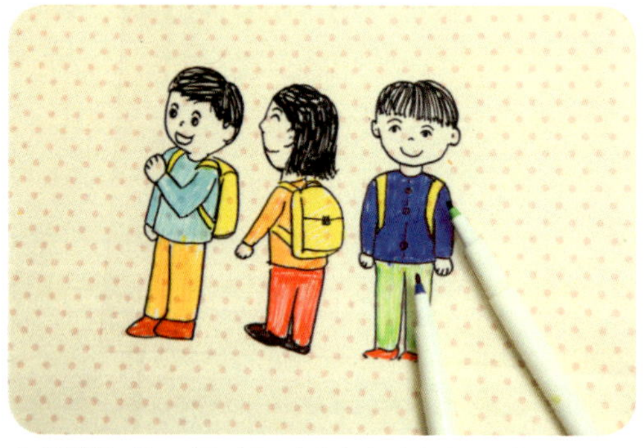

❷ OHP필름지에 친구들이 한 줄로 서 있는 모습을 그린다. 그림을 그리기 어려워한다면 사진이나 아이들의 그림 위에 필름지를 올려놓고 따라 그려도 된다.

❸ 색칠할 때는 필름지를 뒤집어서 네임펜으로 칠해야 검은 색이 번지지 않는다.

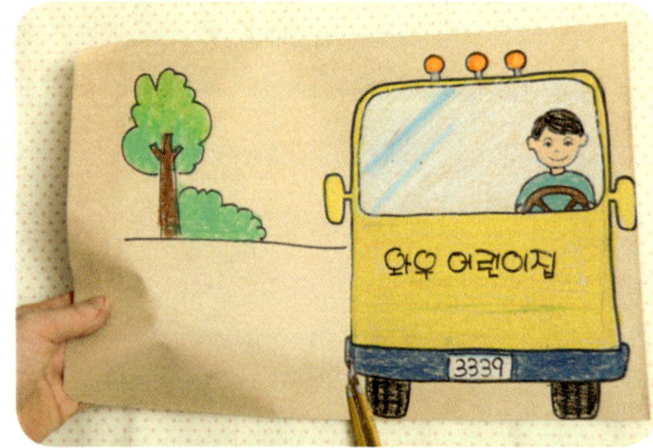

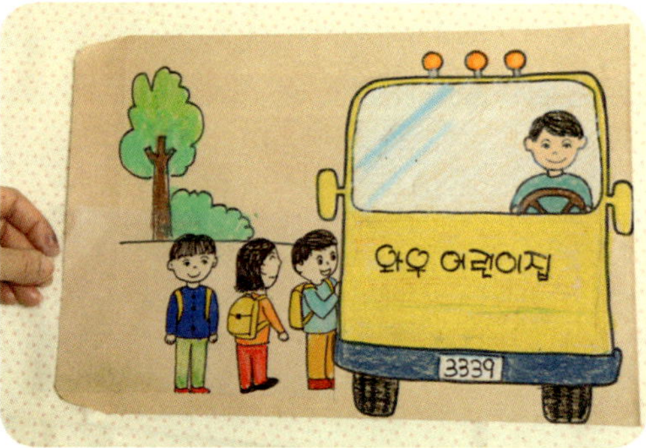

❹ 버스의 앞문 쪽을 칼로 자른다. 이때 봉투의 앞 장만 자르도록 유의한다.

❺ 그림이 그려진 필름지를 칼집 낸 곳으로 밀어 넣으면 아이들이 차에 타는 모습이 된다.

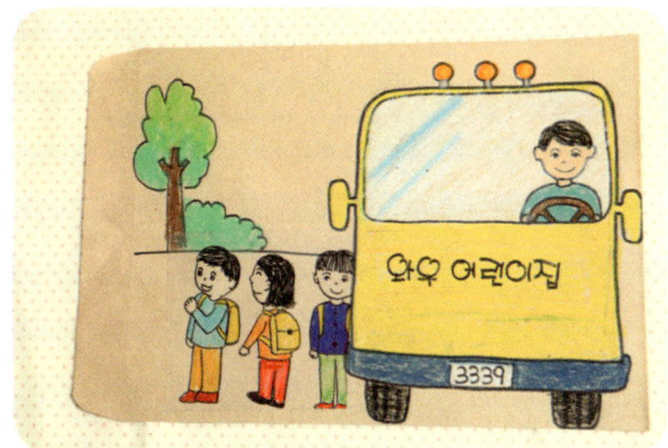

❻ 필름지를 뒤집어서 넣었다가 빼내면 아이들이 차에서 내
리는 모습이 된다.

C. 마무리

버스에 타는 친구들의 모습을 나타내고 난 느낌에 대해 이야기를 나눈다.

칼을 사용하여 버스의 문 쪽을 자를 때 앞 장만 칼집이 나도록 유의한다.

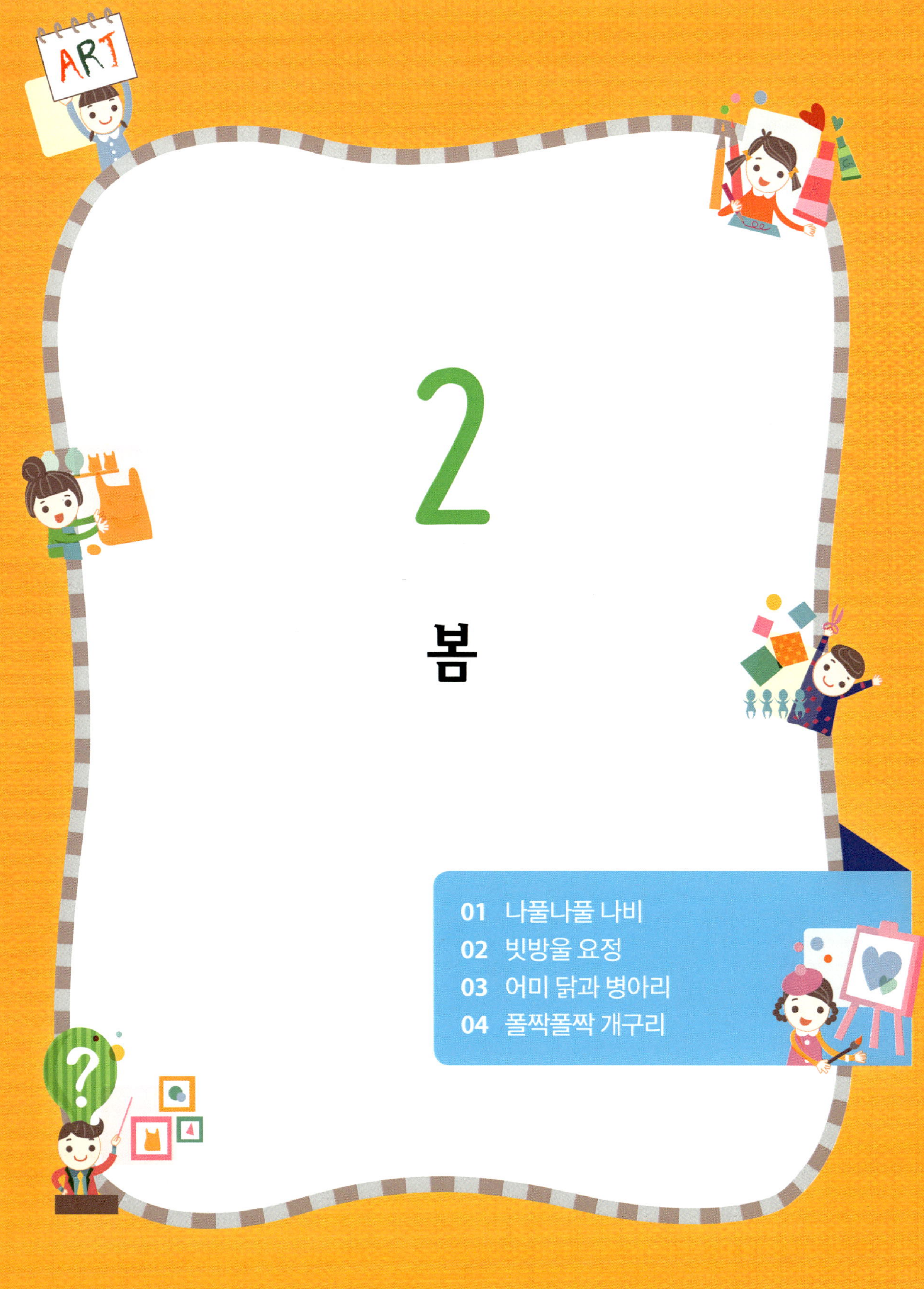

2

봄

01 나풀나풀 나비

봄을 맞는 동물이나 곤충에 대해서 알아보고 그중에서 나비를 미술활동으로 표현해 본다.
나비가 어떻게 태어나고 어떻게 자라는지 성장과정에 대해 이야기 나눈다.

(1) 지도목표

나비의 모습을 떠올리며 창의적으로 표현해 볼 수 있다.
재료의 다양함과 기법을 인지하고 복합재료를 활용해 입체 조형물을 만든다.

(2) 재료

컬러베이킹컵, 도일리페이퍼, 나무스푼, 솜방울, 눈알, 빵끈

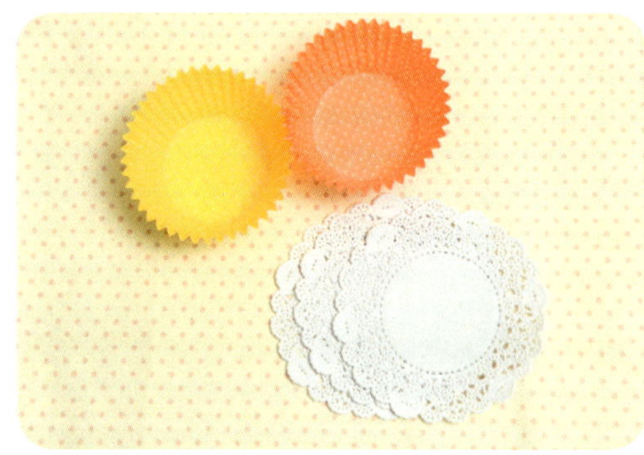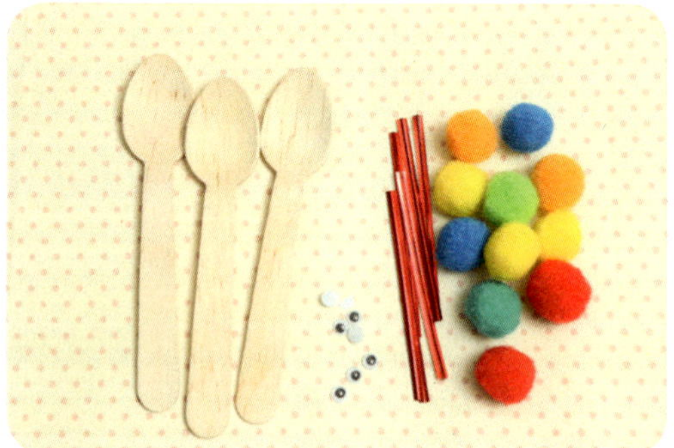

(3) 활동방법

a. 도입

① 나비의 모습에 대해 이야기 나눈다.
- 나비는 어떻게 생겼니?
- 나비가 날기 위해 어떻게 움직일까?

② 활동방법을 소개한다.
- 우리도 훨훨 나는 나비를 만들어 보자.
- 여기에 있는 재료들로 어떻게 나비를 만들 수 있을까?

b. 전개

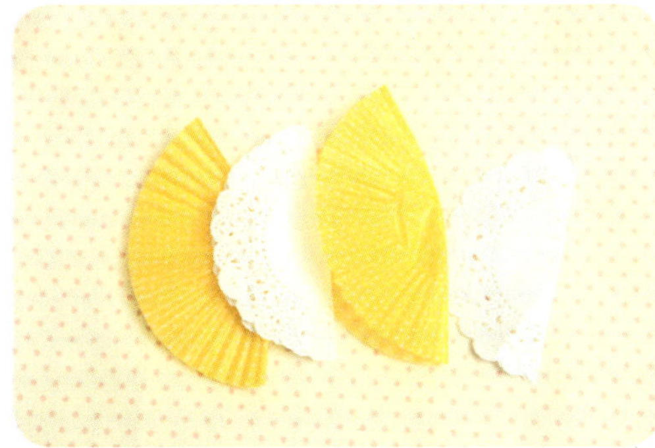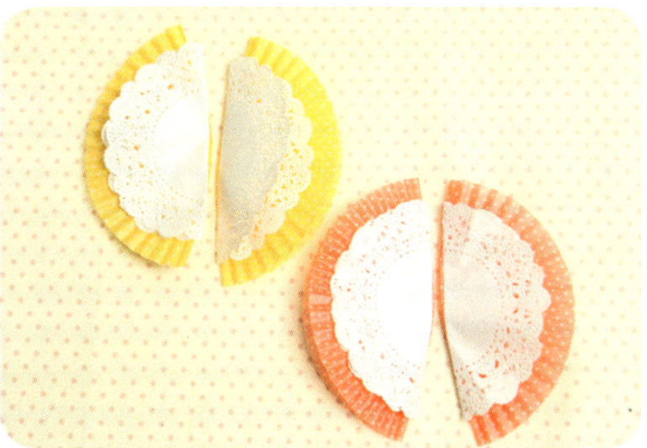

❶ 도일리페이퍼와 베이킹컵을 반으로 접고 풀로 붙인다. 같은 방법으로 한 장 더 만든다.

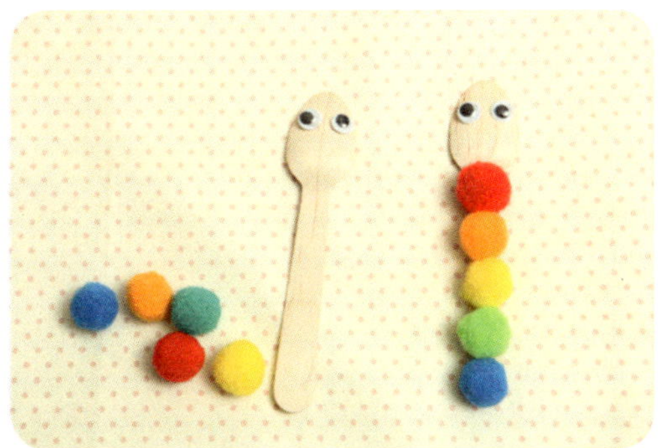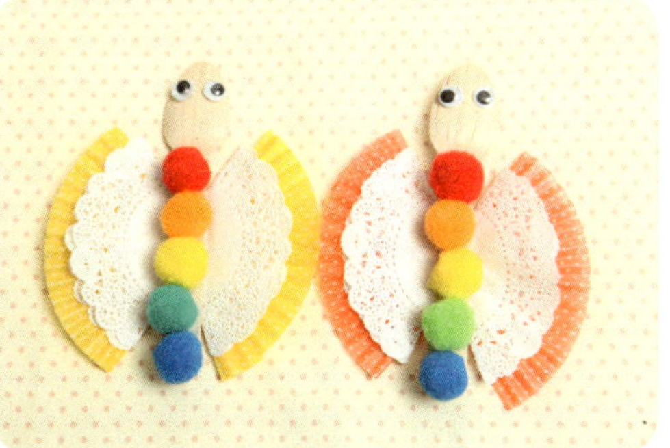

❷ 나무스푼의 손잡이에 여러 가지 색의 솜방울 다섯 개를 붙이고 눈알을 붙여 몸을 만든다.

❸ 나무스푼의 아랫부분 양쪽에 날개로 만든 도일리페이퍼와 베이킹컵을 붙인다.

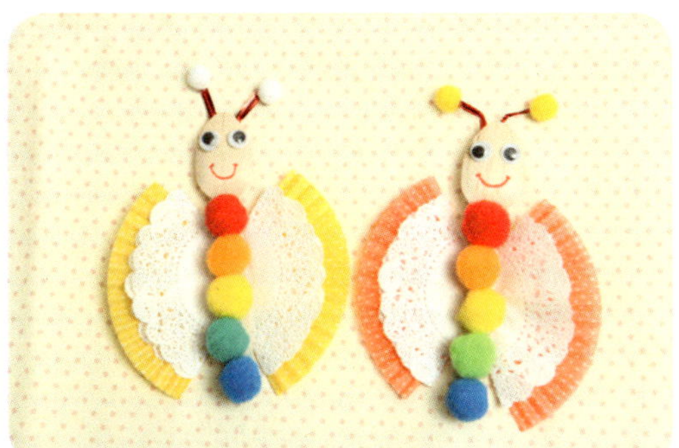

❹ 빵끈이나 모루 끝에 작은 솜방울을 붙여 더듬이를 만들고 나비의 머리에 붙여 완성한다.

c. 마무리

나비들을 모아서 모빌로 만들어 환경구성 할 수 있다. 배고픈 애벌레 동화책을 읽어 보고 독후 활동으로 만들 수도 있다.

빗방울 요정

겨울 동안 꽁꽁 얼어 있던 땅이 촉촉해지고 새싹을 돋게 하고 꽃망울을 터트리는 고마운 봄비로 인해 날씨가 변하는 것을 안다. 우리 주위에서 흔히 볼 수 있는 일회용 쇼핑봉투를 가지고 빗방울을 연상하는 모빌을 만들어 본다.

(1) 지도목표

미술표현 재료의 다양함을 경험한다. 생활재료를 활용해 봄의 빗방울을 표현한다.

(2) 재료

여러 가지 색 일회용쇼핑봉투, 솜, 눈스티커, 솜방울, 낚싯줄, 가위

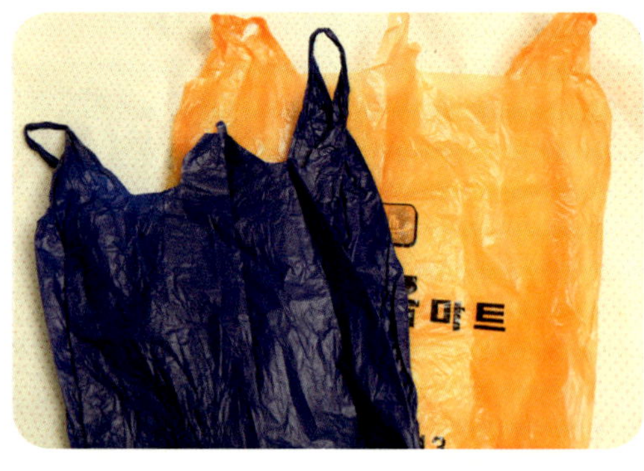
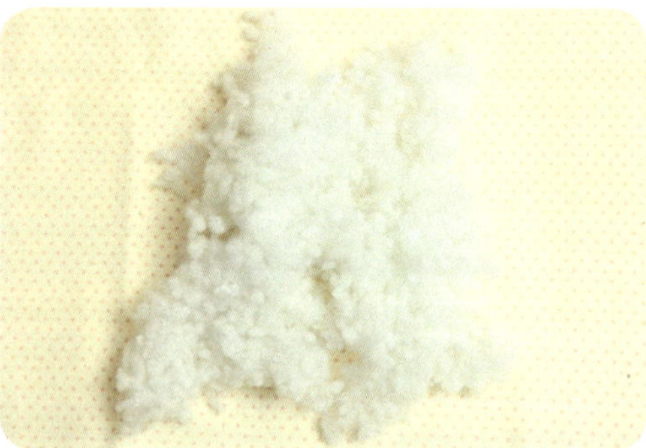
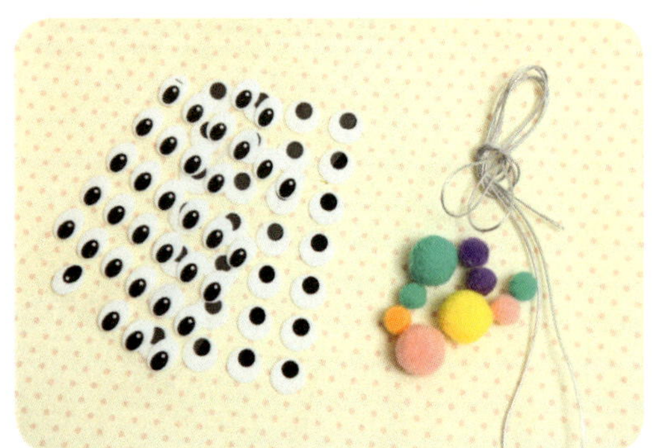

(3) 활동방법

a. 도입

① 봄이 되어 달라지는 자연현상에 대해 이야기 나눈다.
- 봄이 온 것을 어떻게 알 수 있을까?'

② 봄비에 대해 이야기 나눈다.
- 봄에는 왜 비가 내릴까?
- 봄비는 무엇을 알려 주는 신호일까?

③ 빗방울 요정 만들기 방법을 소개한다.

b. 전개

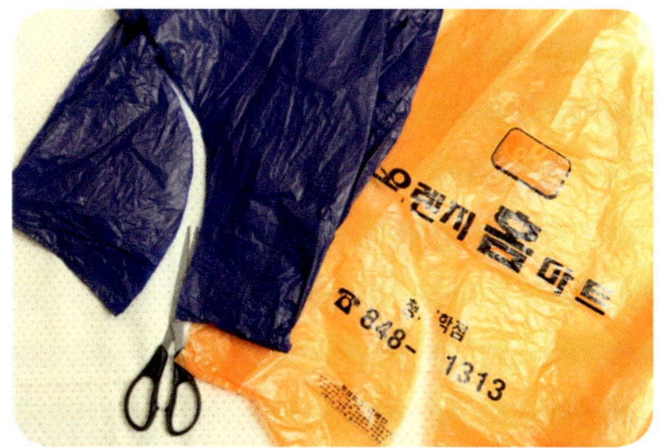

❶ 일회용쇼핑봉투의 모서리 부분을 부채꼴 모양으로 자른다.

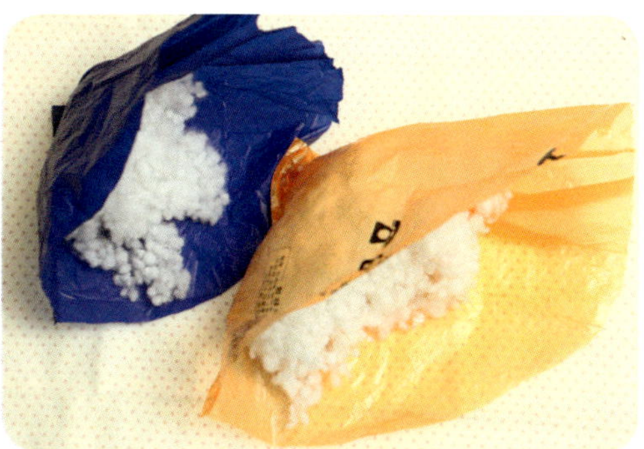

❷ 솜을 넣어 아랫부분을 오므리고 봉투 손잡이를 자르고 솜이 나오지 않도록 묶어 나비넥타이처럼 표현한다.

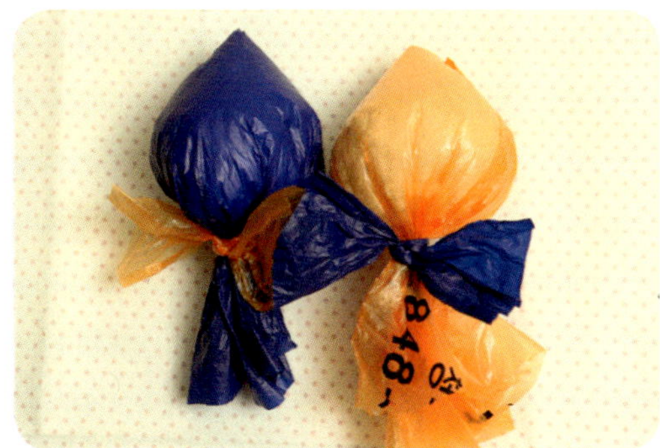

❸ 눈스티커와 솜방울을 붙여 빗방울 요정의 얼굴을 만든다.

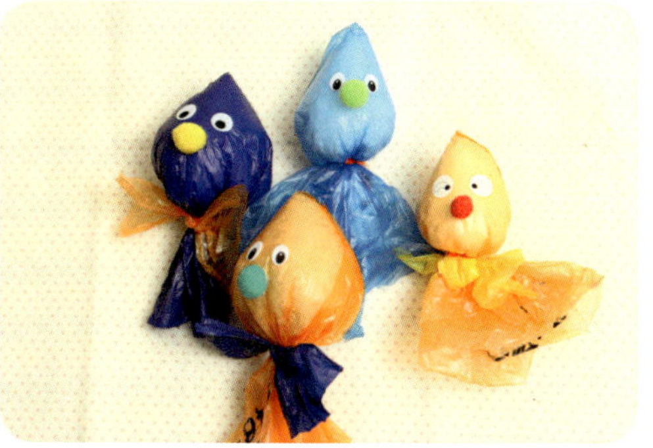

❹ 낚싯줄을 빗방울의 머리 부분에 붙이고 다른 한쪽 끝은 천장에 붙여 장식한다.

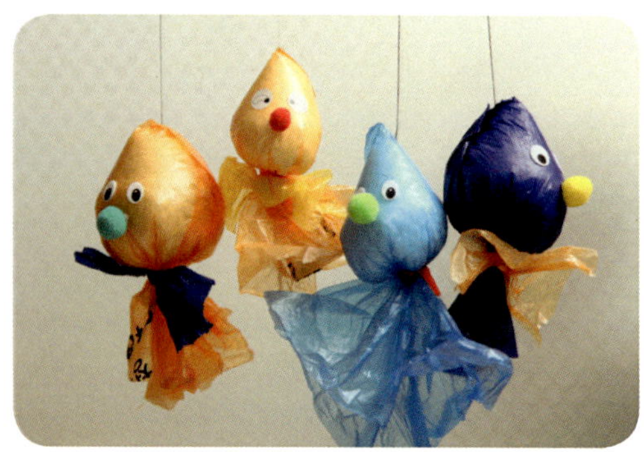

❺ 여러 명의 작품을 모아 붙여서 비 오는 하늘을 표현해
본다.

ㄷ. 마무리

활동이 끝나면 자리를 정리한다.
- 빗방울 요정을 만들어 보았는데 어땠니?

03 어미닭과 병아리

봄에 마당에서 따뜻한 햇볕을 받으며 모이를 먹는 어미닭과 병아리의 모습을 연상하고 재활용품으로 움직이는 놀잇감을 만들어 본다.

(1) 지도목표

재활용품을 미술재료로 활용해 놀이용품을 만들어 본다.

(2) 재료

흰색 테이크아웃컵, 노랑종이컵, 구부러지는 빨대, 눈알, 색종이, 스카치테이프, 가위, 풀

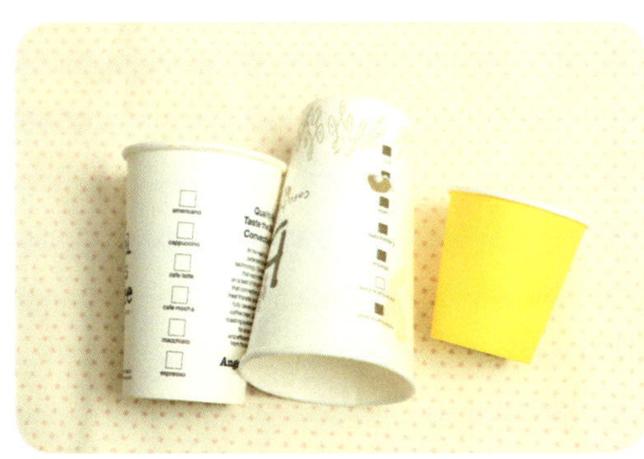
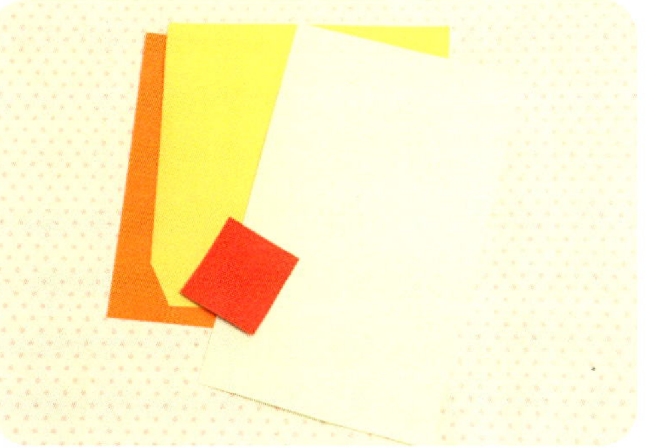

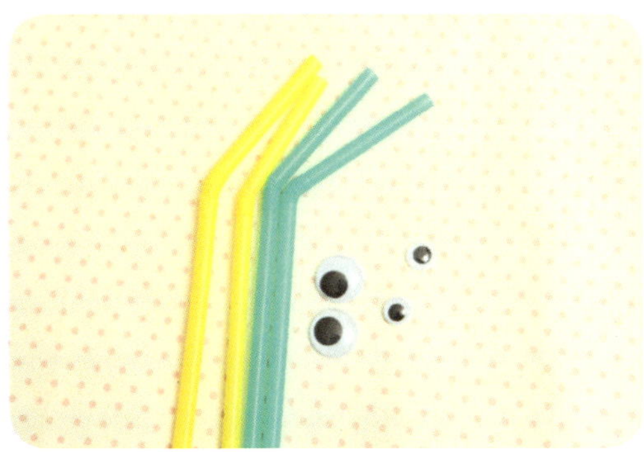

a. 도입

① 봄에 볼 수 있는 동물에 대해 이야기 나눈다.
 - 봄이 되면 어떤 동물을 볼 수 있을까?
 - 봄에 볼 수 있는 동물 중 어떤 동물을 좋아하니?

② 알에서 병아리, 닭이 되는 성장과정에 대해 이야기 나눈다.

b. 전개

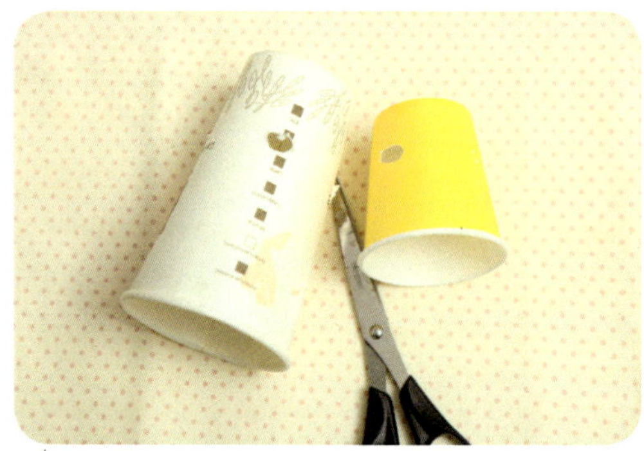

❶ 종이컵의 양 옆쪽과 뒤쪽에 빨대가 들어갈 수 있도록 구멍을 뚫는다. 뒤쪽 구멍은 두 개의 빨대가 들어가야 하므로 굵기를 넓게 한다.(사진 참조)

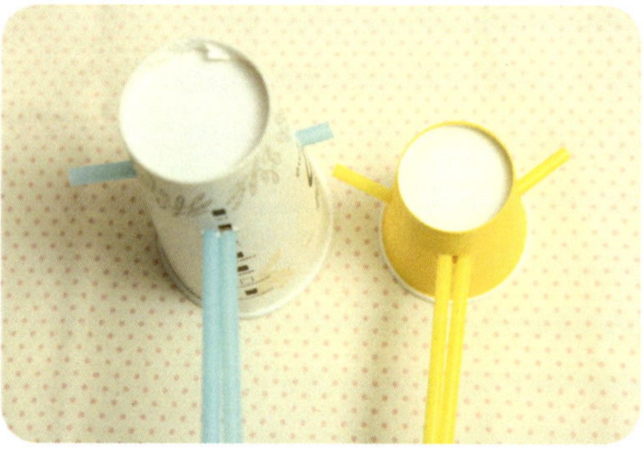

❷ 두 개의 빨대를 'ㄱ'자 모양으로 옆쪽 구멍에서 뒤쪽 구멍으로 끼우고 스카치테이프로 두 개를 붙인다.

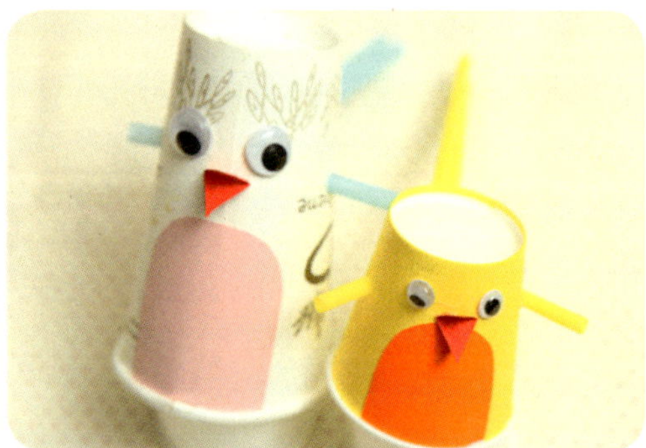

❸ 색종이로 날개와 배, 부리 등을 오려 붙이고 눈 스티커를 붙인다.

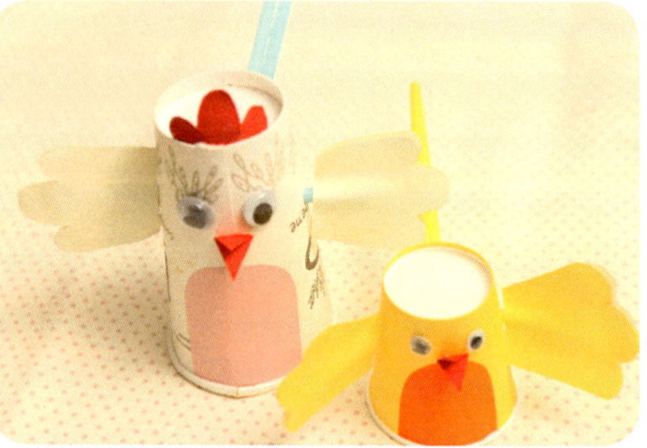

❹ 빨대에 색종이를 오려서 날개를 꾸며 주고 밀었다 당겼다 하면 날개가 움직인다.

c. 마무리

어미닭과 병아리를 만들고 난 느낌에 대해 이야기를 나눈다.

04 폴짝폴짝 개구리

개울가에 올챙이 한 마리 꼬물꼬물 헤엄치다~ 뒷다리가 쑥 앞다리가 쑥 팔딱팔딱 개구리 됐네~!
봄에 연못에 있는 알이 올챙이가 되고 뒷다리와 앞다리가 나와 개구리가 되는 과정에 대해 알아보고 점
프하는 개구리를 만들어 재미있게 놀아 본다.

(1) 지도목표

종이접기를 활용해 움직이는 놀잇감을 만든다. 개구리의 동작으로 조형활동으로 표현할 수
있다.

(2) 재료

초록색 종이컵, 종이컵, 고무줄, 색지, 솜방울, 눈알

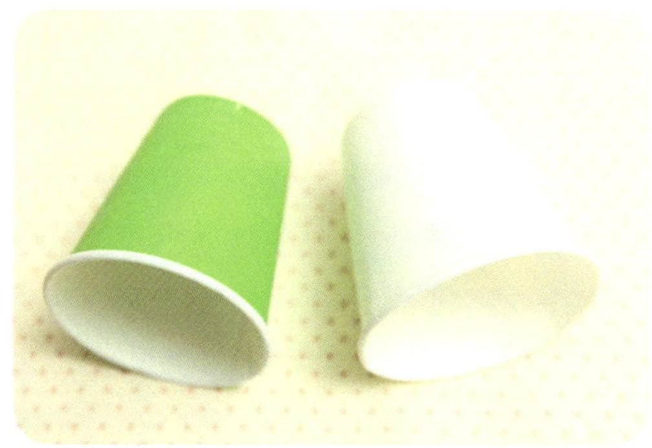
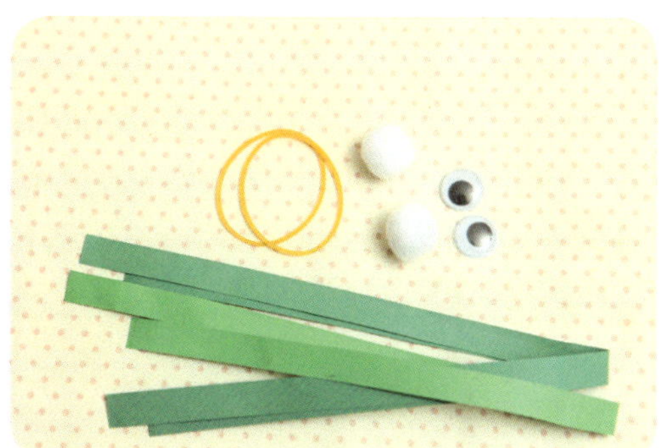

(3) 활동방법

a. 도입

① '개구리와 올챙이' 노래를 부른다.

② 개구리가 뛰는 모습에 대해 이야기 나눈다.
   - 개구리는 어떻게 생겼니?
   - 어떻게 뛰니?
   - 개구리가 뛰는 모습을 흉내 내 볼 수 있니?

③ 유아들에게 개구리를 만들어 볼 것을 이야기한다.
- 폴짝폴짝 뛰는 개구리의 모습을 나타내 보자.

b. 전개

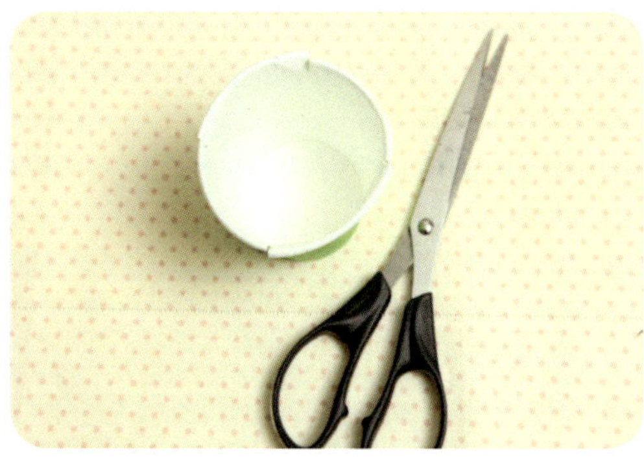

❶ 종이컵의 위쪽 네 곳에 가위집을 내어 고무줄이 걸리는 자리를 만든다.

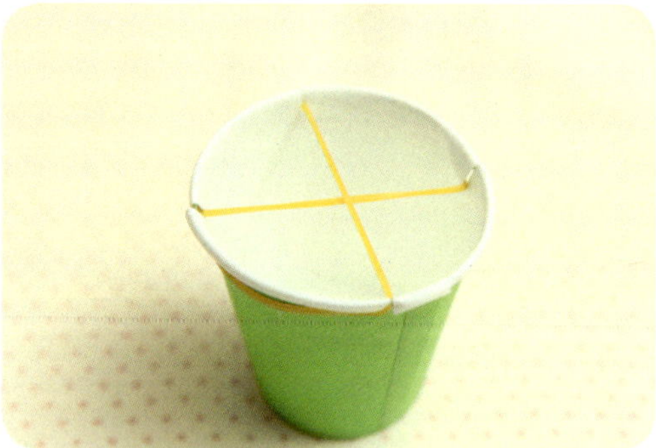

❷ 고무줄을 위아래로 걸어 반원을 감고, 옆쪽의 홈에 끼워 또 다른 반원을 감는다. 고무줄이 십자 모양으로 걸쳐 있으면 된다.

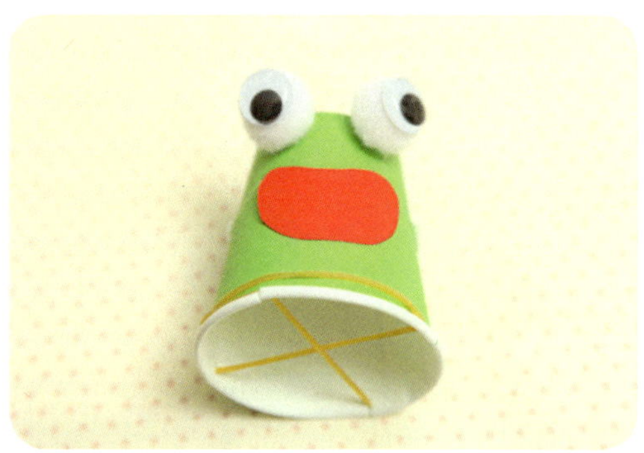

❸ 솜방울에 눈알을 붙이고 색종이로 입을 오려 개구리 얼굴을 꾸며 준다.

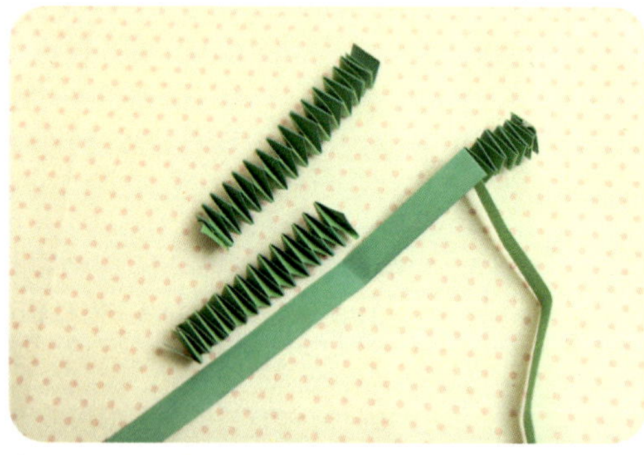

❹ 긴 초록 색지를 교차하면서 접어 아코디언처럼 네 개 만든다. 짧은 것 두 개, 긴 것 두 개, 팔다리를 만들어 몸통에 붙인다.

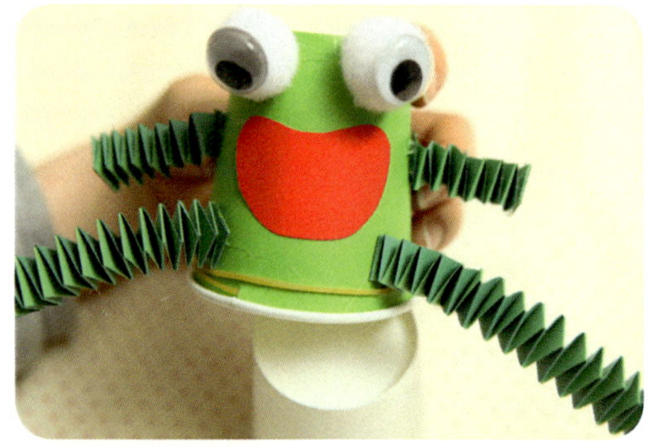

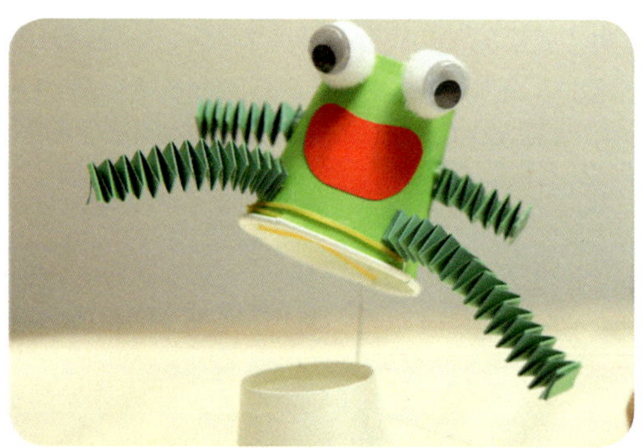

❺ 다른 종이컵 위에 올려 양손으로 잡아 눌렀다 놓으면 개구리가 폴짝 뛰어오른다.

c. 마무리

유아들과 함께 개구리를 만들고 개구리처럼 폴짝 뛰는 몸놀이를 한다. 활동이 끝나면 자리를 정리한다.

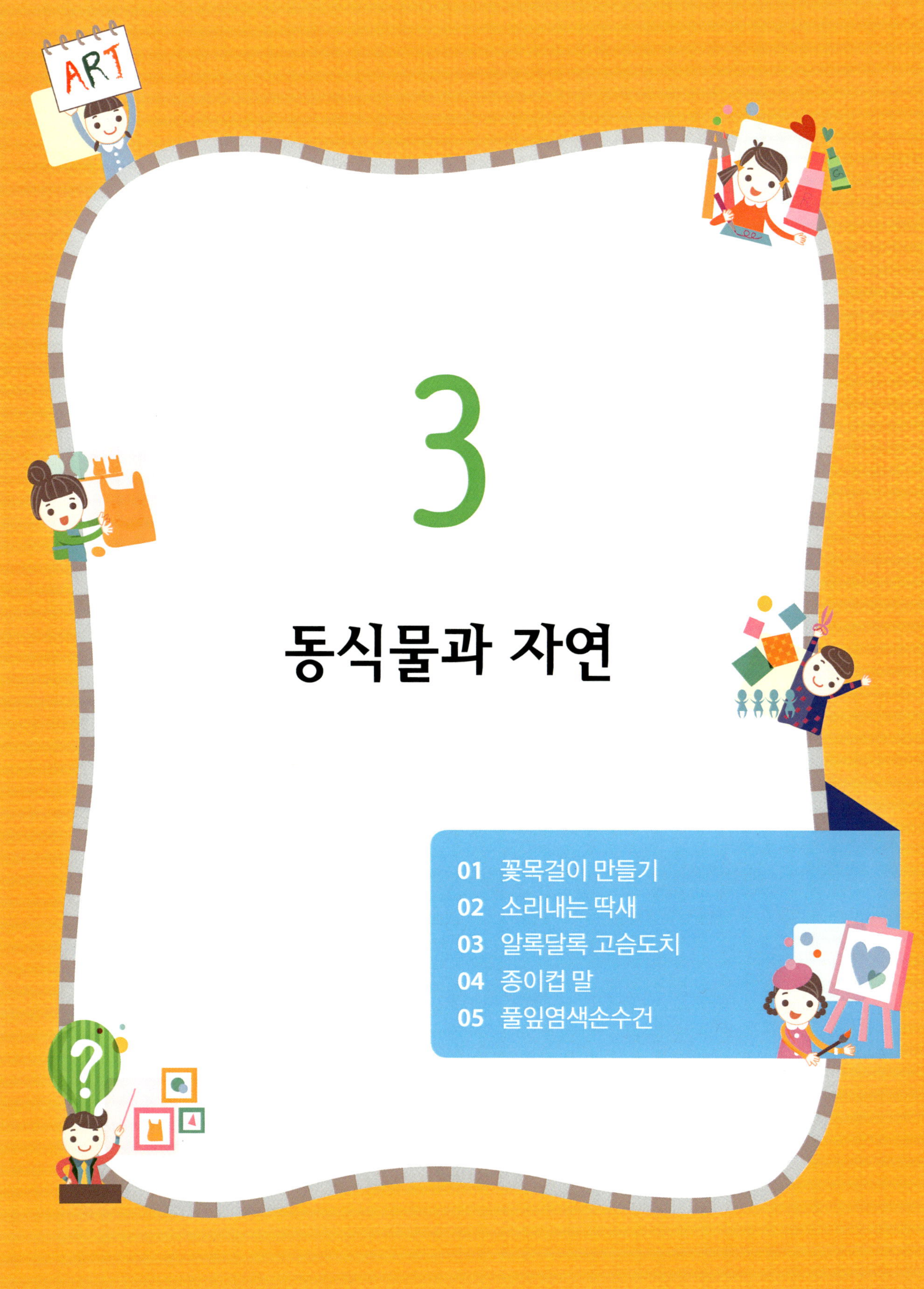

3

동식물과 자연

01 꽃목걸이 만들기

(1) 지도목표

들에 있는 풀이나 꽃 등으로 예쁜 장식 목걸이를 만들고 더 분위기 있게 꾸미는 방법을 익힌다. 주변의 식물에 대해 관심을 갖고 자연물의 아름다움을 느낀다.

(2) 재료

풀꽃, 지점토, 목걸이끈, 길딩왁스

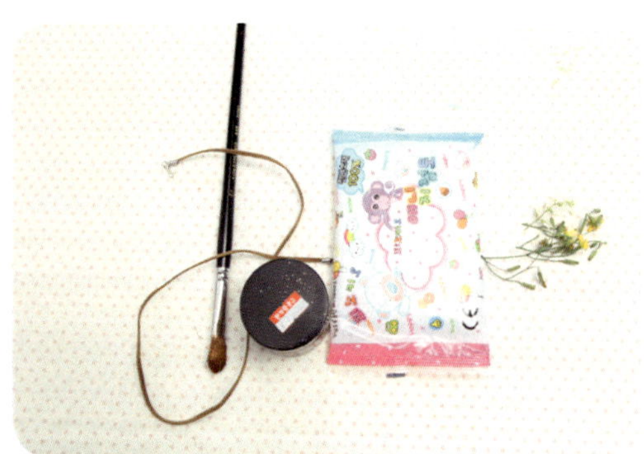

(3) 활동방법

a. 도입

① 봄에 볼 수 있는 꽃에 대해 이야기를 나눈다.
- 봄이 되면 어떤 꽃을 볼 수 있을까?

② 준비된 재료를 보며 이야기 나눈다.
- 여기에 무엇이 있니?
- 무엇을 만들 수 있을까?

b. 전개

❶ 지점토를 동그랗게 빚어서 납작하게 누른다.

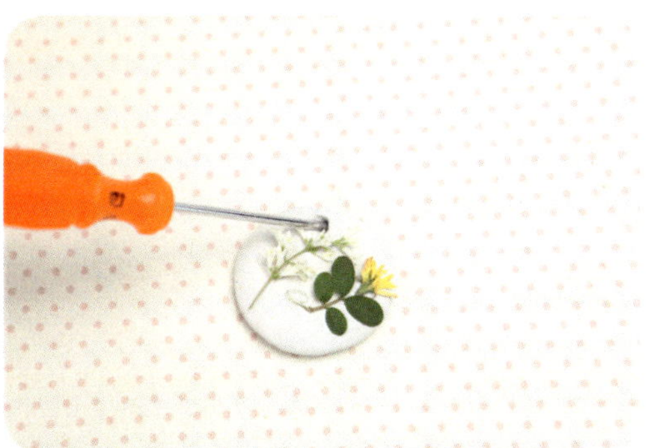

❷ 풀꽃과 잎을 지점토 위에 예쁘게 구성하고 윗부분에 송곳으로 구멍을 낸다.

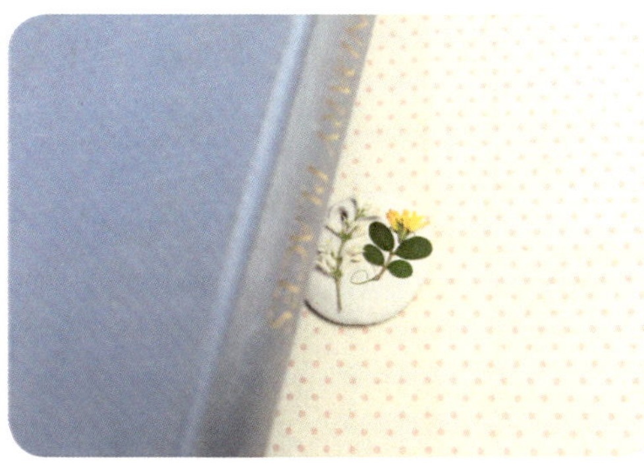

❸ 두꺼운 책으로 눌러서 이틀 정도 바람이 잘 통하는 곳에 말린다.

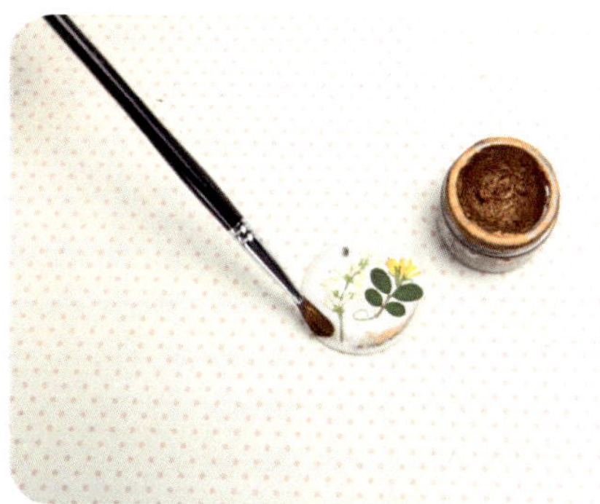

❹ 완전히 마르면 길딩왁스로 테두리를 색칠하고 니스나 광택제를 바른다.

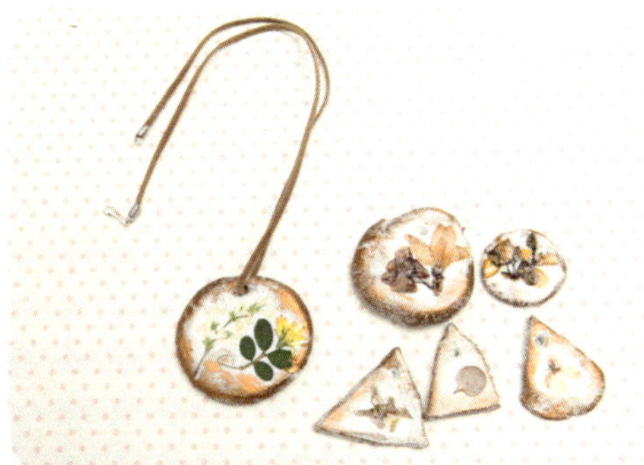

❺ 목걸이 끈을 끼워서 완성한다.

c. 마무리

꽃목걸이를 만들고 난 느낌에 대해 이야기 나누고 마친다.

- 자연물을 사용해서 목걸이를 만들어 보았는데 어땠니?
- 어떤 점이 재미있었니?
- 어떤 점이 어려웠니?

02 소리나는 딱새

새들은 어떤 소리를 내고 어떤 움직임을 하는지 알아보고 날개를 움직여서 하늘을 날 수 있는 새들의 모습을 흉내 내 보자.

(1) 지도목표

종이접시와 병뚜껑 등의 재활용품으로 새를 만들어 보고 위아래로 움직여서 딱딱 소리를 내 본다.

(2) 재료

종이접시, 병뚜껑, 솜방울, 대나무 또는 나무젓가락, 눈알, 모루, 색종이

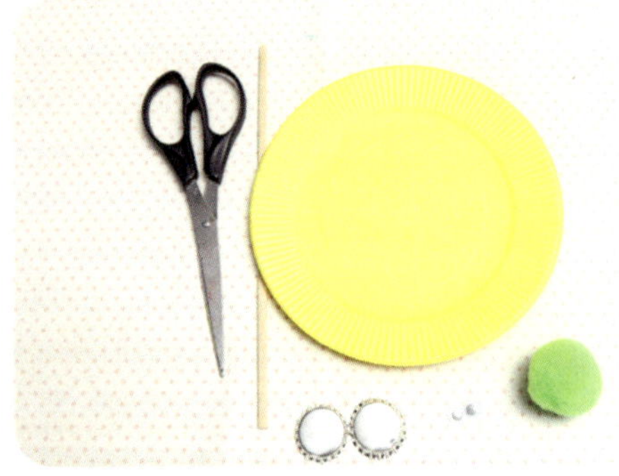

(3) 활동방법

a. 도입

① 유아들과 하늘을 나는 새에 대해 이야기 나눈다.
- 하늘을 나는 새를 본 적이 있니?
- 어떤 새를 보았니?
- 새는 어떤 소리를 낼까?
- 어떻게 움직여서 하늘을 날 수 있을까?

② 유아들에게 소리 나는 딱새를 만들어 볼 것을 이야기한다.
　　- 여기에 어떤 재료들이 있니?
　　- 어떻게 소리 나는 새를 만들 수 있을까?

b. 전개

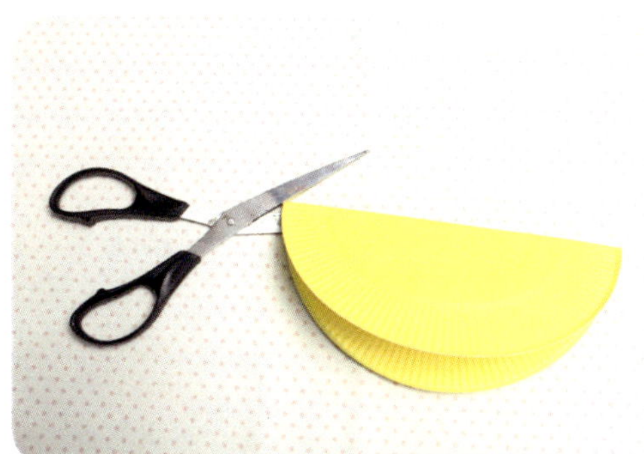

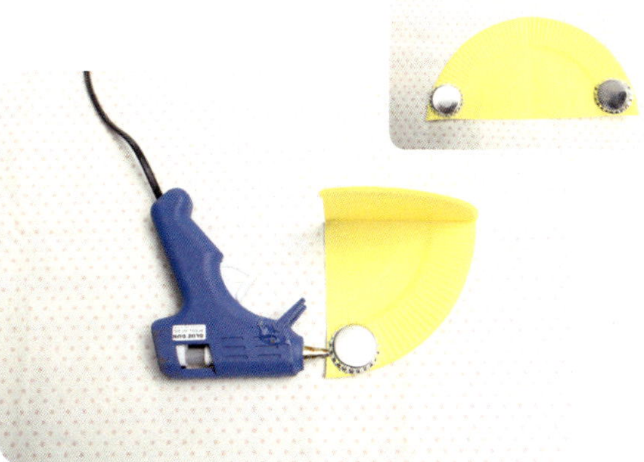

❶ 종이접시를 반으로 접고 가위로 자른다.

❷ 반원이 된 종이접시를 반으로 접고 병뚜껑을 양쪽 끝에 붙인다.

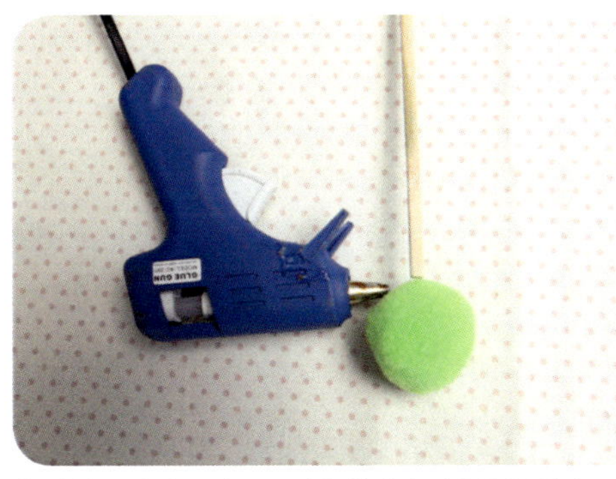

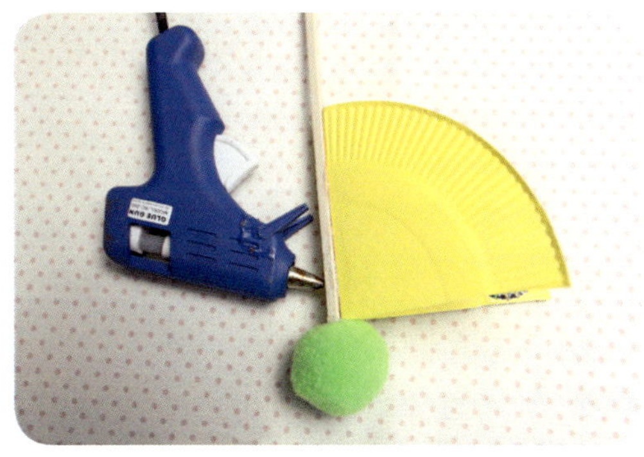

❸ 대나무 막대 끝에 글루건을 칠해 솜방울을 붙인다.

❹ 접시를 접은 모서리와 대나무 막대를 글루건으로 붙인다.

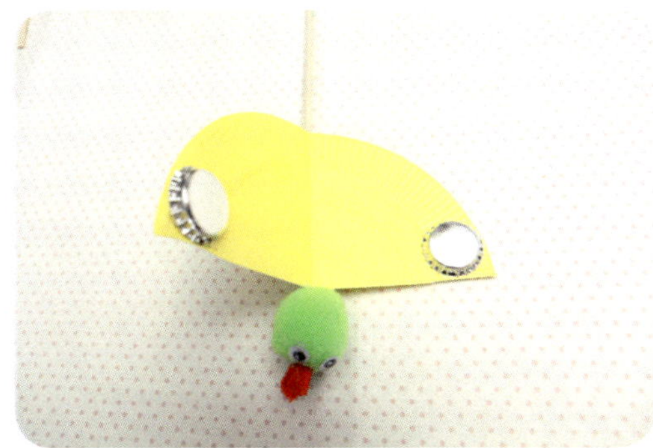

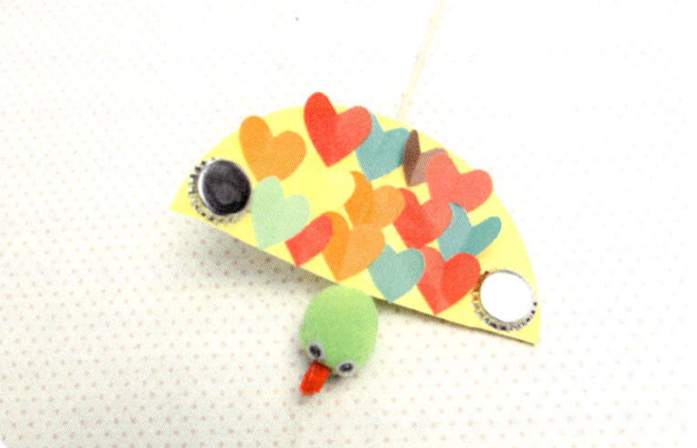

❺ 새의 얼굴이 되는 솜방울에 눈알과 모루를 붙여 부리를 만든다.

❻ 날개의 윗부분에 색종이를 모양내서 붙이거나, 손가락에 물감을 찍어서 화려한 날개를 표현해 본다.

c. 마무리

활동이 끝나면 손잡이를 잡고 위아래로 흔들어 딱딱 소리를 내어 본다.
- 딱새를 만들어 보았는데 어땠니?
- 어려운 점은 없었니?
- 재미있었던 점은 무엇이니?

글루건으로 붙이는 부분이 많아 사용에 주의하도록 한다.

03 알록달록 고슴도치

고슴도치는 어떻게 생겼나요? 고슴도치의 생김새 중에 어떤 부분이 가장 눈에 띄나요? 뾰족뾰족한 가시로 무엇을 하나요?

(1) 지도목표

여러 가지 촉감의 미술재료를 경험해 보고 찰흙을 반죽하고 면봉을 이용하여 고슴도치의 가시를 표현하여 만들 수 있다.

(2) 재료

찰흙, 면봉, 눈알, 물감

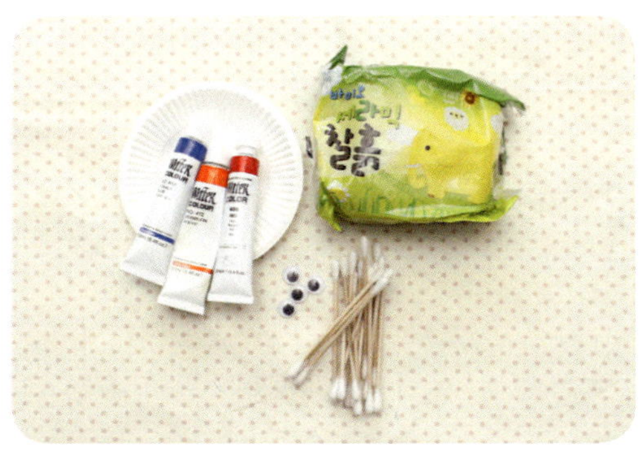

(3) 활동방법

a. 도입

① 동물들을 만지면 느낄 수 있는 촉감에 대해 이야기해 본다.
- 고슴도치를 본 적이 있니?
- 만지면 어떤 느낌이 들까?

② 유아들에게 찰흙으로 고슴도치를 만들어 볼 것을 이야기한다.
- 여기에 어떤 재료들이 있니?
- 어떻게 고슴도치를 만들 수 있을까?

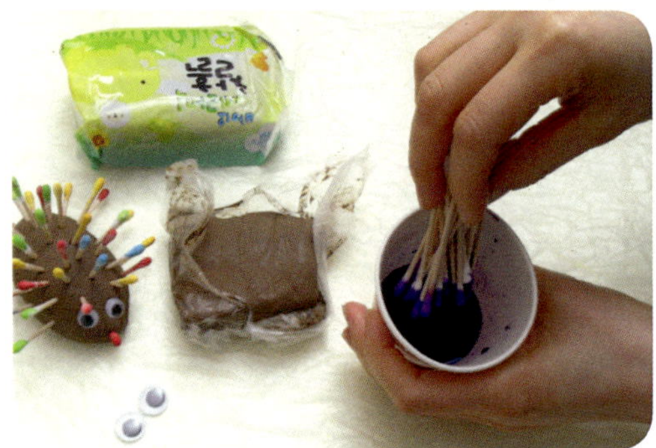

❶ 종이컵에 물감을 풀어서 면봉을 넣고 물들인다.

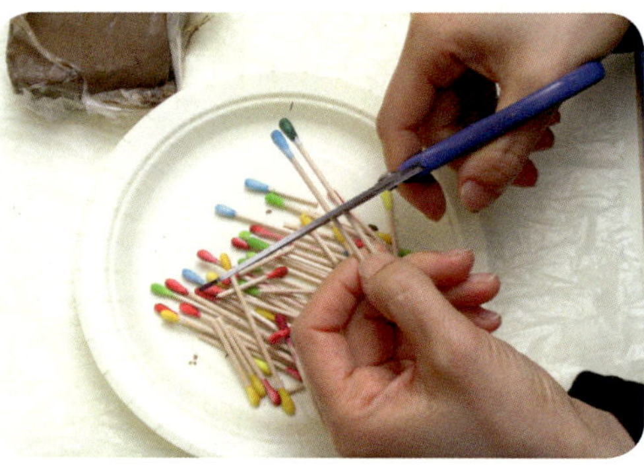

❷ 면봉을 펼쳐 놓아 하루 정도 말렸다가 다 마르면 가위로 반으로 자른다.

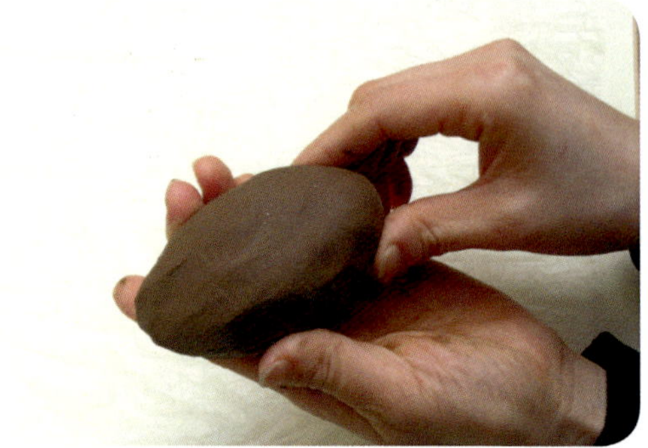

❸ 찰흙을 반죽하여 납작한 고구마처럼 봉긋하게 만든다.

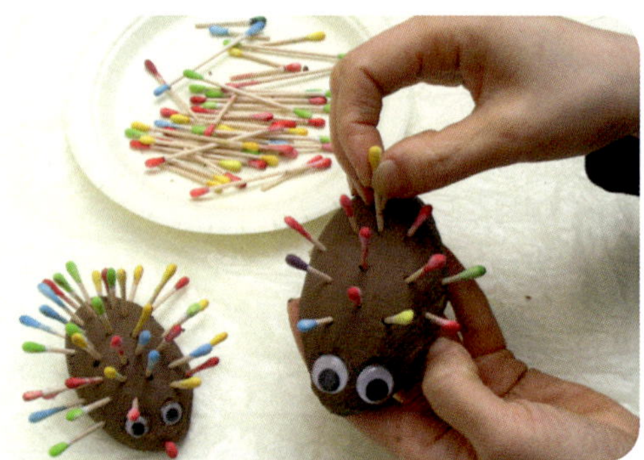

❹ 색깔면봉을 고슴도치 등에 꽂는다.
❺ 눈알을 붙여서 완성한다.

c. 마무리

만든 고슴도치를 하루 정도 건조하면 만들 때보다 조금 밝은 색의 고슴도치가 된다. 데코 찰흙이나 도예토 등 다양한 색깔의 찰흙으로 만들어서 함께 전시하여 고슴도치 가족, 마을을 만들어서 전시한다.

유의점

찰흙을 만지기 전에 핸드크림을 발라서 손을 보호해 주면 건조해지지 않는다.

04 종이컵 말

다그닥 다그닥 말이 뛰어가는 모습과 히이이잉 말의 울음소리를 흉내 내 보고 말의 생김과 특징을 알아본다. 열두 띠 동물에서 말의 해에 활동해도 좋다.

(1) 지도목표

버려지는 일회용 테이크아웃컵은 한 번 쓰고 버리기에는 너무 아까운 재질이다. 이 컵을 재활용하여 만들 수 있는 동물 중 말을 만들어 보고 색깔과 무늬에 따라 다른 말들의 모습을 생각해 볼 수 있다.

(2) 재료

테이크아웃컵, 컵홀더, 눈알

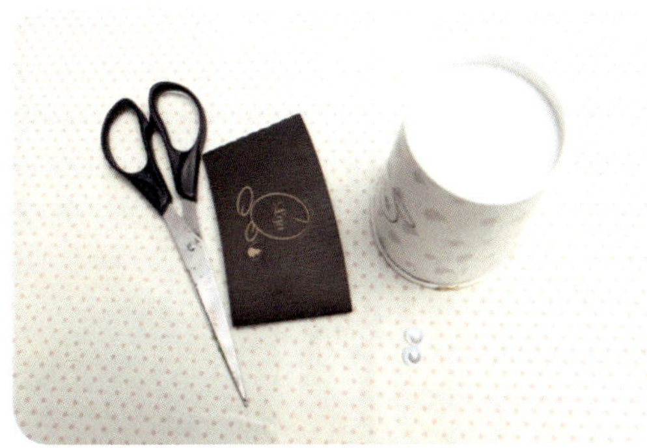

(3) 활동방법

a. 도입

① 동물원에서 보았던 동물들을 회상하며 이야기 나눈다.
- 동물원에는 어떤 동물들이 살고 있었니?
- 달리기를 잘하는 동물은 무엇이 있을까?

② 유아들에게 말을 만들어 볼 것을 이야기한다.
   - 여기에 어떤 재료들이 있니?
   - 어떻게 달리는 말을 만들 수 있을까?

b. 전개

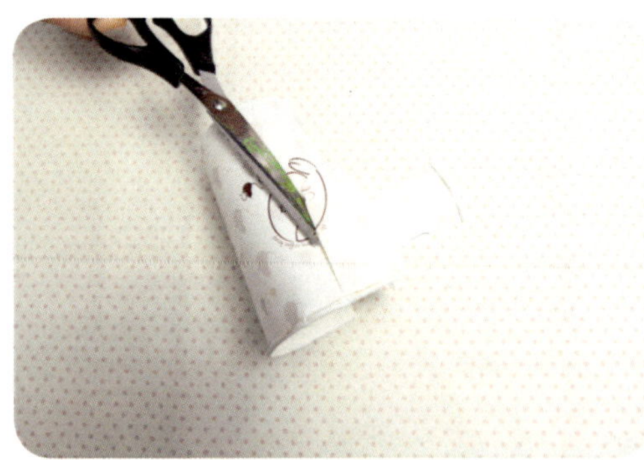

❶ 종이컵의 윗부분을 아치형으로 네 조각이 나오도록 자른다. 남은 네 개의 기둥이 말의 다리가 된다.

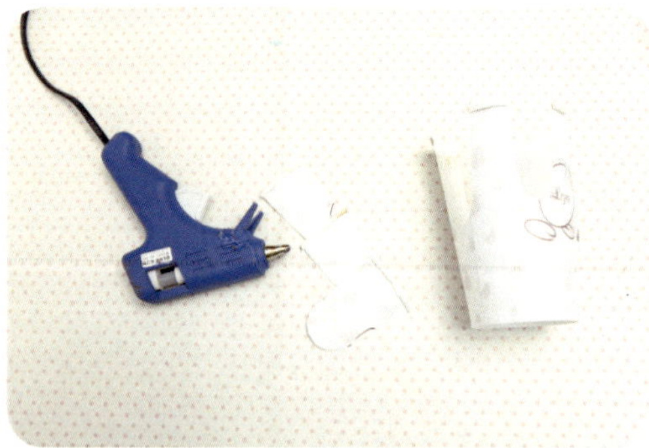

❷ 잘린 아치형의 조각 두 개로 목을 만들고 하나로는 머리가 되도록 방향을 잡아 붙인다.

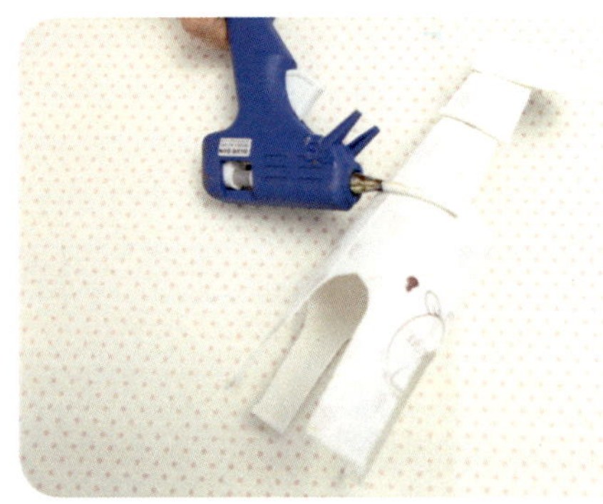

❸ 말의 몸이 되는 컵에 목 부분을 붙인다.

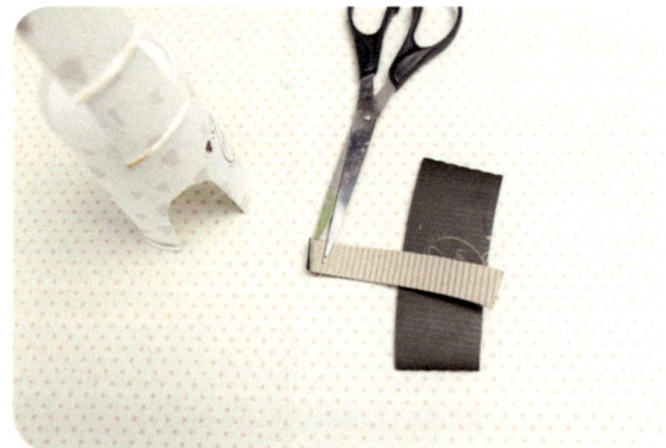

❹ 컵홀더를 길게 잘라서 뒤집은 후 끝부분을 잘게 잘라 갈기털이 되도록 붙인다.

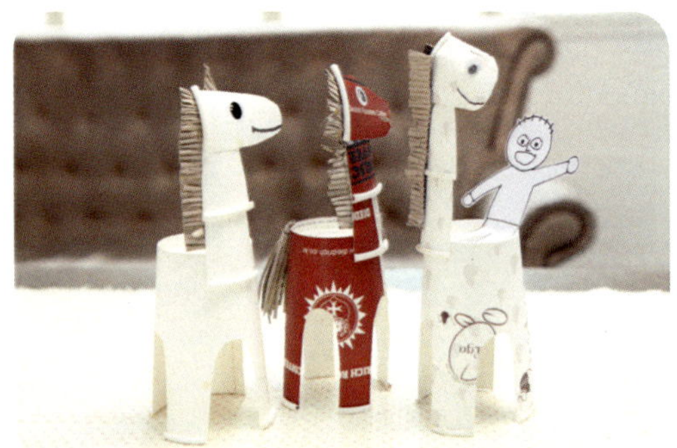

❺ 눈과 입을 붙이고 사람을 그려서 오린 후 말의 등에 태워서 완성한다.

c. 마무리

활동이 끝나면 자리를 정리한다.

- 종이컵을 사용해서 말을 만들어 보았는데 어땠니?
- 종이컵으로 또 다른 동물을 만들 수 있을까?

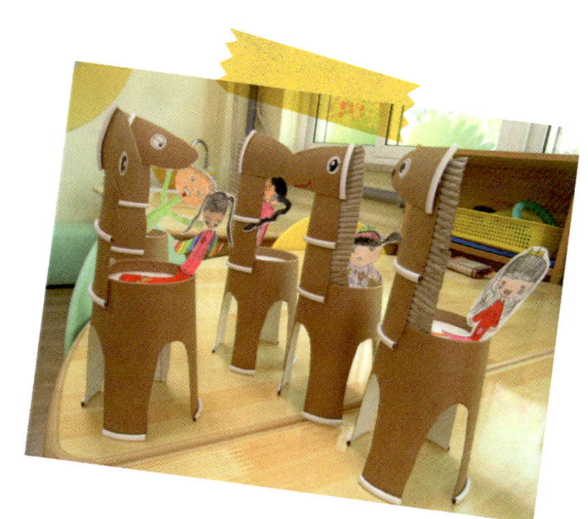

다리를 오릴 때 밑그림을 그려서 유아들이 오리도록 한다.

05 풀잎염색손수건

아이들과 산책을 하고 잎의 여러 가지 모양을 살펴본다. 그중에서 여린 잎을 채취하여 자연물로 염색을 해 본다.

(1) 지도목표

자연물을 이용하여 손수건을 염색해 보고 커피물로 그림을 그린 후 나만의 손수건을 만들어 볼 수 있다.

(2) 재료

흰색 면손수건, 들풀, 숟가락, 커피물, 붓

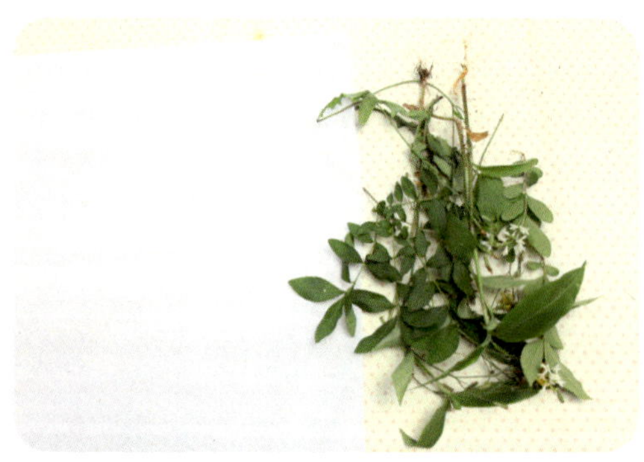

(3) 활동방법

a. 도입

① 산책을 하면서 손수건을 장식할 여린 잎과 풀들을 채취해 본다.
  - 풀잎은 어떤 감촉과 냄새가 나니?
  - 잎에는 어떤 무늬가 있니?

② 천에 염색하거나 그림을 그리는 것을 설명한다.
  - 염색은 어떻게 하는 것일까?
  - 준비된 재료로 염색을 해 볼까?

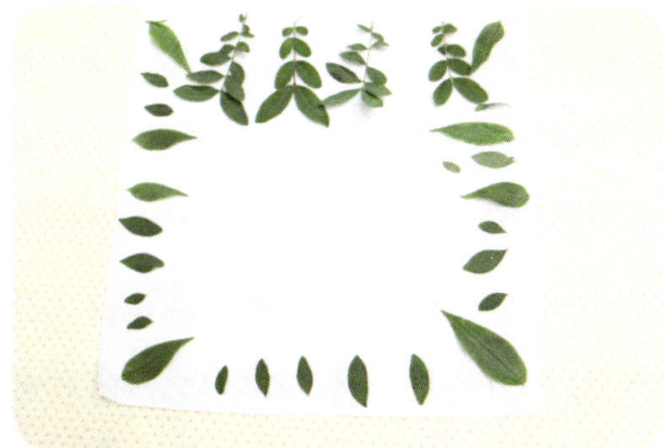

❶ 흰색 손수건에 풀잎과 꽃잎 등을 구성하여 올려놓는다.

❷ 다른 손수건이나 천으로 덮고 숟가락이나 두드리는 도구로 두드린다. 이때 바닥에 잡지 등을 깔고 두드리면 시끄러운 소리를 줄일 수 있다.

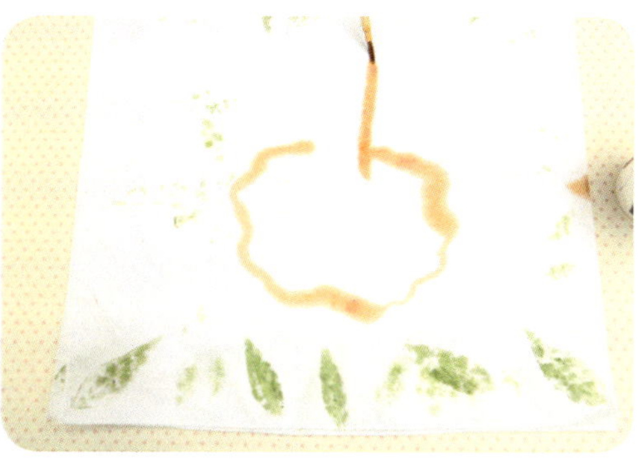

❸ 한참 두드리고 풀물이 고루 배이면 천을 떼고 풀들도 떼어낸다.

❹ 커피물을 붓에 찍어서 빈 공간에 그리고 싶은 그림을 그린다.

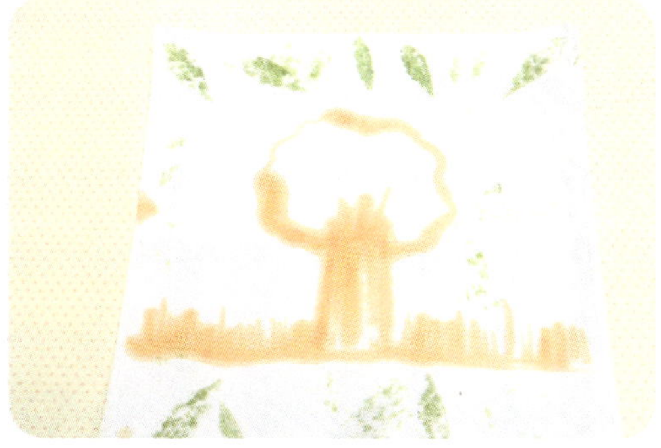

❺ 완성

c. 마무리

자연물로 만든 색과 우리가 주로 사용하는 물감의 느낌이 어떤지 이야기 나눈다. 다른 자연물 염색은 어떤 것이 있을까 알아본다.

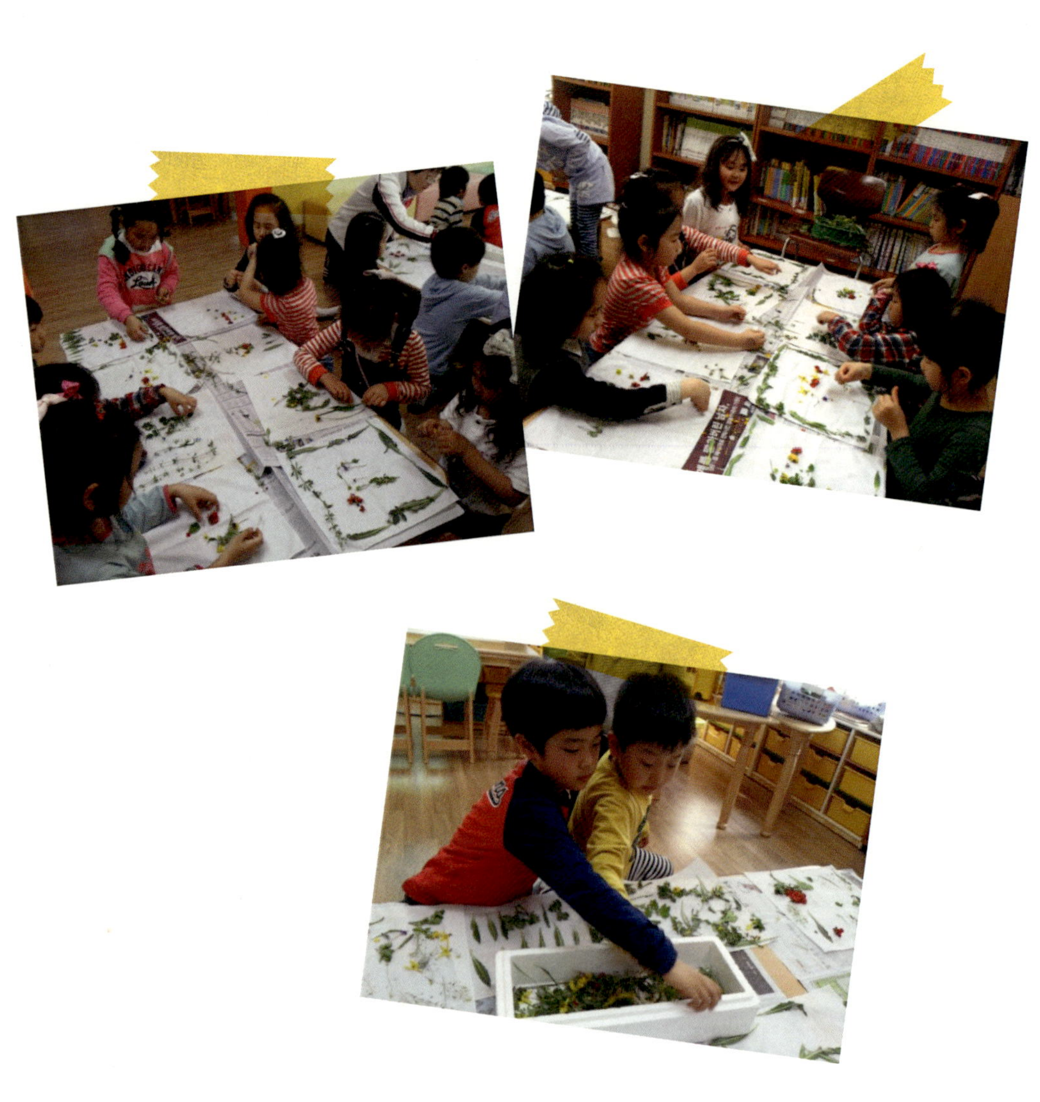

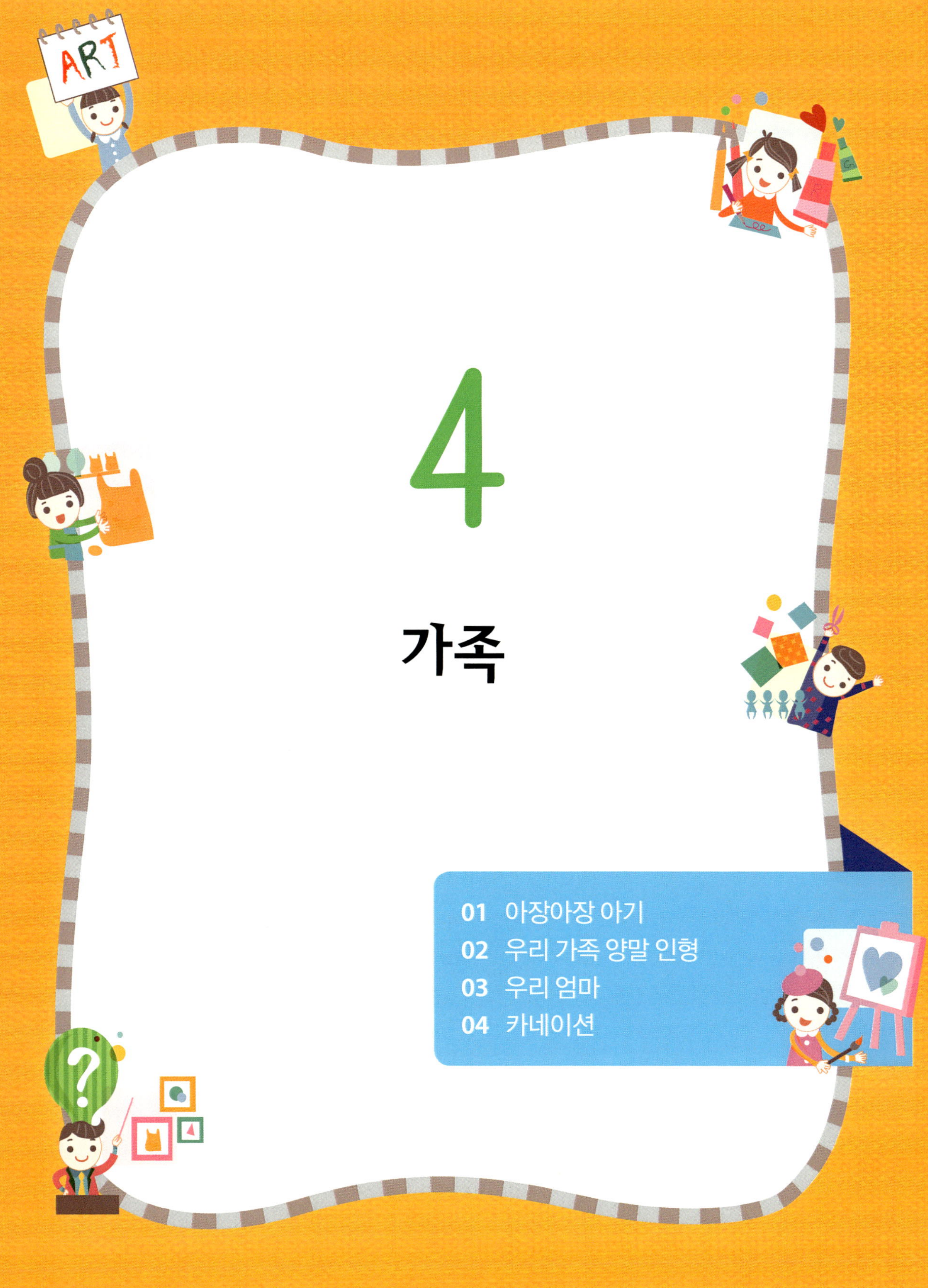

4

가족

01 아장아장 아기

아장아장 걸음마를 시작하는 아기를 보면서 동작에 따른 움직임의 특징을 이해한다. 다양한 재료를 이용해 움직이는 사람을 표현해 본다.

(1) 지도목표

아기였을 때 나의 모습 혹은 아기 동생의 움직이는 모습을 만들기로 표현해 볼 수 있다.

(2) 재료

치약상자 또는 과자상자, 켄트지, 눈스티커, 색연필, 네임펜, 색연필

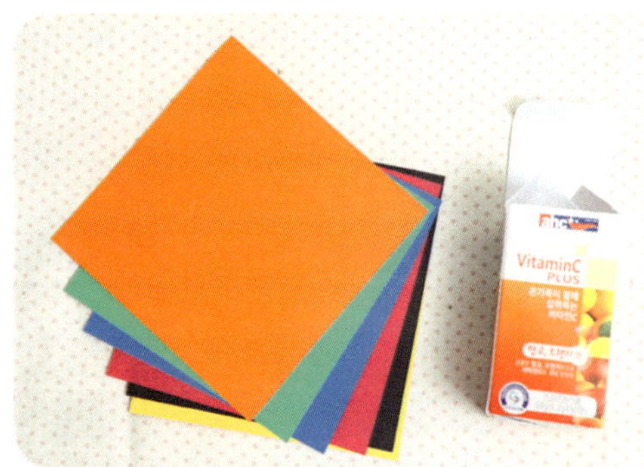 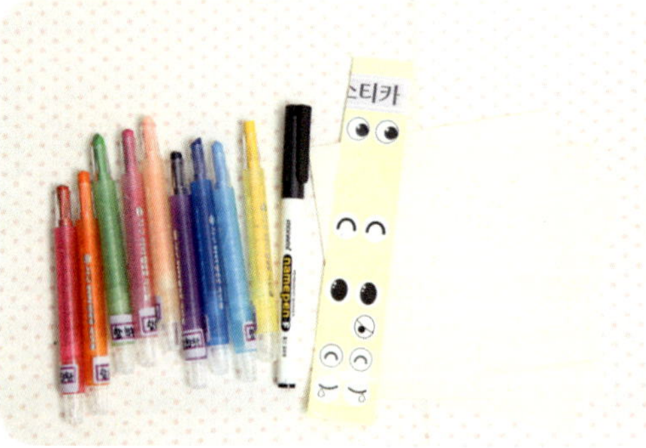

(3) 활동방법

a. 도입

① 내가 아기였을 때 사진을 보며 이야기를 나눈다.
　- 아기였을 때 어떤 모습이었을까?
　- 어떻게 움직였을까?

② 준비된 재료로 이야기를 나눈다.
　- 여기에 어떤 재료들이 있니?
　- 어떻게 움직이는 아기를 만들 수 있을까?

b. 전개

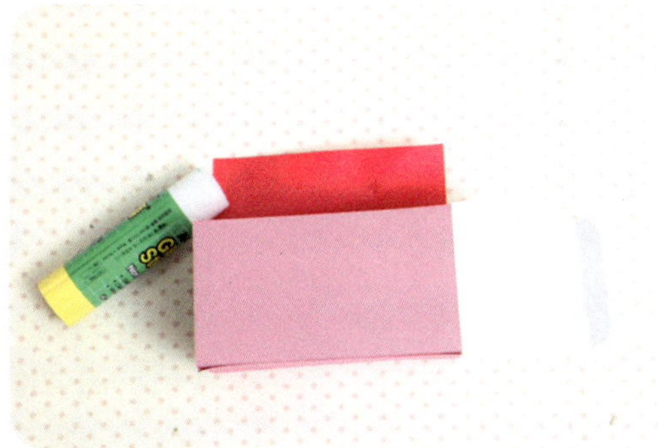

❶ 빈 상자(입구가 정사각형이면 가능해요)를 색종이로 감싸듯이 붙인다.

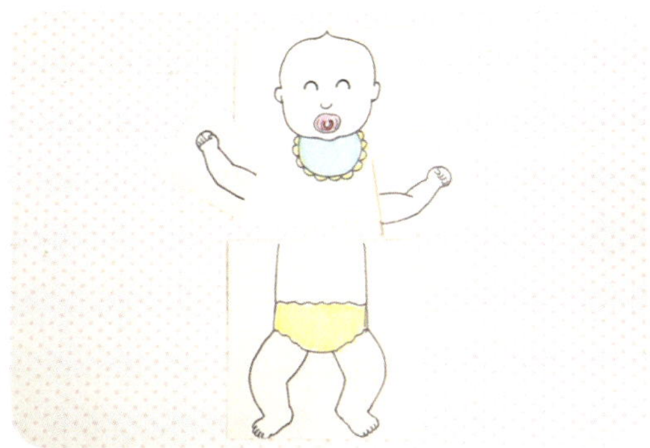

❷ 아기의 얼굴과 몸을 그리고 양쪽 팔, 몸과 다리를 각각 분리하여 그려서 색칠한 후 오린다.

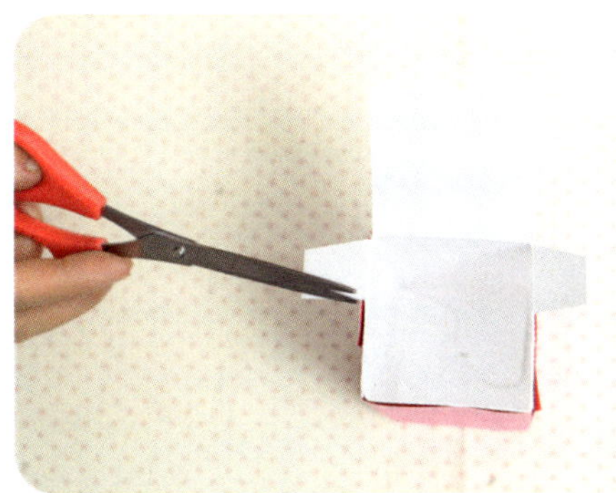

❸ 펼쳐진 입구의 네 곳에 얼굴과 팔다리가 붙여질 수 있도록 크기를 맞추어 자른다.

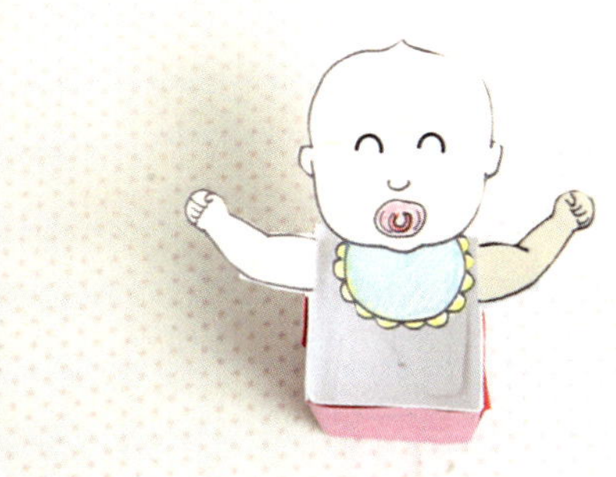

❹ 얼굴과 팔, 몸을 각각 붙인다.

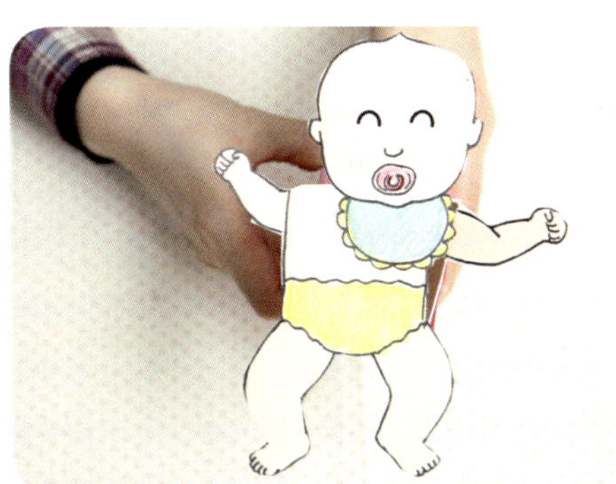

❺ 상자를 손으로 살짝 비틀면 아기가 아장아장 움직인다.

c. 마무리

아기들의 소품인 우유병, 딸랑이 등을 붙여 꾸며 줘도 재미있다.

02 우리 가족 양말 인형

짝 잃은 헌 양말을 이용하여 우리 가족을 만들어 본다. 가족의 얼굴을 자세히 살펴보고 특징을 살려 표현하는 만들기 수업으로 학부모 참여 수업에 활용하고 가족별 전시회를 열어 보는 것도 좋다.

(1) 지도목표

헌 양말을 이용해 인형을 만든다. 가족의 얼굴 특징을 살펴보고 표현한다.

(2) 재료

헌 양말, 방울솜, 펠트 눈스티커(눈알), 빨강부직포, 솜방울, 털실, 리본, 뽀글이모루

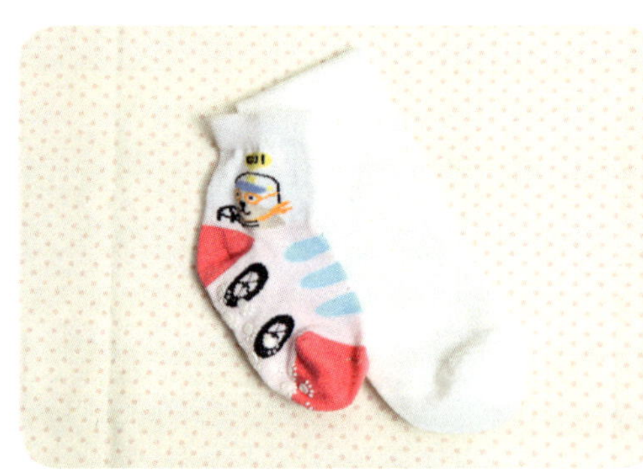
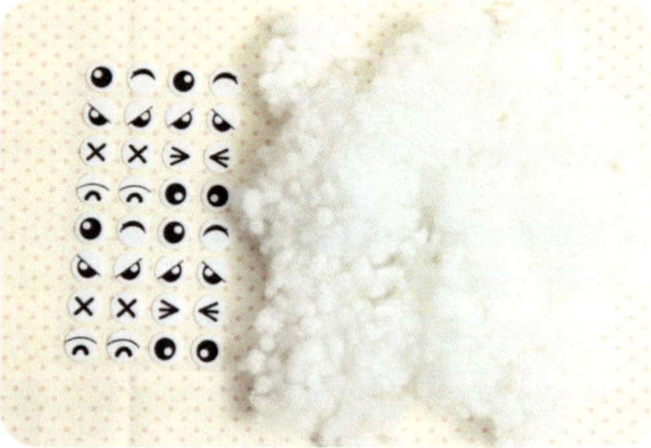
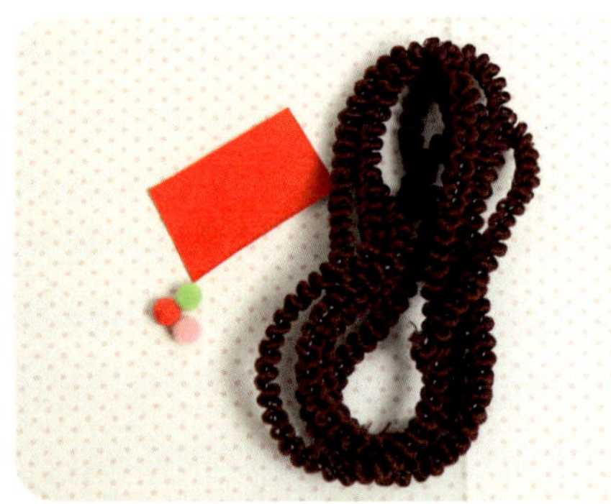

(3) 활동방법

a. 도입

① 우리 가족의 모습에 대해 이야기 나눈다.
- 우리 가족의 모습이 어떻게 생겼는지 이야기해 줄 수 있니?
- 우리 아빠의 얼굴은 어떻게 생겼니?
- 우리 엄마의 머리는 어떤 모양이니?

② 유아들과 함께 우리 가족의 모습을 꾸밀 것을 이야기한다.
- 여기에 있는 재료들로 무엇을 할 수 있을까?
- 우리 가족의 모습을 나타내 볼 수 있을까?

b. 전개

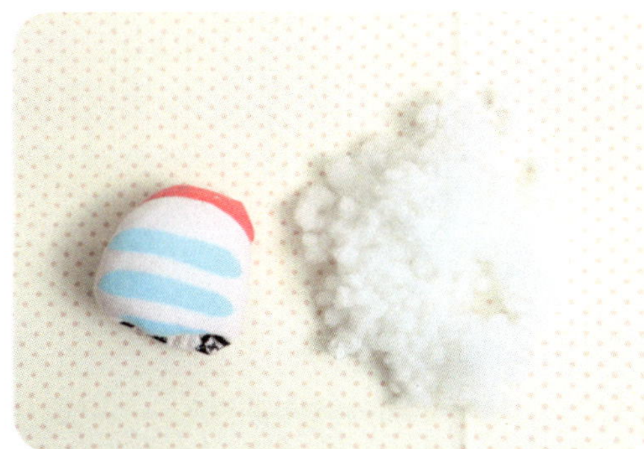

❶ 헌 양말에 솜을 넣어 동그란 얼굴의 형태를 만든다. 양말의 발목 부분은 안쪽으로 밀어 넣는다.

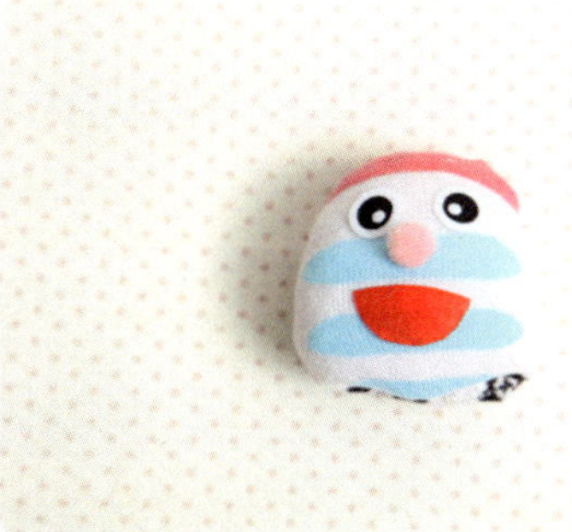

❷ 펠트 눈스티커, 빨강 부직포로 입을 붙이고 솜방울로 코를 붙인다.

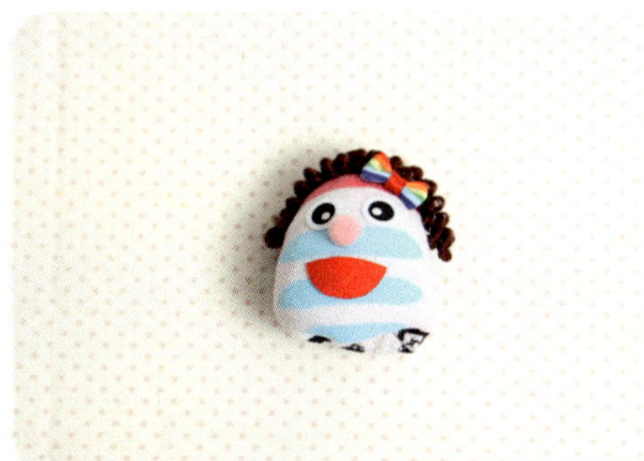

❸ 털실이나 뽀글이 모루로 머리를 꾸미고 리본을 붙인다.

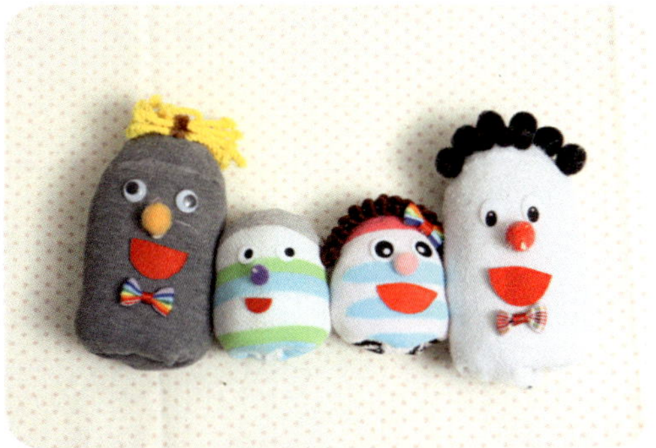

❹ 가족들의 특성을 생각하며 아빠, 엄마, 나를 만들어 본다.

C. 마무리

내가 만든 우리 가족의 모습을 소개한다.
- 우리 가족을 만들어 보았는데 어땠니?
- 친구들에게 우리 가족을 소개해 보자.

아이들은 바느질을 하기 어려우므로 발목을 안쪽으로 밀어 넣으면 손가락 인형으로 사용할 수 있다.

03 우리 엄마

언제나 돌봐 주시고 사랑해 주시는 엄마를 생각하며 감사하는 마음과 사랑하는 마음을 담아 엄마인형을 만들어 본다. 앤서니 브라운의『우리 엄마』를 읽어주고 독후 활동으로도 활용해도 좋다.

(1) 지도목표

미술활동을 통해 엄마의 특징을 기억하며 엄마의 소중함을 안다. 할핀을 활용해 움직이는 사람의 모습을 표현한다.

(2) 재료

테이크아웃컵홀더, 원형보드, 무늬색종이, 넓은 하드스틱, 뽀글이모루, 눈알, 펀치, 할핀, 단추, 컬러매직

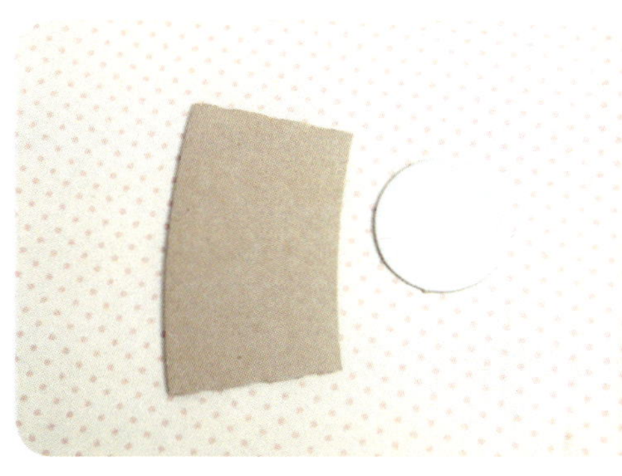
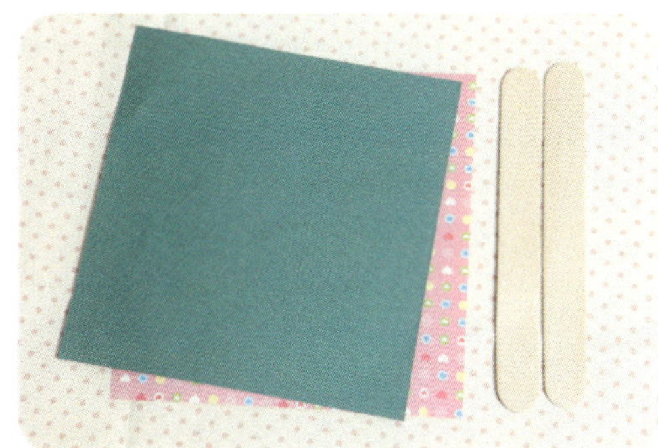
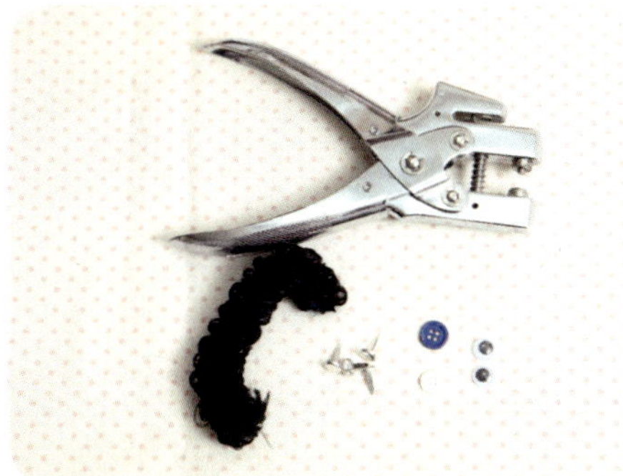

a. 도입

① 우리 엄마에 대해 생각하고 이야기 나눈다.
- 엄마의 머리 모양이나 옷 스타일은 어떠하니?
- 엄마는 어떤 색깔을 좋아하시니?

② 준비된 재료로 이야기를 나눈다.
- 여기에 어떤 재료들이 있니?
- 어떻게 움직이는 엄마를 만들 수 있을까?

b. 전개

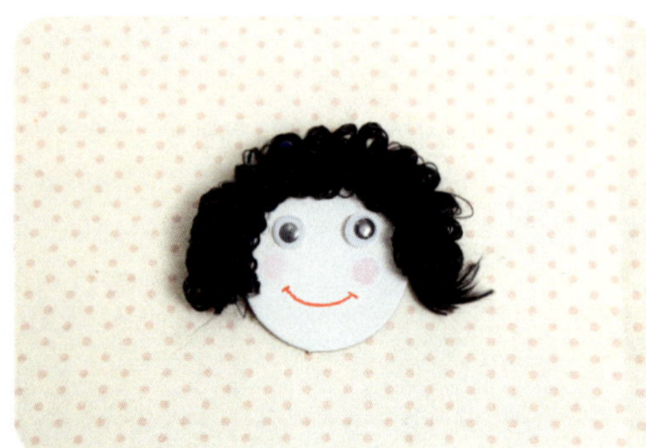

❶ 원형보드에 눈알, 뽀글이모루로 얼굴을 꾸민다.

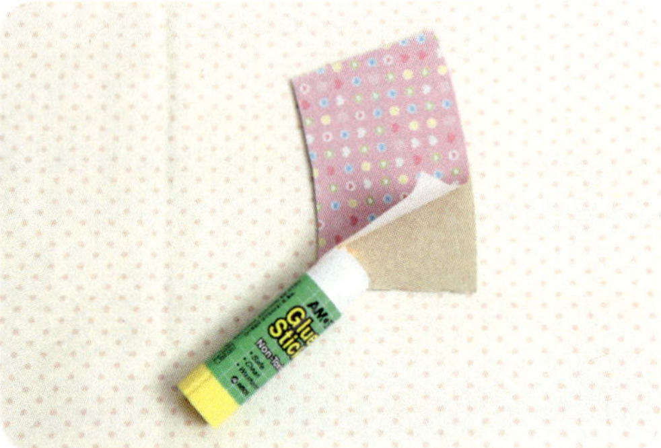

❷ 테이크아웃컵홀더에 무늬색종이를 붙인다.

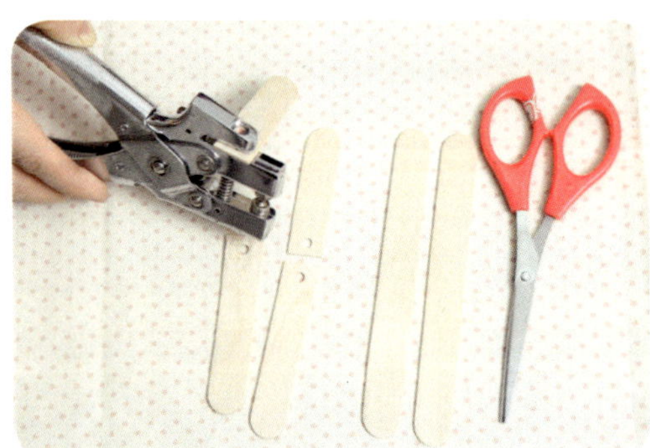

❸ 넓은 하드스틱을 반으로 자르고 자른 쪽에 펀치로 구멍을 뚫는다.

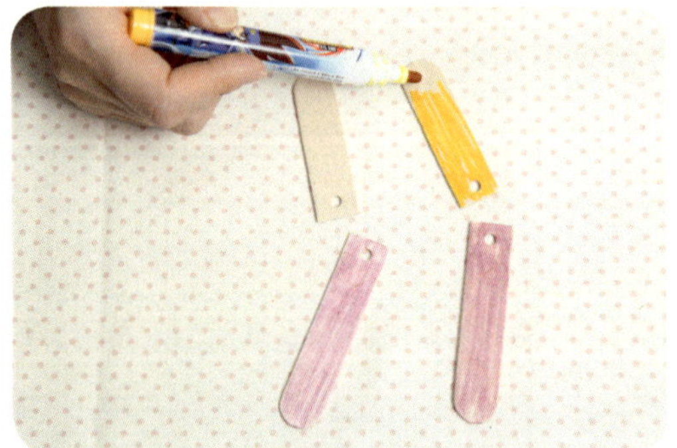

❹ 팔, 다리가 되는 하드스틱을 매직으로 색칠한다.

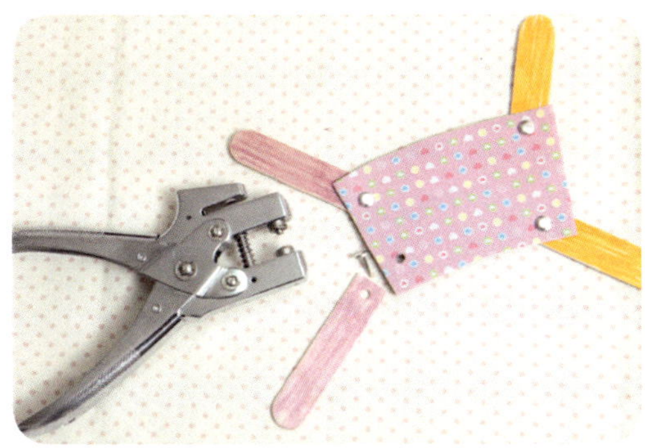
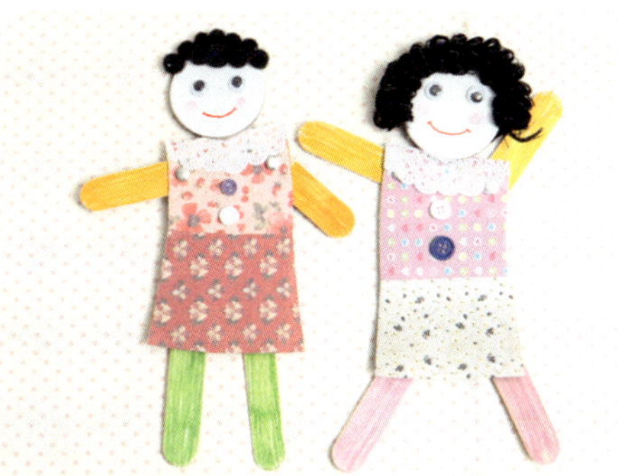

❺ 컵홀더에 펀치로 팔다리를 연결할 곳에 네 개의 구멍을 뚫고 할핀을 꽂아 하드스틱과 연결한다.

❻ 색종이로 치마를 오려 붙이고 단추 등을 붙여 완성한다.

C. 마무리

유아들이 만든 인형으로 엄마 역할 놀이를 해 본다.

할핀을 사용할 때 주의하도록 하고 아일렛 펀치심으로 연결하면 안전하게 만들 수 있다.

카네이션

미국의 한 소녀가 세상을 떠난 어머니의 추도식 때 어머니에 대한 감사의 뜻을 표시하기 위해 모인 사람들에게 카네이션을 달아 준 것에서 시작되었고 세계적으로 전파되면서 어머니의 사랑에 대한 감사의 표시로 어버이날에는 카네이션을 달아 드린다.

(1) 지도목표

가정의 달 5월을 맞이하여 부모님께 감사한 마음을 기르고, 카네이션 만들기를 통해 부모님을 사랑하는 마음을 갖는다.

(2) 재료

도일리페이퍼(20cm), 빨강 긴 색지(1.5×25.2×30cm), 초록 색지, 옷핀

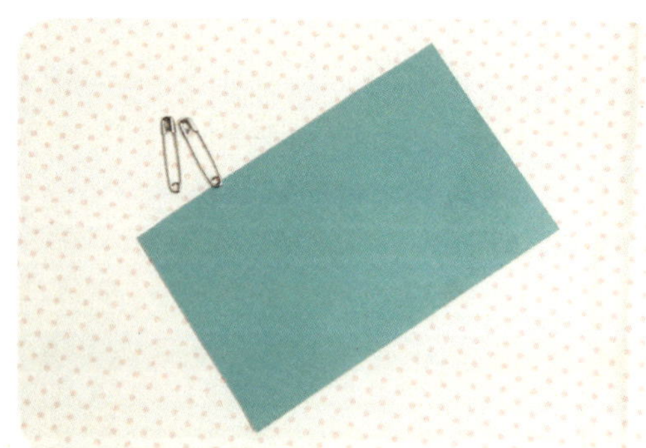

(3) 활동방법

a. 도입

① 어버이날에 대해 이야기를 나눈다.
- 감사한 마음을 어떻게 표현할 수 있을까?
- 카네이션은 어떤 꽃일까?

② 준비된 재료로 이야기를 나눈다.
- 여기에 어떤 재료들이 있니?
- 어떻게 카네이션을 만들 수 있을까?

b. 전개

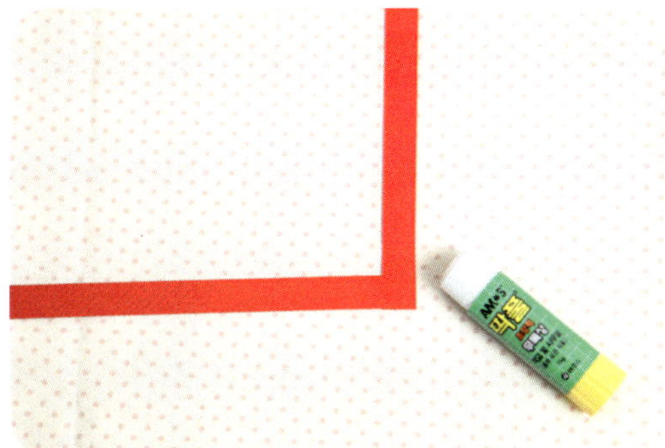

❶ 긴 색지를 한 장은 수직으로 한 장은 수평으로 놓고 끝을 풀로 붙인다.

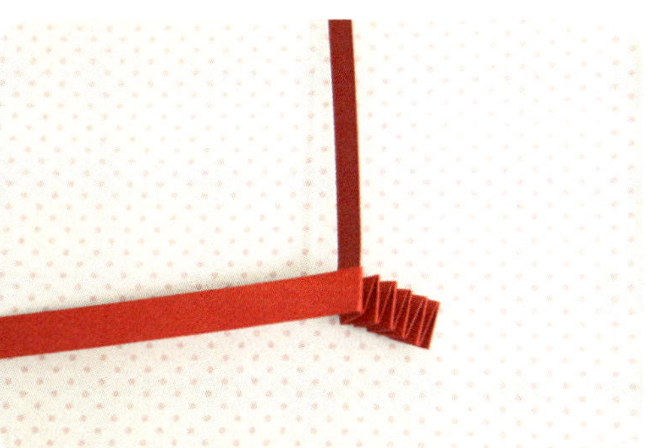

❷ 밑에 있는 종이를 위로 접고 다른 종이를 위로 번갈아 교차하도록 접어 아코디언 모양이 되도록 만든다.

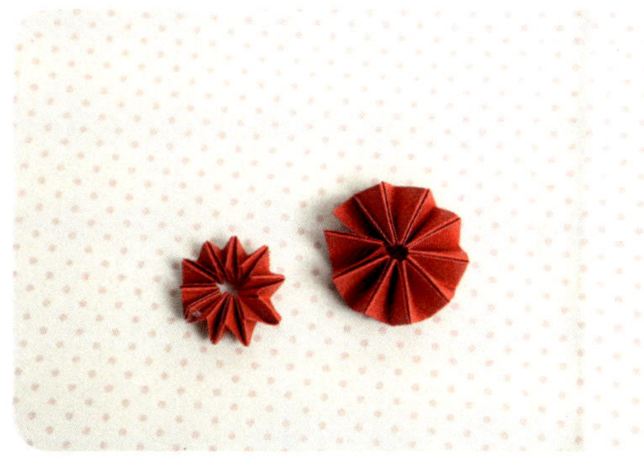

❸ 끝부분에 풀칠하여 양끝을 동그랗게 모아 모양을 만들어 붙인다.

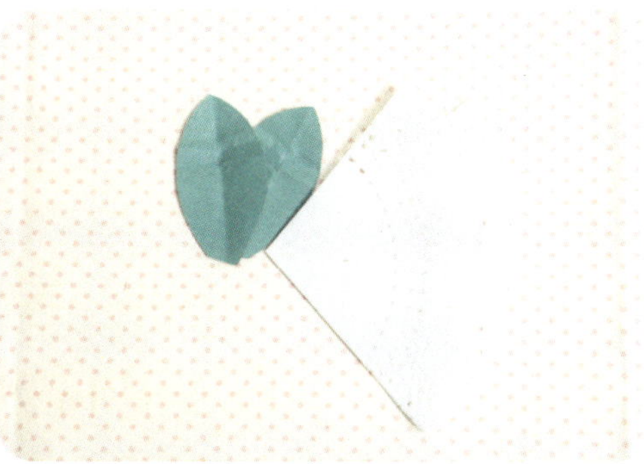

❹ 도일리페이퍼를 부채꼴 모양으로 접고 초록 색지를 나뭇잎 모양으로 자른 후 잎맥 모양으로 접는다.

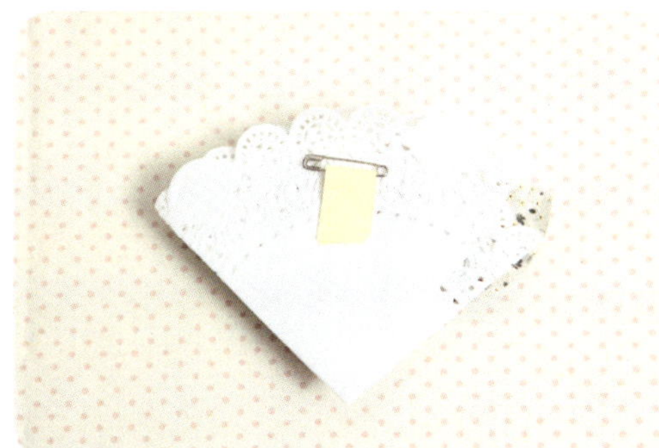

❺ 뒷면에 종이를 이용해 옷핀을 붙인다.

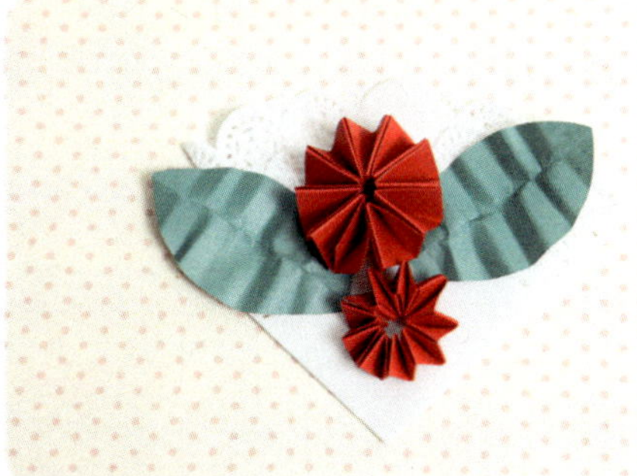

❻ 도일리 페이퍼에 나뭇잎과 카네이션 꽃을 붙인다.

c. 마무리

감사하는 마음을 담아 정성스럽게 꽃을 접어 부모님께 드린다. 부모님에게 다양한 방법으로 감사하는 마음을 전하기로 다짐하며 활동을 마무리한다.

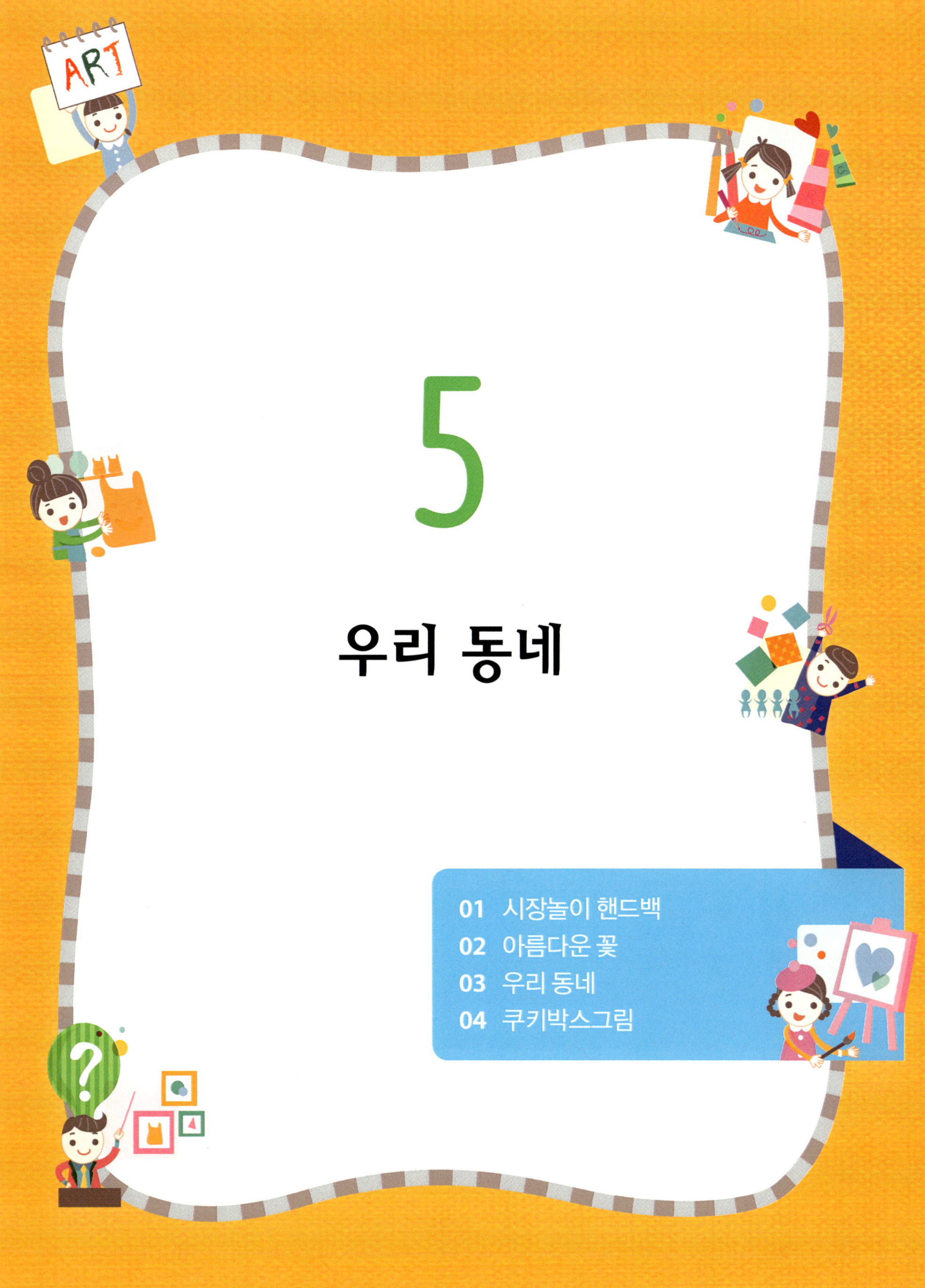

5

우리 동네

01 시장놀이 핸드백

물건을 구입할 수 있는 다양한 시장의 모습에 관심을 가진다. 시장의 역할을 알고 시장에서 볼 수 있는 물건을 알아보며 우리 반에 시장을 구성하여 놀이한다.

(1) 지도목표

마트에 다녀온 경험을 바탕으로 마트의 모습과 특성을 이해하고 화폐와 만든 가방을 사용해 시장놀이를 해 볼 수 있다. 다양한 재료를 활용하여 시장놀이 가방을 만들어 본다.

(2) 재료

종이접시 2장, 모루, 찍찍이, 부직포꽃장식, 모루, 색연필, 색종이

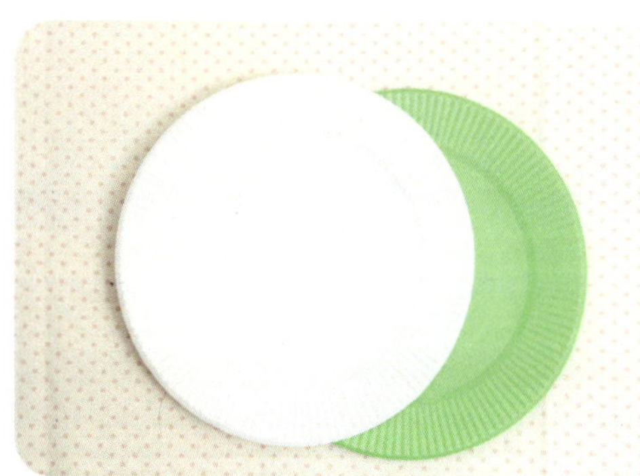 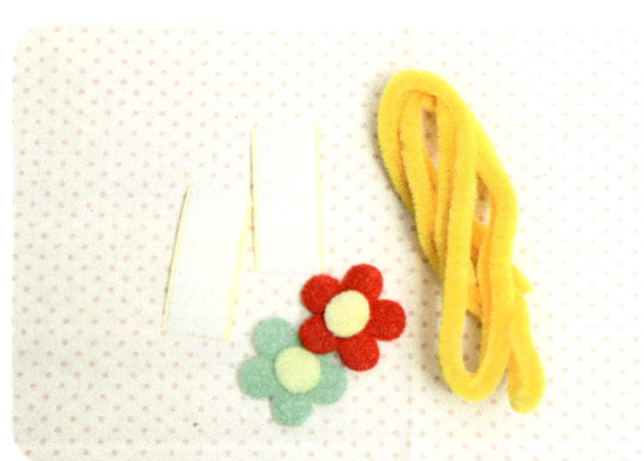

(3) 활동방법

a. 도입

① 시장에 갈 때 필요한 것들에 대해 이야기 나눈다.
- 시장에 가 본 적이 있니?
- 시장에 가서 무엇을 보았니?
- 시장에 갈 때 준비해야 할 것은 무엇이니?

② 준비된 재료를 살펴본다.

    - 여기에 무엇이 있니?

    - 여기에 있는 재료들로 무엇을 만들 수 있을까?

b. 전개

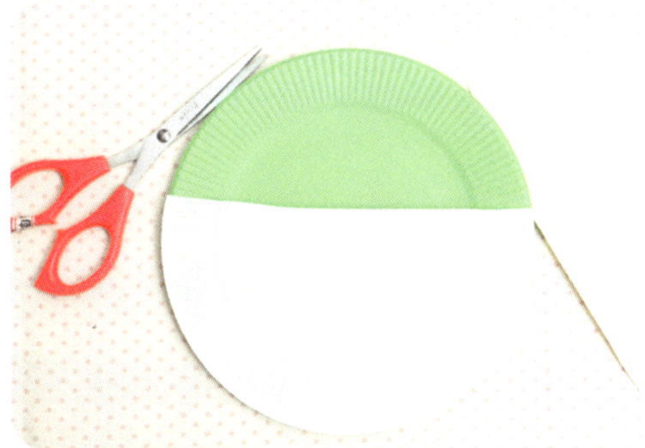

❶ 한 장의 종이접시를 1/3 잘라 낸다.

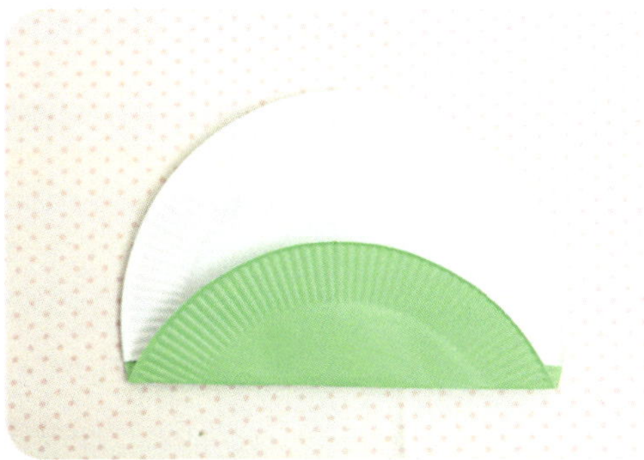

❷ 다른 한 장의 종이접시와 맞대어 글루건으로 붙인다.

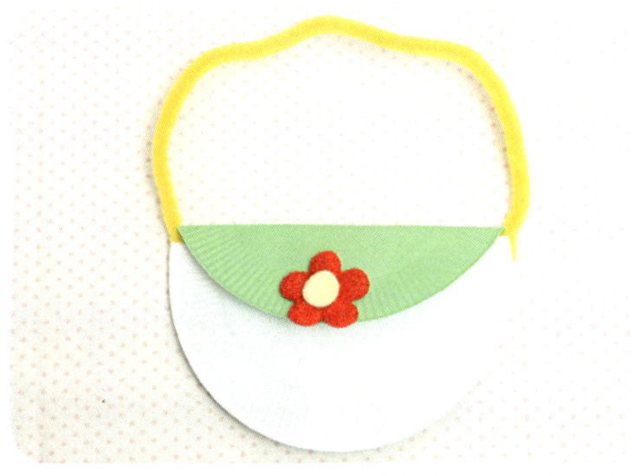

❸ 뚜껑이 되는 부분을 접어서 찍찍이를 붙여 열고 닫게 한다. 모루를 핸드백 양끝 부분의 안쪽에 붙이고 꽃 모양을 앞에 붙여 장식한다.

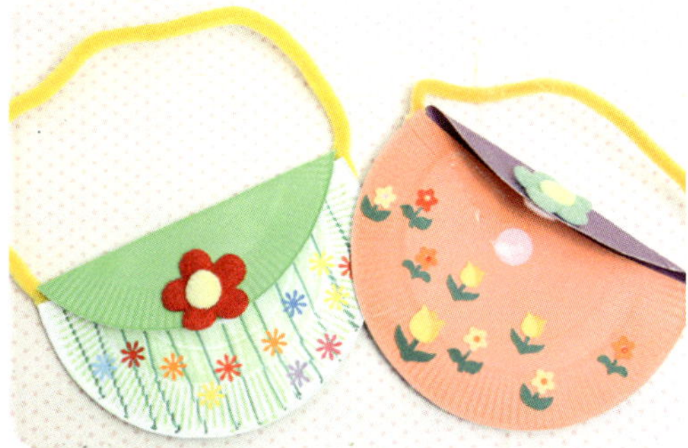

❹ 핸드백에 무늬를 그리고 색칠하고 스티커나 모양색종이를 붙여 완성한다.

c. 마무리

완성된 핸드백을 보며 느낌을 이야기 나누고, 자리를 정리한다.

    - 핸드백을 만들어 보았는데 어땠니?

    - 핸드백 안에 어떤 것을 넣으면 좋을까?

    - 시장놀이를 진행하며 사전활동으로 만들어도 좋다.

02 아름다운 꽃

꽃꽂이를 하거나 꽃으로 주변을 아름답게 장식하는 플로리스트에 대해 알아보고 주어진 재료를 가지고 환경을 예쁘게 꾸미는 기쁨을 가져 본다.

(1) 지도목표

미술재료의 다양함을 알고 활용하여 주변환경을 예쁘게 꾸미는 장식품을 만든다.

(2) 재료

꽃모양PE팩(포장 완충재), 솜방울(12mm), 꽃철사, 백업(50mm), 투명컵, 색습자지

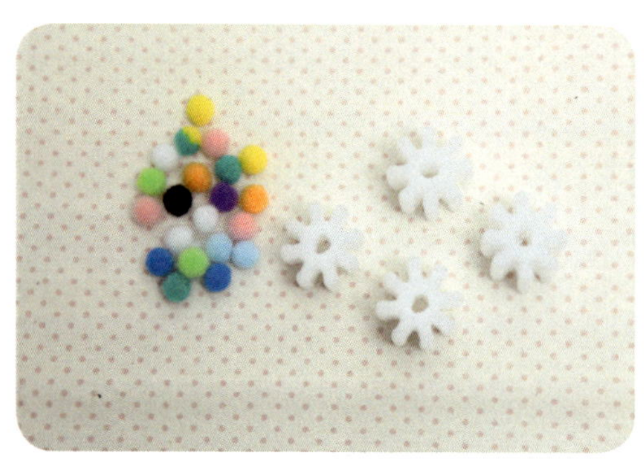
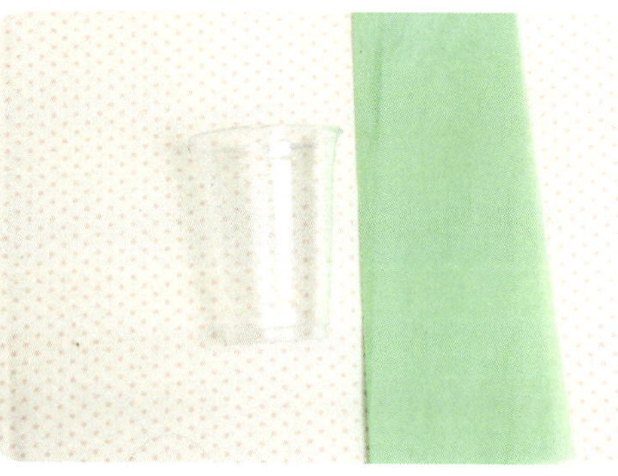

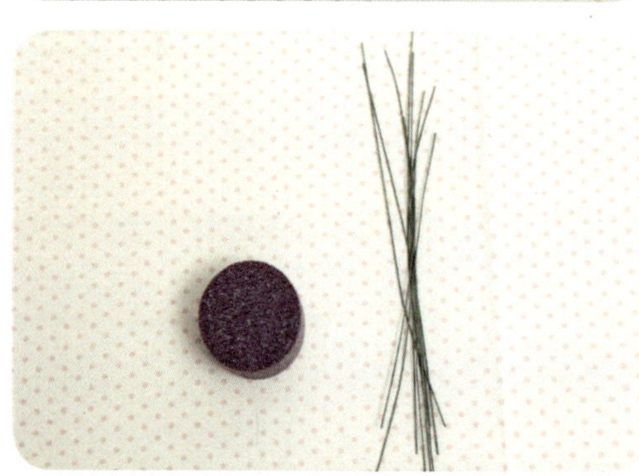

(3) 활동방법

a. 도입

① 꽃의 여러 가지 종류와 모양에 대해 이야기 나눈다.
- 꽃의 모양은 어떻게 생겼니?
- 꽃꽂이를 해 본 적이 있니?

② 준비된 재료를 살펴본다.
- 여기에 무엇이 있니?
- 여기에 있는 재료들로 무엇을 만들 수 있을까?

b. 전개

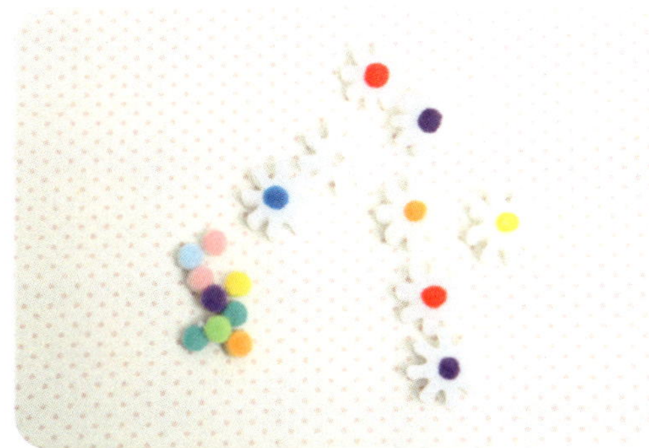

❶ 꽃 모양 PE팩의 가운데에 솜방울을 살짝 끼워 넣는다.

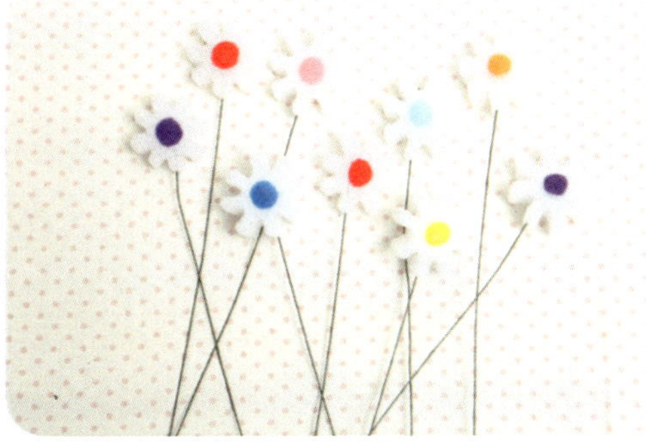

❷ 꽃 모양의 꽃잎 부분에 꽃철사를 꽂아 꽃송이를 만든다.

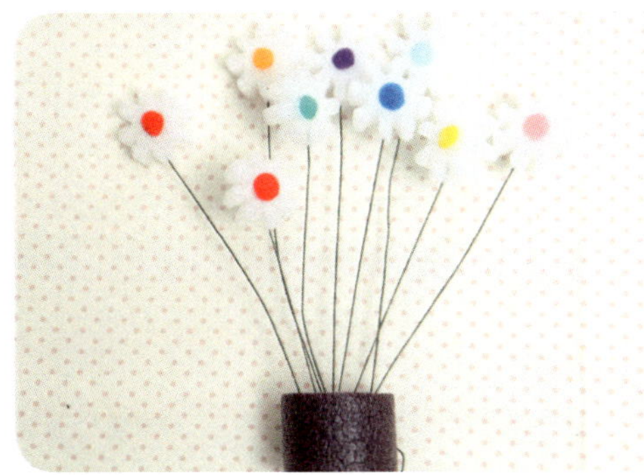

❸ 백업에 꽃꽂이를 하듯이 만든 꽃들을 꽂는다.

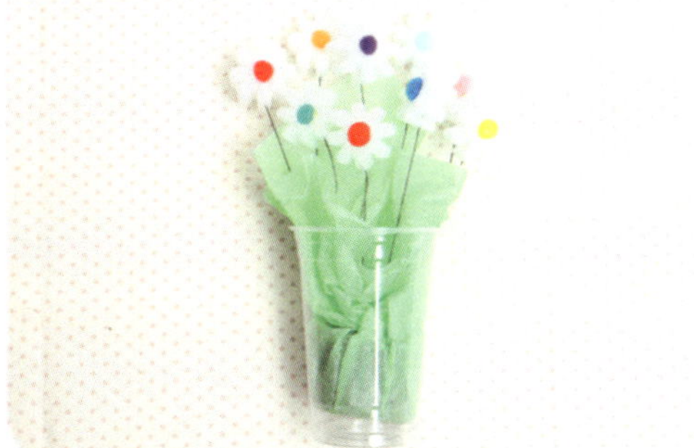

❹ 꽃이 꽂힌 백업을 습자지에 싸서 투명컵에 넣는다. 컵을 스티커나 매직으로 꾸며 준다.

c. 마무리

꽃을 예쁘게 꾸며 환경구성에 활용할 수 있다.

03 우리 동네

내가 살고 있는 집과 주변에 대해 관심을 갖고 위치와 동네 이름을 안다.
건물이나 생활공간, 공공기관의 기능을 알고 동네 사람들이 하는 일에 관심을 가진다.

(1) 지도목표

평면 종이를 오리고 접어서 입체물을 만든다. 우리 동네를 구성할 수 있다.

(2) 재료

박스골판지, 색종이, 네임펜, 크레파스, 꽃모양색종이

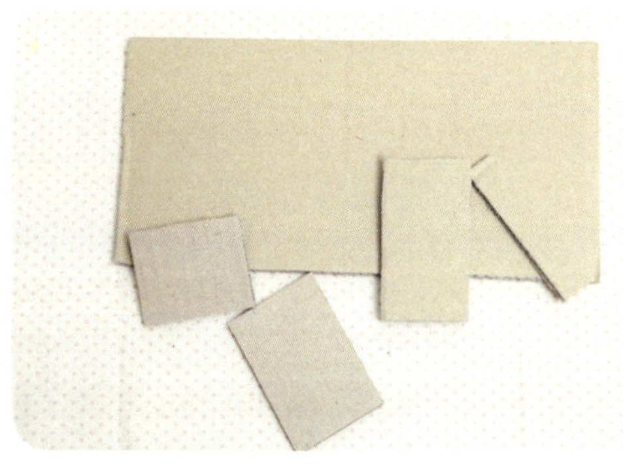 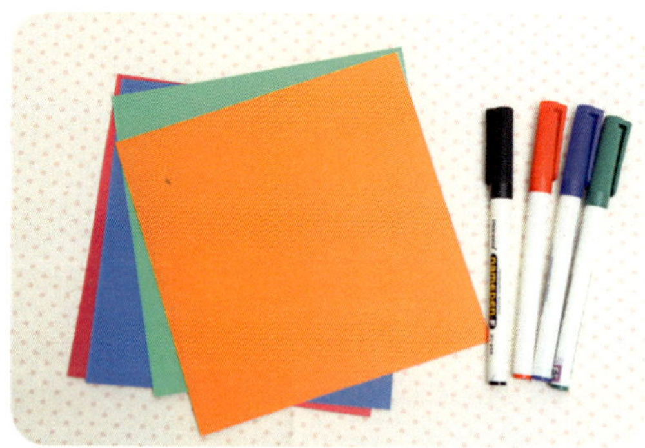

(3) 활동방법

a. 도입

① 우리 동네의 모습에 대해 이야기 나눈다.
- 우리 동네 하면 무엇이 생각나니?
- 우리 동네에는 무엇이 있니?

② 준비된 재료를 소개한다.
- 여기에 있는 재료들로 우리 동네를 만들어 보자.
- 어떻게 만들 수 있을까?

b. 전개

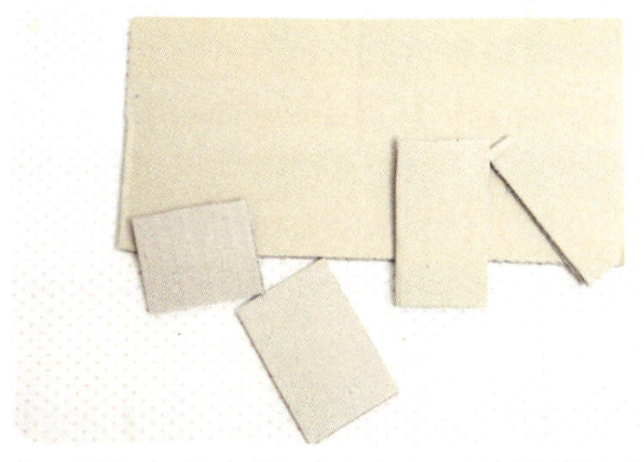

❶ 두툼한 박스골판지를 여러 가지 크기의 사각형으로 자른다.

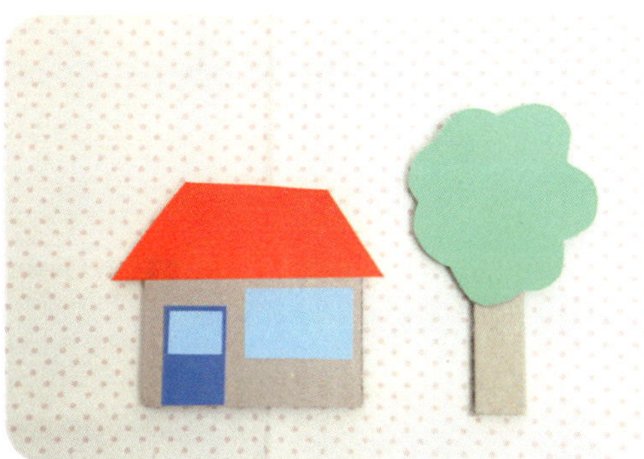

❷ 색종이를 오려서 지붕, 문, 창문, 나무 등을 오려 붙인다.

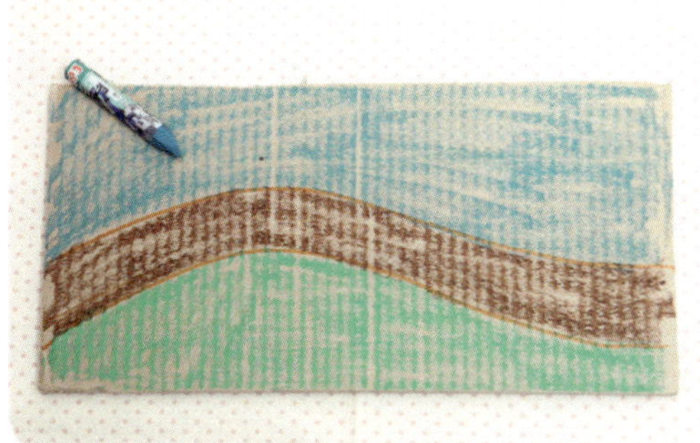

❸ 큰 골판지에 길, 풀밭 등을 그려 색칠한다.

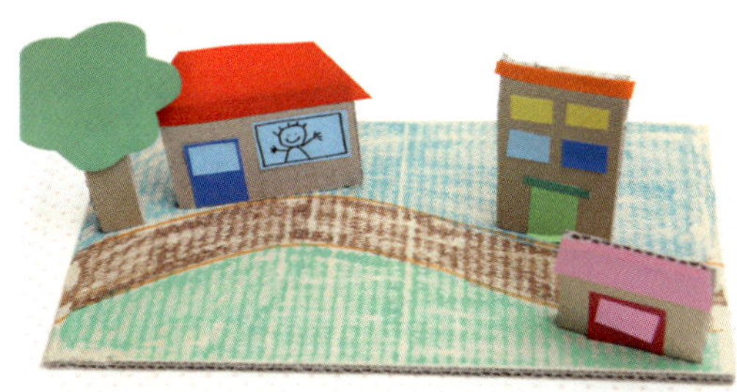

❹ 색종이로 꾸민 골판지 집과 나무 등을 세워서 붙인다.

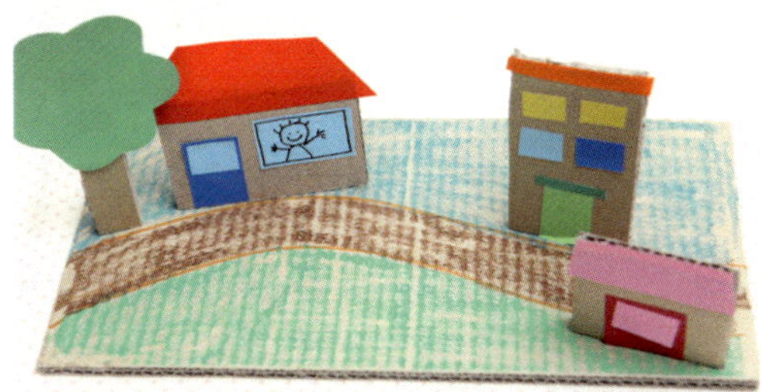

❺ 모양 색종이로 나무에 꽃과 풀밭에 꽃을 붙여서 완성한다.

c. 마무리

활동이 끝나면 자리를 정리하고 활동을 하고 난 느낌에 대해 이야기 나누고 마친다.

- 우리 동네를 만들어 보았는데 어땠니?
- 어떤 부분이 재미있었니?

04 쿠키박스그림

내가 살고 있는 집과 이웃집, 할아버지 집, 또는 친구가 살고 있는 집은 어떻게 다른가 이야기 나눠 본다.

(1) 지도목표

박스를 이용해 집을 만들어 본다. 평면 종이를 오리고 접어 입체물을 만든다.

(2) 재료

쿠키박스, 네임펜, 크레파스

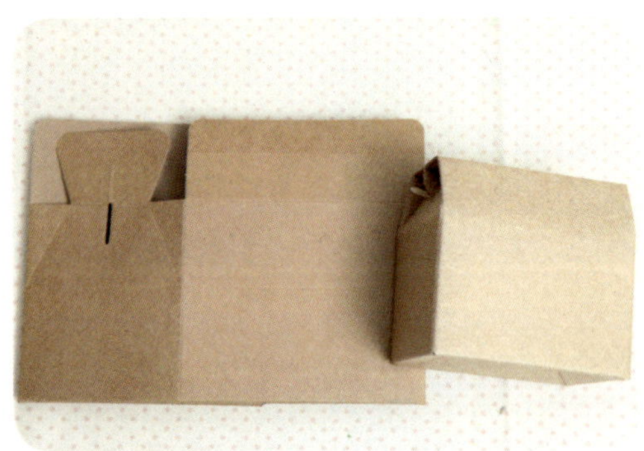

(3) 활동방법

a. 도입

① 우리 동네에 있는 건물들에 대해 이야기 나눈다.
 - 우리 동네에는 어떤 건물들이 있니?

② 준비된 재료를 보며 이야기 나눈다.
 - 이것으로 무엇을 만들어 보면 좋을까?
 - 우리 동네에 있는 건물들을 만들어 보자.

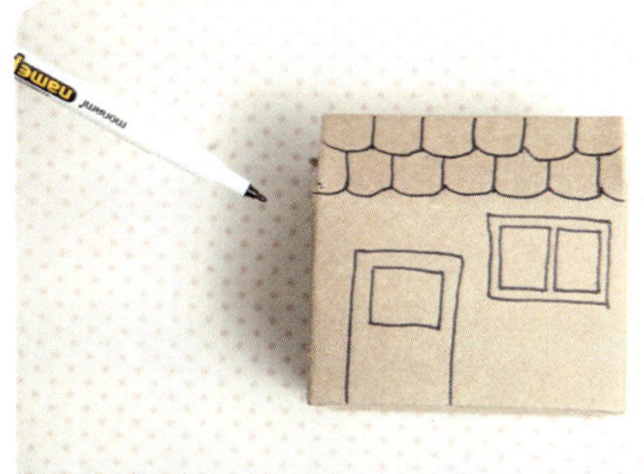

❶ 쿠키박스에 지붕 모양, 창문, 문 등을 그린다.

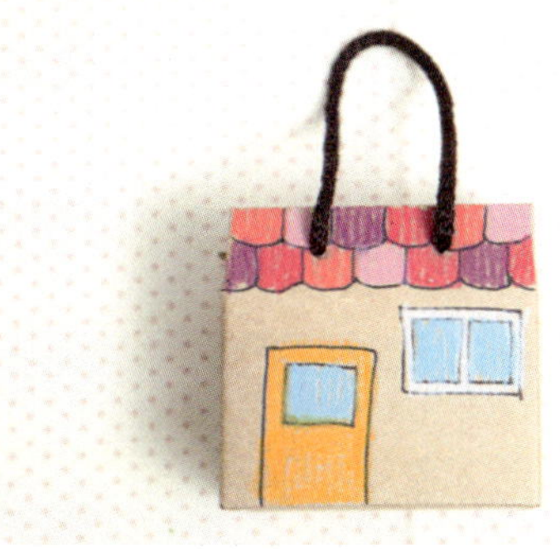

❷ 색연필이나 크레파스로 그림을 색칠한다.

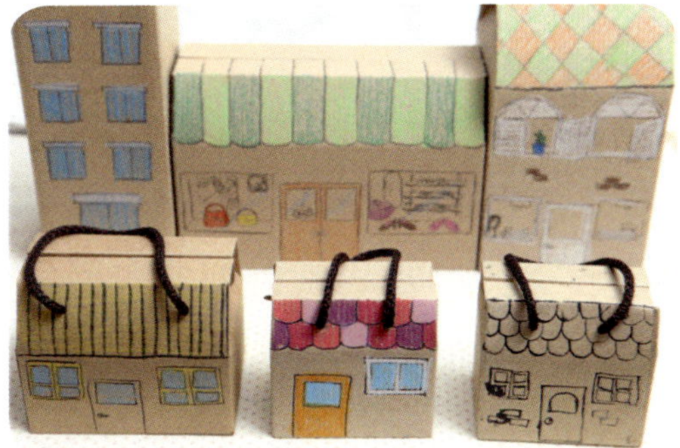

❸ 손잡이를 박스 윗부분에 끼운다.

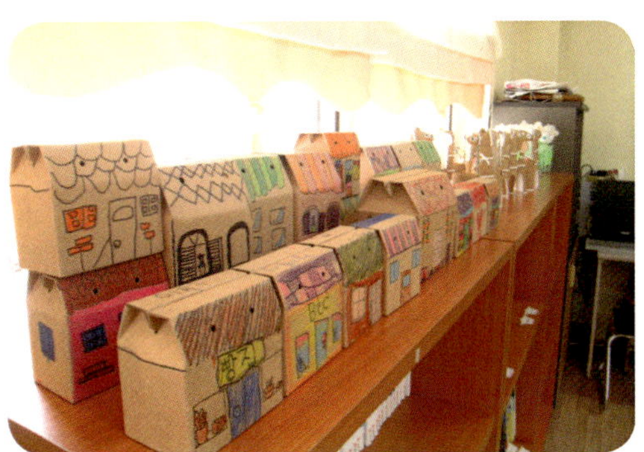

❹ 완성된 여러 가지 크기의 쿠키박스를 모아 전시한다.

c. 마무리

쿠키박스를 조립하면 집 모양이 된다. 와인상자는 아파트로 꾸밀 수 있고 큰 사이즈는 이층집으로 만들 수 있다.

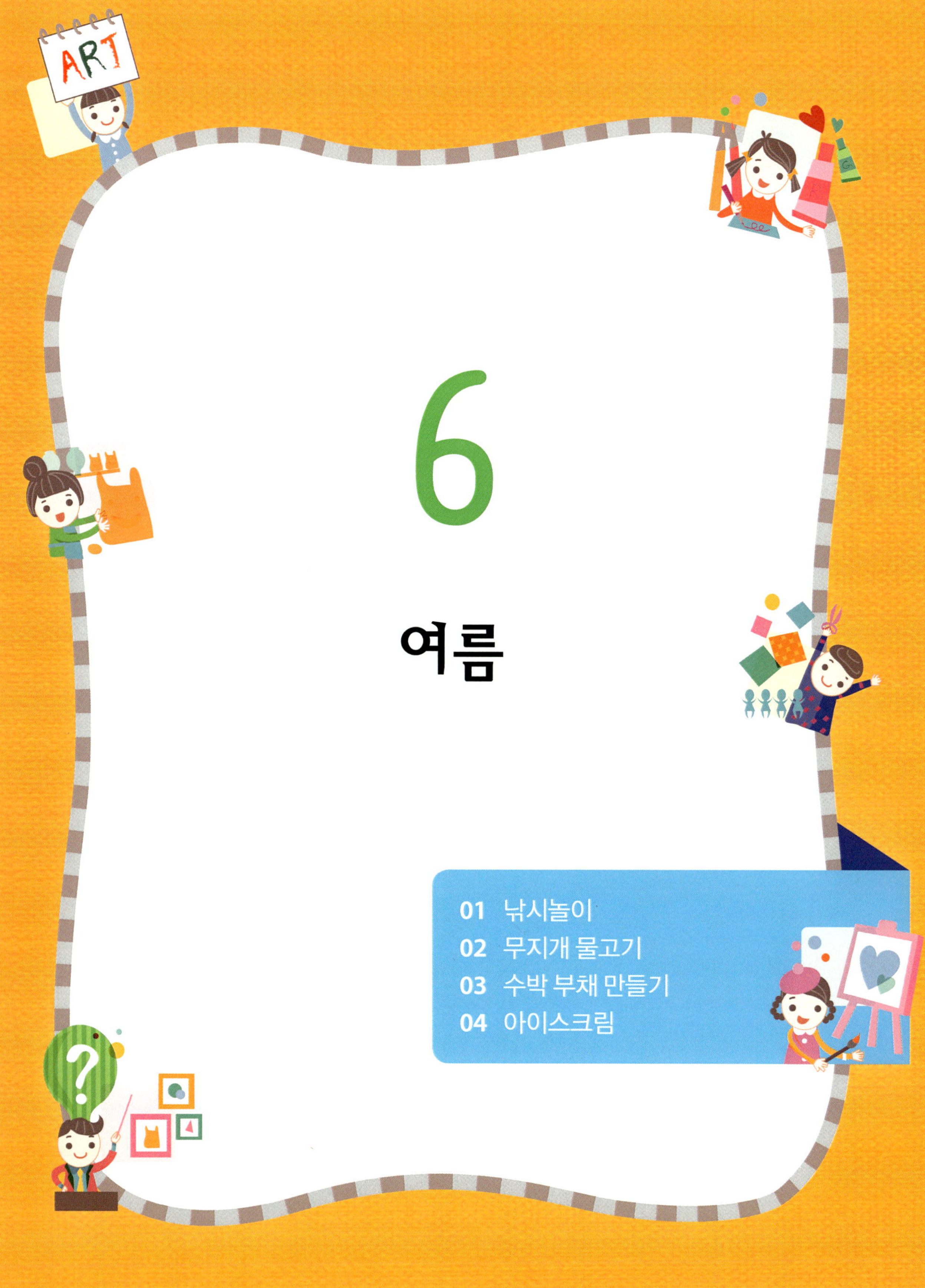

6

여름

01 낚시놀이

낚시를 한 적이 있는지 서로 알아보고 여름 낚시와 겨울 낚시는 어떻게 다른지 경험을 이야기해 본다.

(1) 지도목표

재활용품을 사용하여 낚시놀이를 즐길 수 있다. 여름에 볼 수 있는 생물들에 대해 관심을 갖는다.

(2) 재료

4절 색지, 파랑비닐봉지 큰 것, 대나무, 낚시줄, 클립

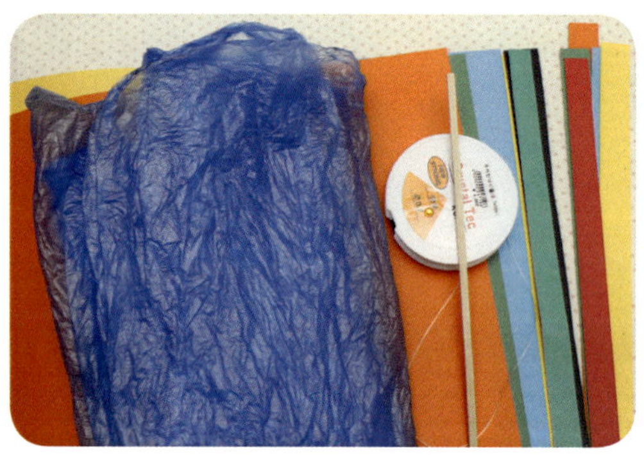

(3) 활동방법

a. 도입

① 낚시를 해 본 경험에 대해 이야기 나눈다.
- 낚시를 해 본 경험이 있니?
- 언제 낚시를 해 보았니?
- 낚시는 어떻게 하는 것일까?

② 준비된 재료를 소개한다.
- 여기에 무엇이 있니?
- 여기에 있는 재료들을 사용하여 낚시놀이를 만들어 보자.

b. 전개

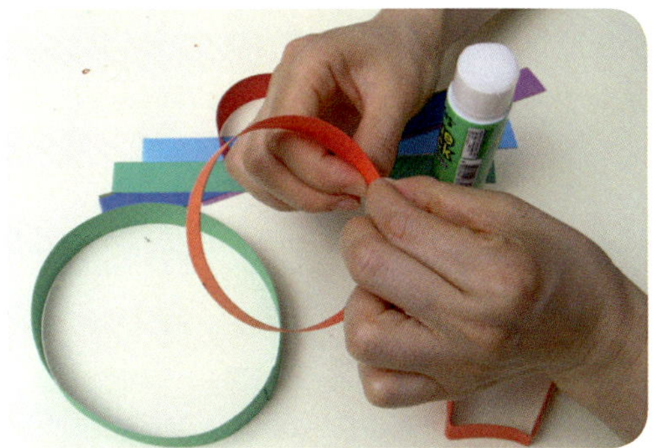

❶ 길게 자른 색지를 동글랗게 말아서 붙인다.

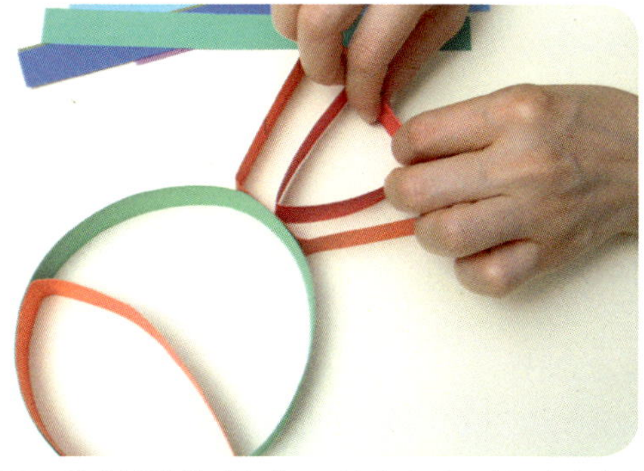

❷ 동그랗게 붙인 색지를 세모모양이 되도록 각을 잡아서 접고 동그라미와 붙인다.

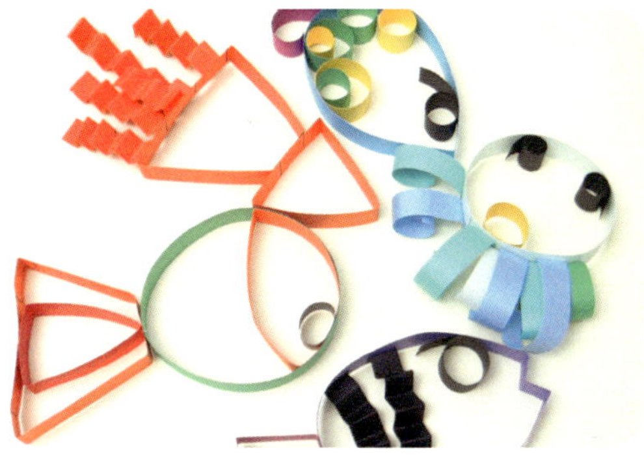

❸ 세모모양끼리 붙여서 오징어 몸통을 만들고 긴 색지를 지그재그 접어서 다리를 만든다.

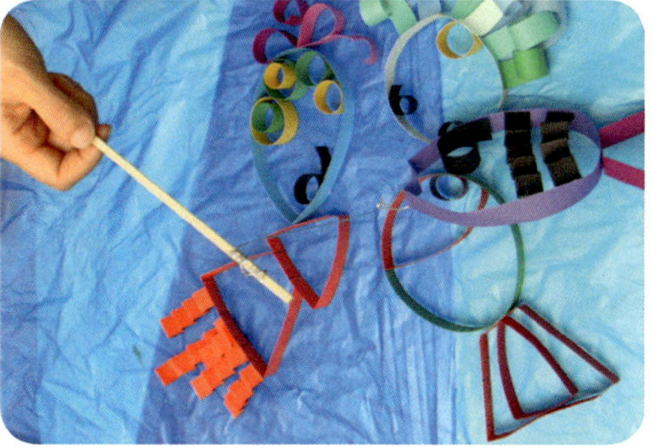

❹ 파란 비닐봉지 위에 만든 물고기들을 놓고 대나무 낚시줄 끝에 클립을 'ㄱ'자로 만들어 붙이고 낚시 놀이를 한다.

c. 마무리

낚시놀이를 만들고 난 느낌에 대해 이야기 나눈다.
- 낚시놀이를 만들어 보았는데 어땠니?

02 무지개 물고기

바닷속에 살고 있는 여러 가지 생물에 대해 알아보고 동화를 통해 친구들과 사이좋게 지내는 방법에 대해 다양하게 생각해 본다.

(1) 지도목표

무지개 물고기 동화 속에 나오는 물고기를 만들어 본다.

(2) 재료

찰흙, 원형 스팽글, 눈알

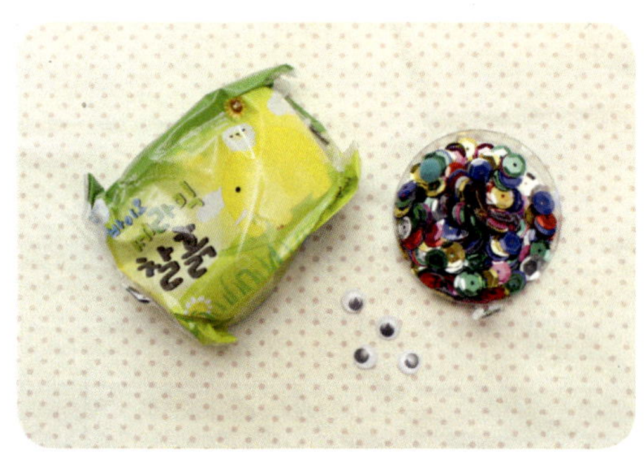

(3) 활동방법

a. 도입

① 무지개 물고기 동화를 들려준다.
- 물고기 비늘에 대해 알고 있니?
- 반짝이는 비늘을 어떻게 표현할 수 있을까?

② 준비된 재료를 소개한다.
- 여기에 무엇이 있니?
- 여기에 있는 재료들을 사용하여 무지개 물고기를 만들어 보자.

b. 전개

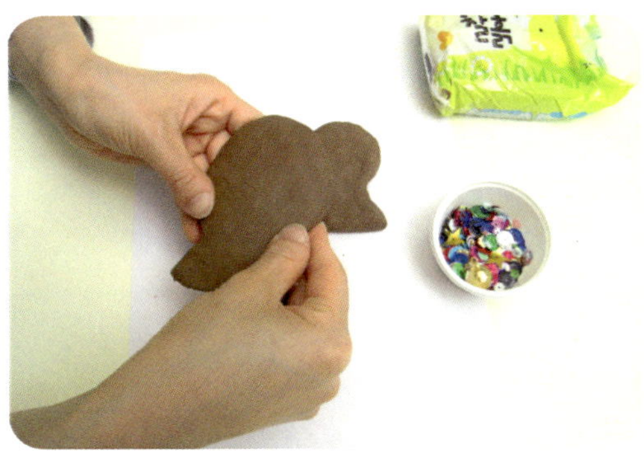

❶ 찰흙으로 납작한 물고기 모양을 만든다. 붕어빵 모양을 생각하면서 만들면 조금 더 쉽다.

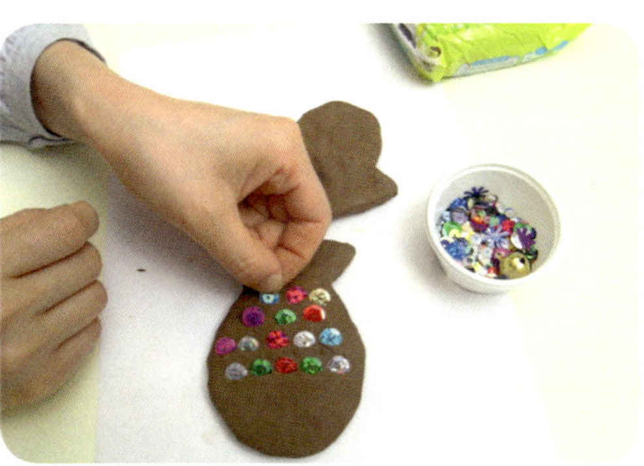

❷ 원형스팽글을 물고기 비늘을 생각하면서 비스듬하게 꽂는다.

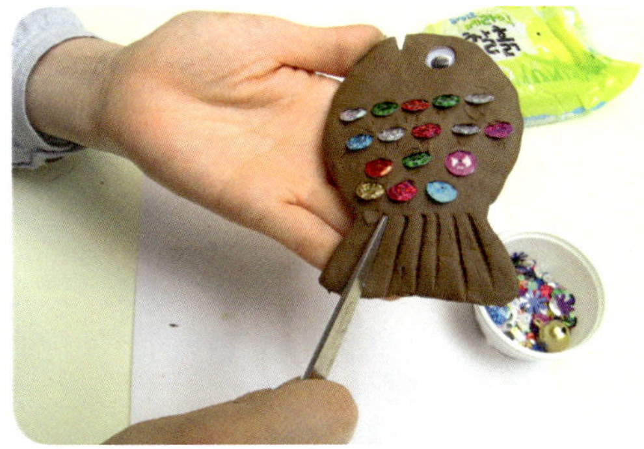

❸ 눈알을 붙이고 가위로 지느러미 무늬를 꾸민다.

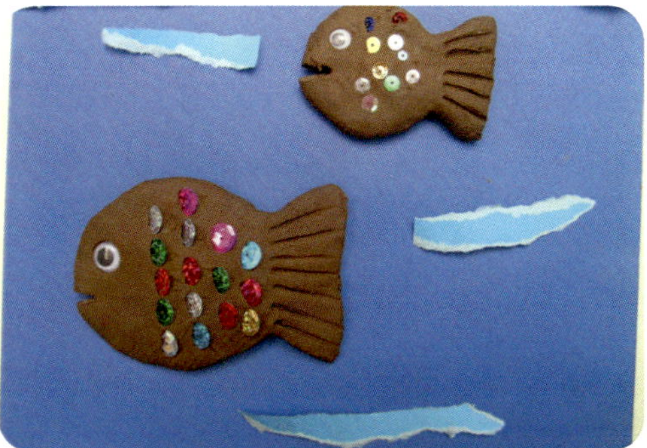

❹ 무지개 물고기 그림책을 읽고 독후활동으로 만들기를 한다.

c. 마무리

동화의 내용을 역할극으로 해 보고 예쁜 비늘을 친구에게 하나 떼어 준다.

03 수박부채 만들기

커다란 수박 하나 잘 익었나 통통통~ 단숨에 쪼개니 속이 보이네……. 여름에 먹는 과일 중에 시원한 것은 무엇이 있을까? 더운 여름을 시원하게 보내는 여러 가지 방법들을 이야기해 보자.

(1) 지도목표

여름철 과일과 채소에 관심을 갖는다. 여러 가지 수박 관련 활동과 연계하여 만들어 볼 수 있다.

(2) 재료

부챗살, 색한지(초록, 빨강), 검정 스티커(검정 물감), 검정 색종이, 풀, 가위

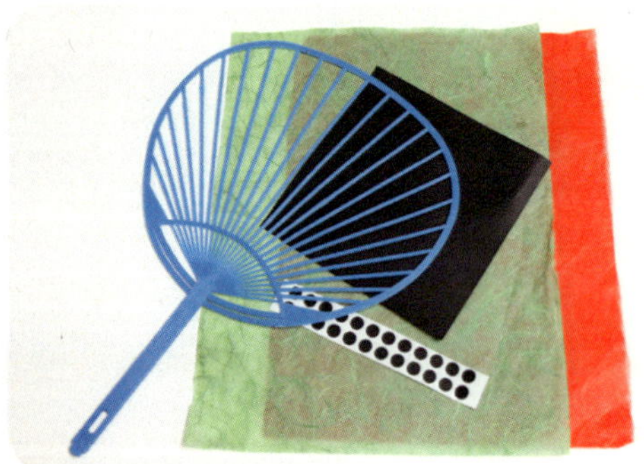

(3) 활동방법

a. 도입

① 여름을 시원하게 보낼 수 있는 방법을 이야기 나눈다.
- 더운 여름에는 어떻게 하면 시원할까?
- 수박의 생김은 어떻게 생겼을까?
- 커다란 수박 노래를 불러 보자.

② 준비된 재료를 소개한다.

    - 여기에 있는 재료들로 수박부채를 만들어 보자.

    - 어떻게 만들 수 있을까?

b. 전개

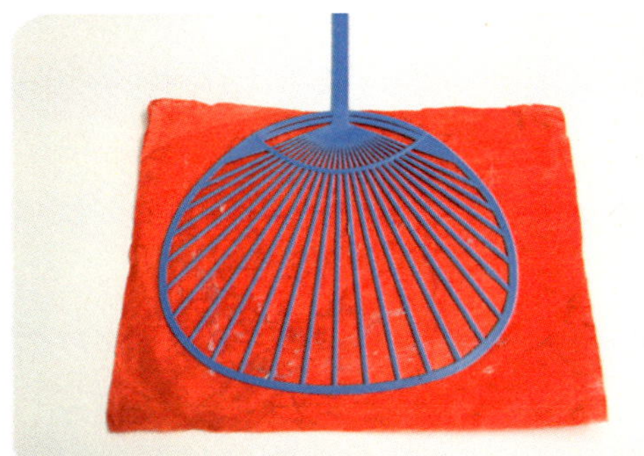

❶ 초록색, 빨강색 한지를 부채크기보다 크게 자른다.

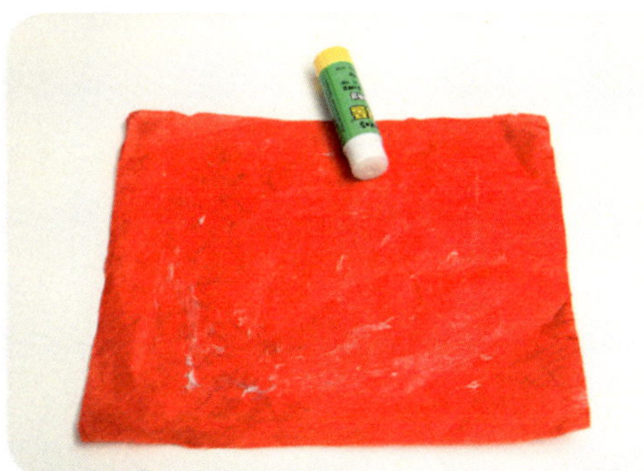

❷ 한지에 딱풀칠을 꼼꼼하게 한다.

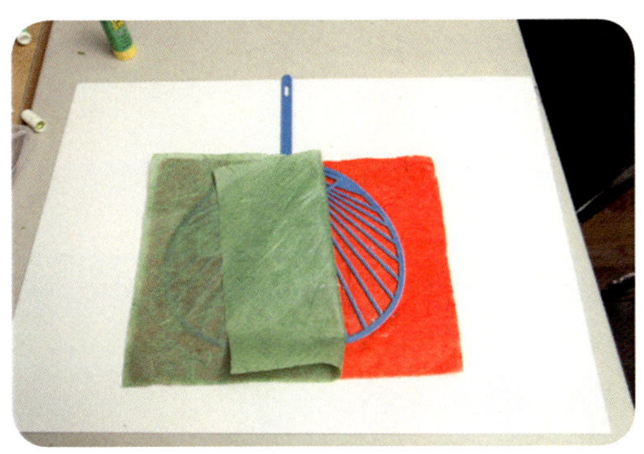

❸ 풀칠한 한지에 부채살을 올려 놓고 초록색 한지를 덮어 꼭 꼭 누른다.

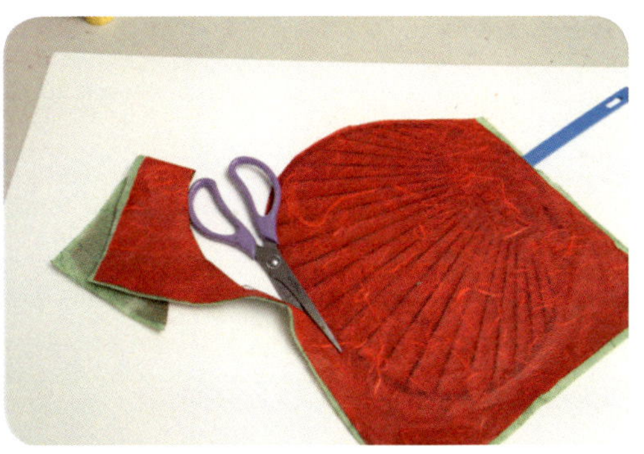

❹ 부채살보다 조금 여유있게 가위로 자른다.

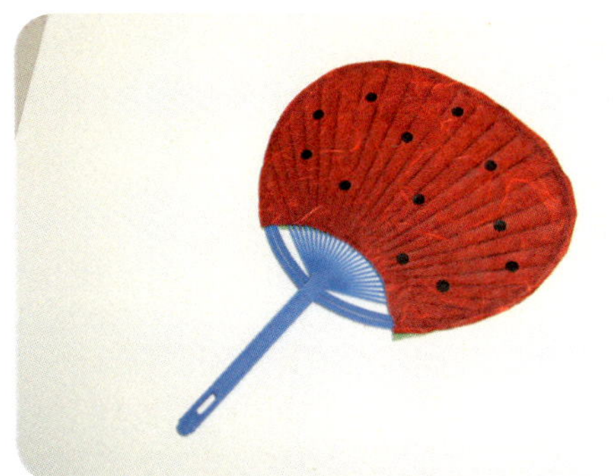

❺ 빨강색 쪽에 검정 스티커를 붙여 수박씨를 표현한다.

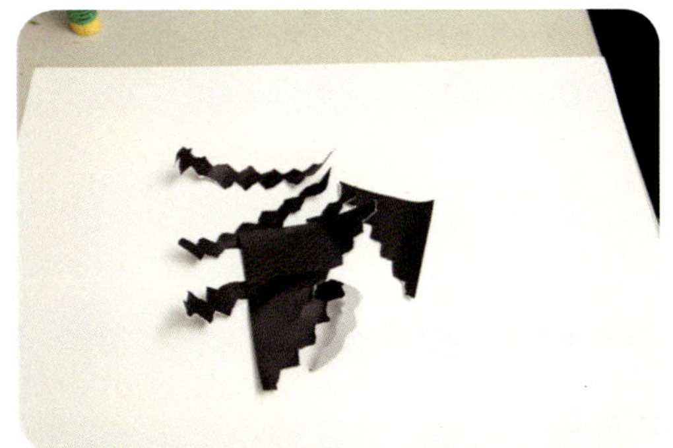

❻ 검정 색종이를 손으로 지그재그로 찢는다.

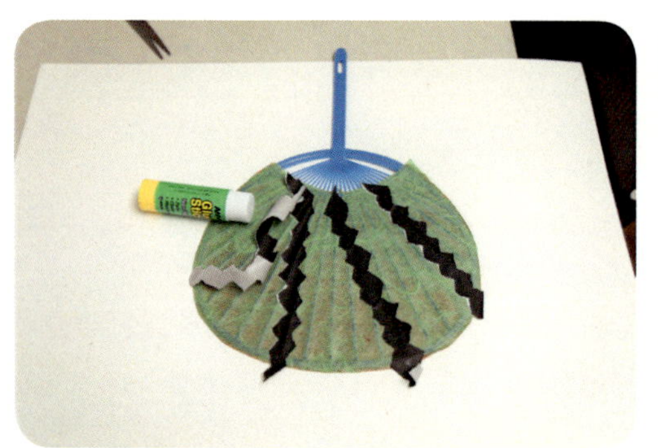

❼ 검정 줄무늬를 초록색 쪽에 붙여준다.

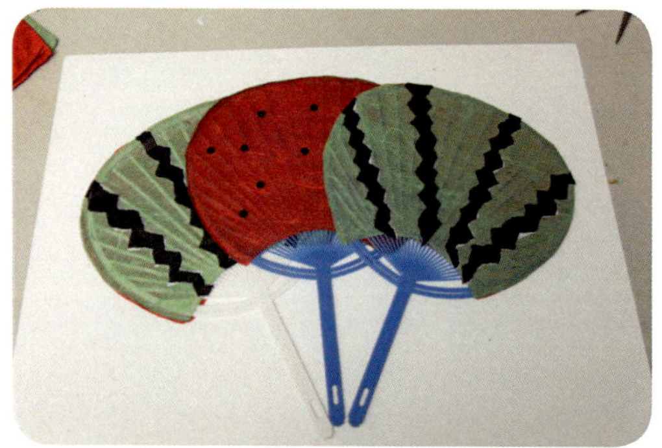

❽ 수박의 겉과 속이 양면으로 보이는 수박부채 완성.

c. 마무리

만들고 난 부채로 가위바위보 하여 부채질해 주기 놀이를 해 본다.

04 아이스크림

어 어 얼음과자 맛이 있다고 한 개 두 개 먹으면~ 이가 시려요.
아이스크림은 더운 여름을 시원하도록 해 주지만 많이 먹으면 배가 아프다는 것을 이야기 나눈다.

(1) 지도목표

여러 재질의 종이로 뭉치거나 말아서 아이스크림 모형을 만들어 본다.

(2) 재료

신문지, 휴지, 소포지, 스카치테이프, 매직, 색종이, 목공본드, 핑크(초콜릿색)물감

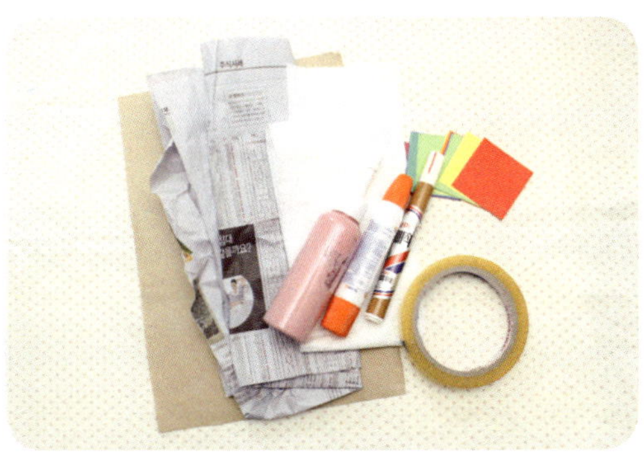

(3) 활동방법

a. 도입

① 여름에 먹는 달콤한 아이스크림에 대하여 이야기 나눈다.
- 더울 때 먹는 아이스크림의 맛은 어떠니?
- 내가 좋아하는 아이스크림은 어떤 맛일까?

② 준비된 재료를 소개한다.
- 여기에 있는 재료들로 아이스크림을 만들어 보자.
- 어떻게 만들 수 있을까?

b. 전개

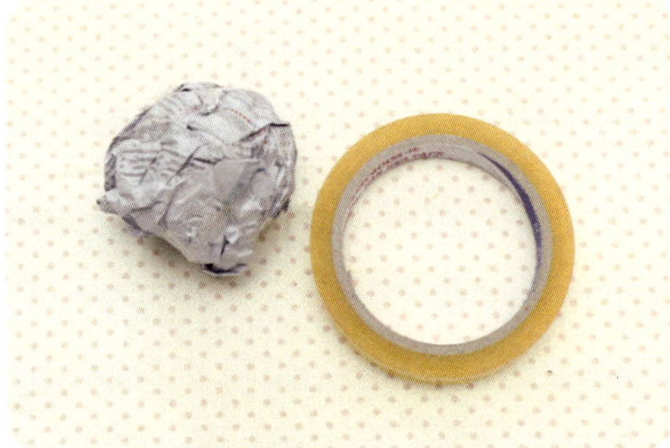

❶ 신문지를 공처럼 뭉쳐서 스키치데이프로 고정시킨다.

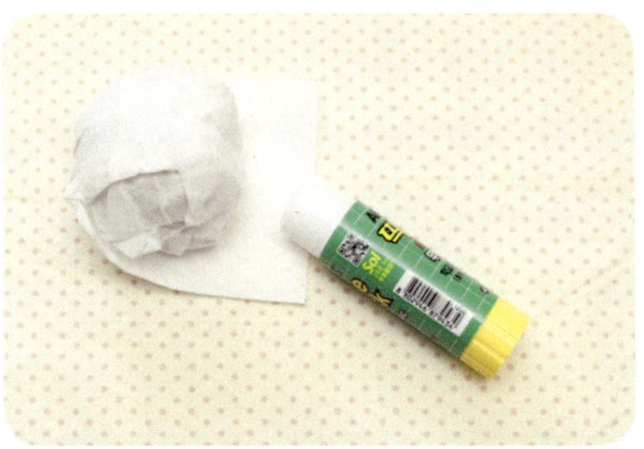

❷ 두루마리 휴지로 신문지를 감싸고 풀로 고정시킨나.

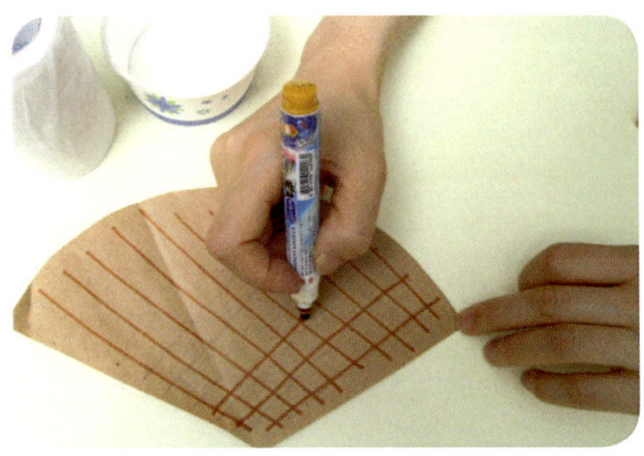

❸ 소포지를 반원으로 자르고 갈색매직으로 교차하는 선을 그린다.

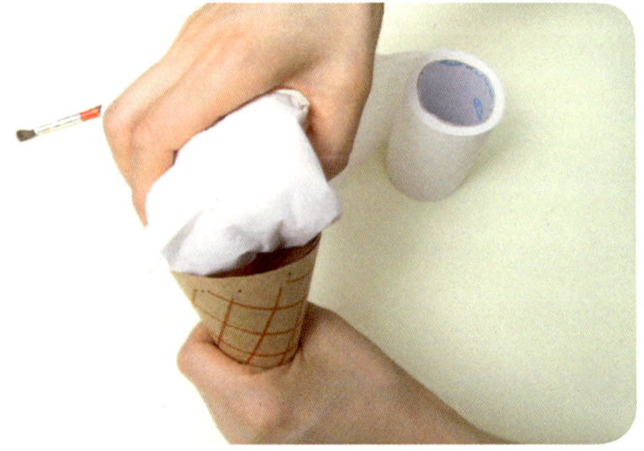

❹ 풀칠하여 아이스크림의 과자 모양인 원뿔을 만들어 휴지로 만든 아이스크림을 위에 붙인다.

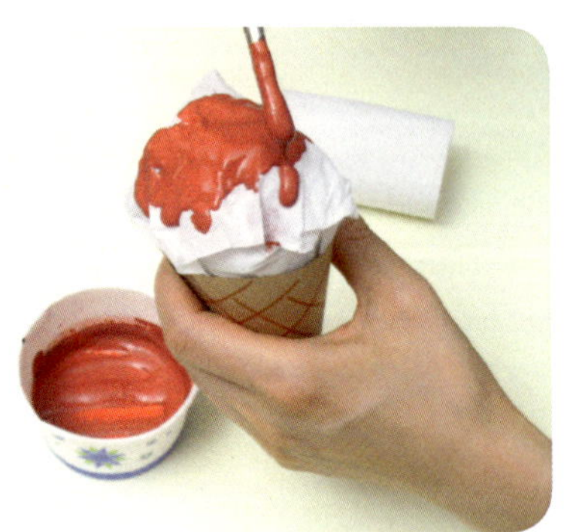

❺ 목공본드에 핑크색 물감이나 초콜릿색을 섞은 후, 아이스크림 위에 자연스럽게 올린다.

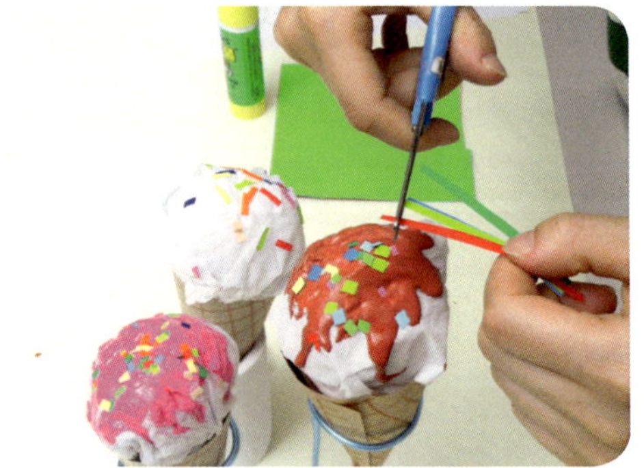

❻ 색종이를 잘게 잘라서 색본드 위에 올린다. 아이스크림 컵 위에도 올려서 완성한다.

c. 마무리

유아들과 만들고 나서 아이스크림 가게 역할 놀이를 해 본다.

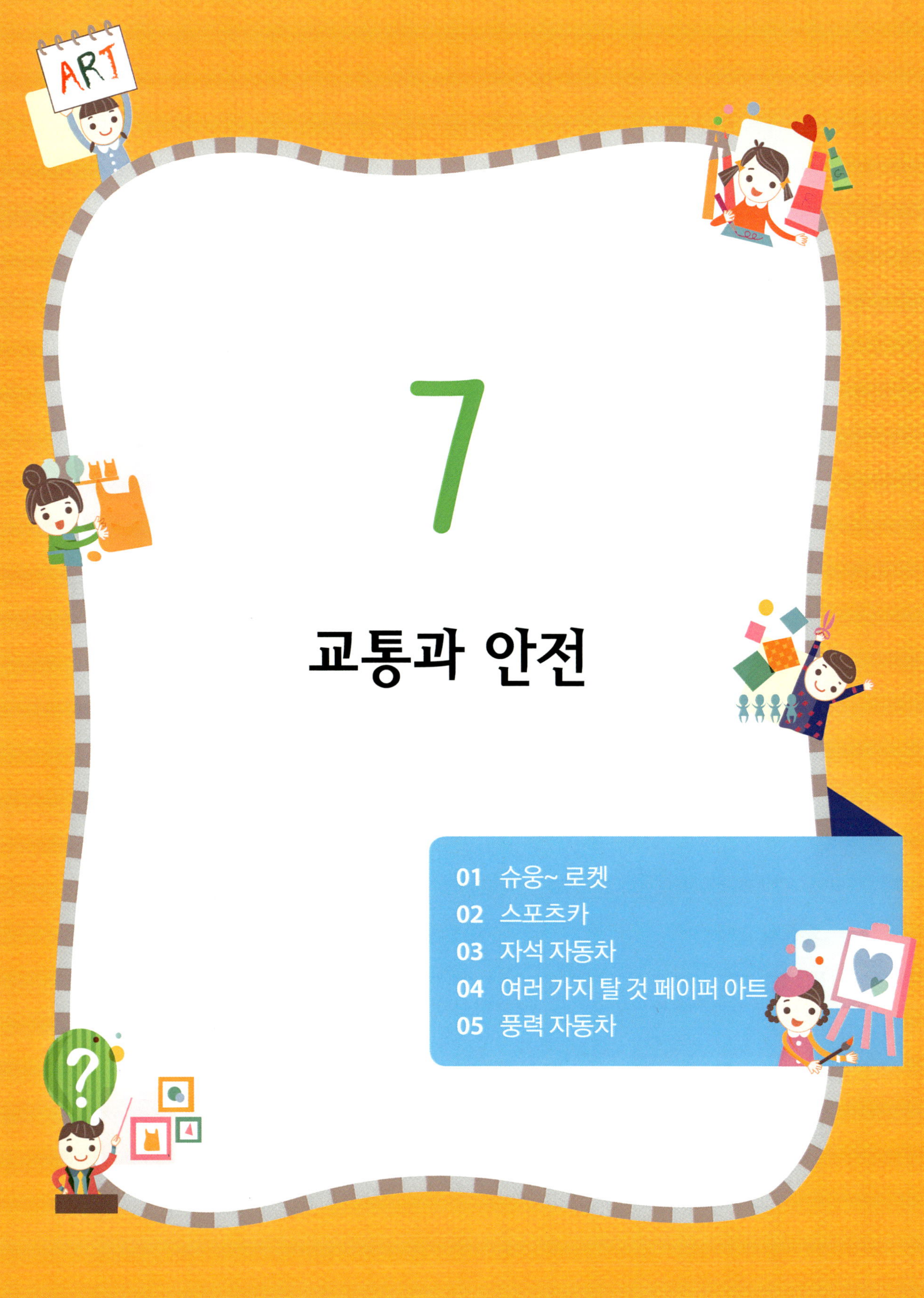

7

교통과 안전

01 슈웅~ 로켓

하늘로 다니는 탈 것은 무엇이 있을까? 우주에 대해 관심을 가지고 우주를 여행하기 위해서는 무엇이 필요한지 이야기 나눈다.

(1) 지도목표

로켓의 생김새와 원리에 대해 알고 창의적으로 표현해 볼 수 있다.

(2) 재료

빈 케첩통, 미니종이컵, 색지, 색종이, 스티커, 컬러매직

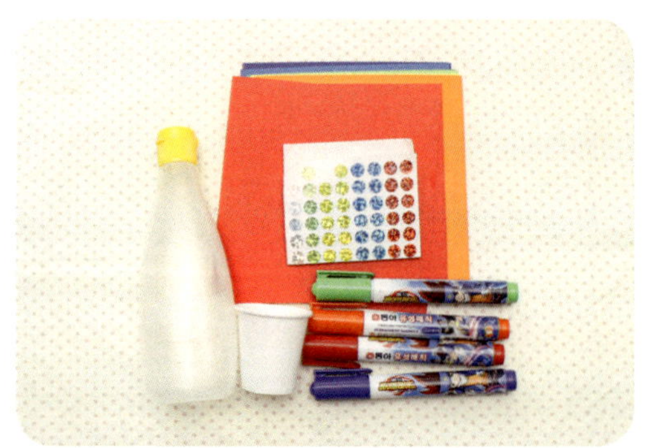

(3) 활동방법

a. 도입

① 하늘에서 다니는 교통기관에 대해 이야기 나눈다.
- 하늘에는 어떤 교통기관들이 다니니?
- 저 멀리 우주까지 가려면 무엇을 타고 가야 할까?

② 로켓에 대해 이야기 나눈다.
- 로켓을 본 적이 있니?
- 로켓은 어떻게 움직이는 것일까?

b. 전개

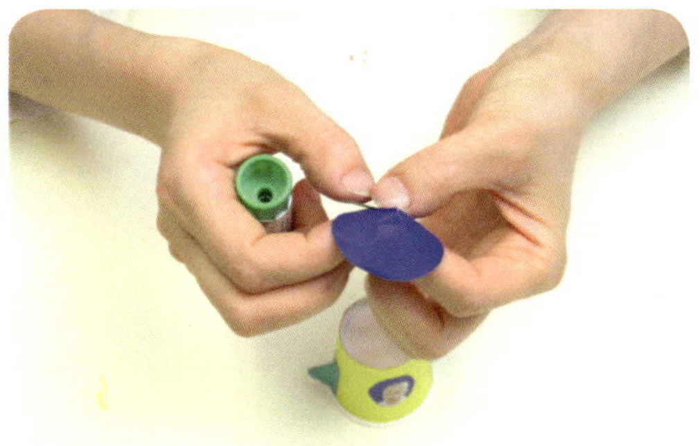

❶ 작은 종이컵에 색종이를 이용하여 로켓의 모양으로 꾸며준다.

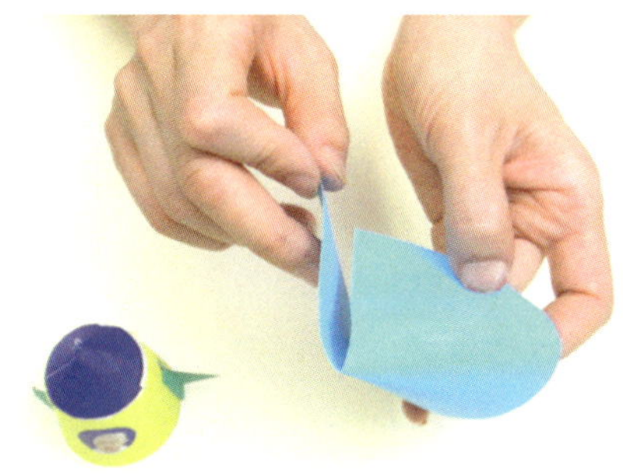

❷ 반원 모양 색지로 원뿔을 만들어 로켓의 위쪽을 꾸민다.

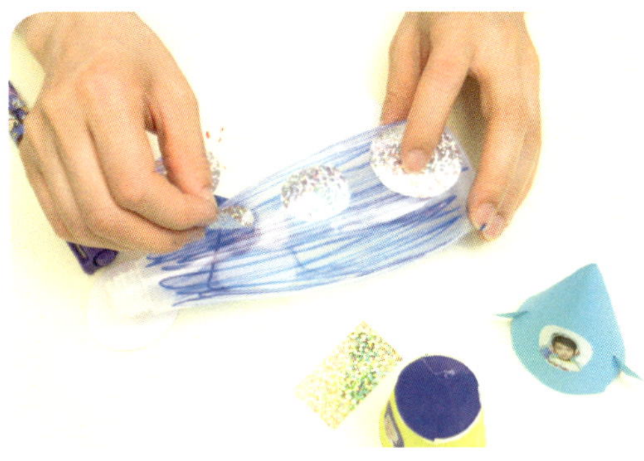

❸ 케첩통을 컬러매직으로 색칠하고 홀로그램 스티커로 꾸민다.

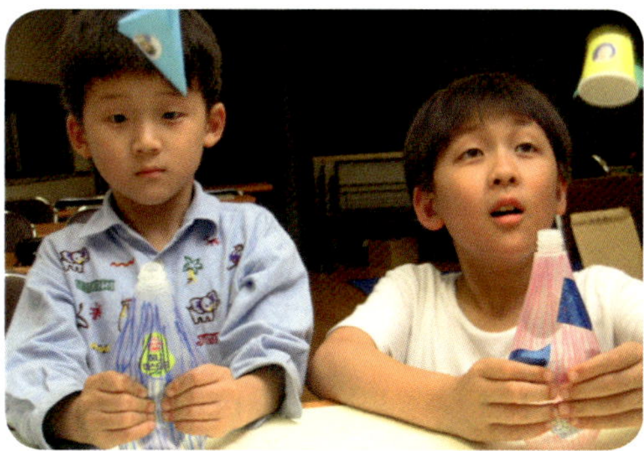

❹ 케첩통 위에 종이컵으로 만든 로켓을 올려놓고 세게 눌러 발사한다.

c. 마무리

완성된 로켓을 사용하여 멀리 쏘아 올리기 활동을 해 본다.
- 어떻게 하면 로켓을 멀리 쏘아 올릴 수 있을까?
- 로켓을 타고 어디를 가 보고 싶니?

02 스포츠카

여러 가지 교통기관에 대해 관심을 가지고 종류와 특성을 안다. 안전한 교통생활을 위해 규칙을 지켜 교통기관을 이용하는 생활을 한다.

(1) 지도목표

다양한 자동차의 종류에 대해 알고, 만들어 볼 수 있다.
스포츠카의 특징을 살려 표현할 수 있다.

(2) 재료

우유팩, 색지, 색종이, 도화지, 스티커

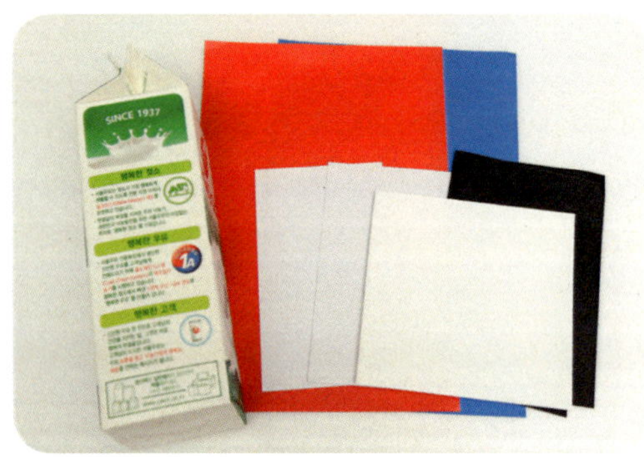

(3) 활동방법

a. 도입

① 우리가 알고 있는 자동차의 종류에 대해 이야기 나눈다.
- 자동차의 종류에는 어떤 것들이 있을까?
- 어떤 자동차를 타 보았니?

② 스포츠카에 대해 이야기 나눈다.
- '스포츠카'라는 자동차에 대해 알고 있니?

- 어떤 자동차를 '스포츠카'라고 할까?

- 스포츠카와 일반 자동차의 다른 점은 무엇일까?

- '스포츠카'는 어떻게 생긴 자동차일까?

b. 전개

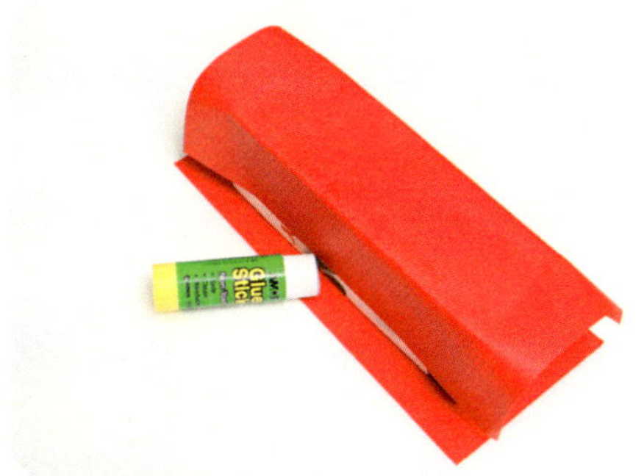

❶ 우유팩에 풀칠을 하고 색지를 감싸듯이 붙인다.

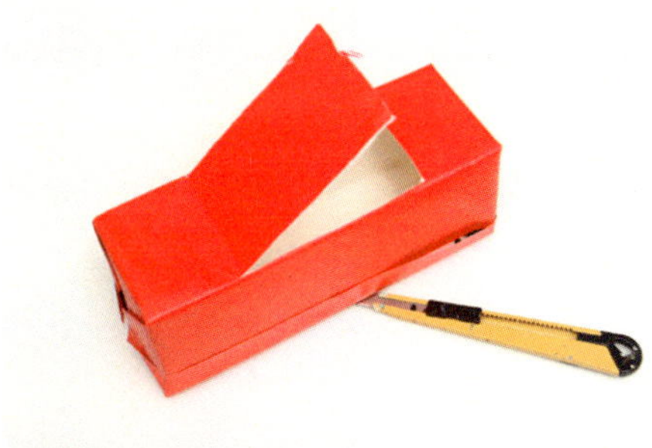

❷ 칼로 한쪽 부분을 자르고 세운다.

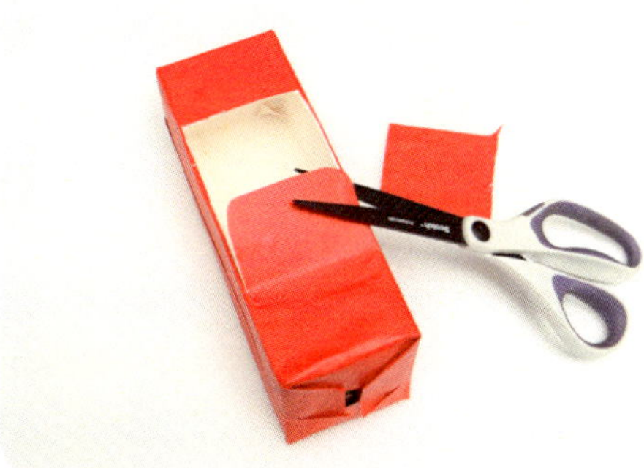

❸ 케첩통을 컬러매직으로 색칠하고 홀로그램 스티커로 꾸민다.

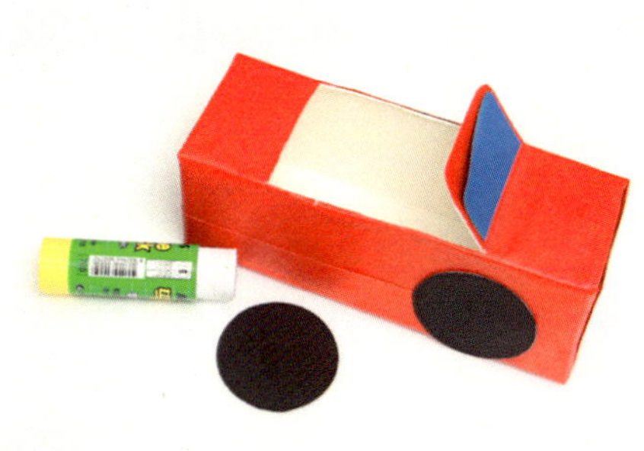

❹ 검정색지를 동그랗게 오려 바퀴를 붙이고 스티커를 가운데 붙인다.

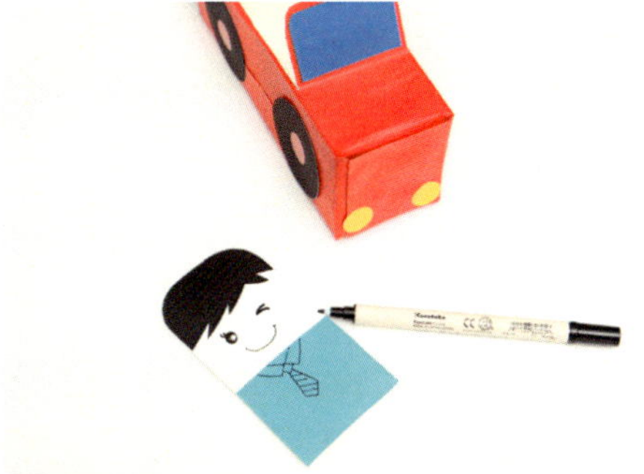

❺ 도화지에 색종이와 스티커, 네임펜 등으로 사람을 만든다.

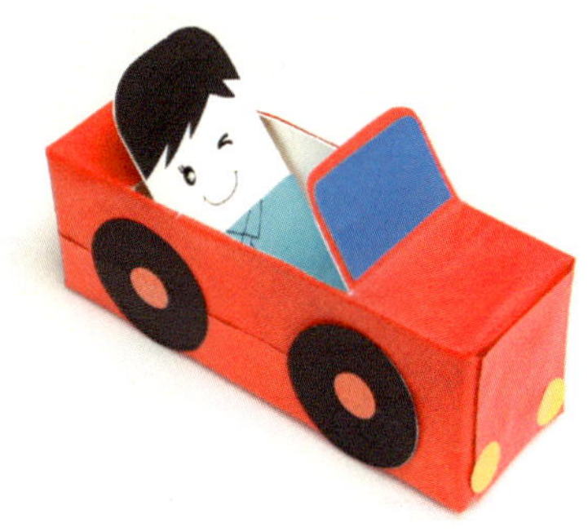

❻ 스포츠카에 사람을 태워 가지고 놀아 본다.

C. 마무리

활동이 끝나면 자리를 정리한다.
- 스포츠카를 만들어 보았는데 어땠니?
- 스포츠카를 타고 어디에 가고 싶니?

03 자석자동차

(1) 지도목표

자석의 원리를 이해하고 움직이는 자동차를 만들어 볼 수 있다.

(2) 재료

종이컵, 빨대, 어묵스틱, 스티로폼공, 원자석, 막대자석, 색종이

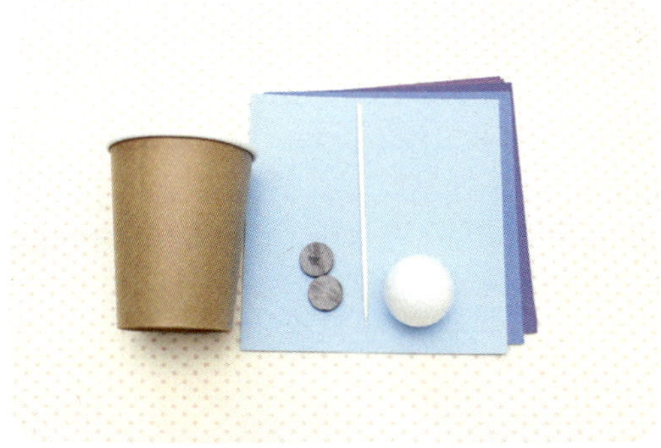

(3) 활동방법

a. 도입

① 여러 종류의 교통기관에 대해 이야기 나눈다.
- 우리 주변에는 어떤 교통기관들이 있니?
- 너희들이 이용해 본 교통기관은 어떤 것이 있니?

② 자동차의 종류에 대해 이야기 나눈다.
- 자동차의 종류에 대해 알고 있니?
- 자동차의 크기와 모양에 따라 이름이 다르단다.
- 어떤 자동차에 대해 알고 있니?

b. 전개

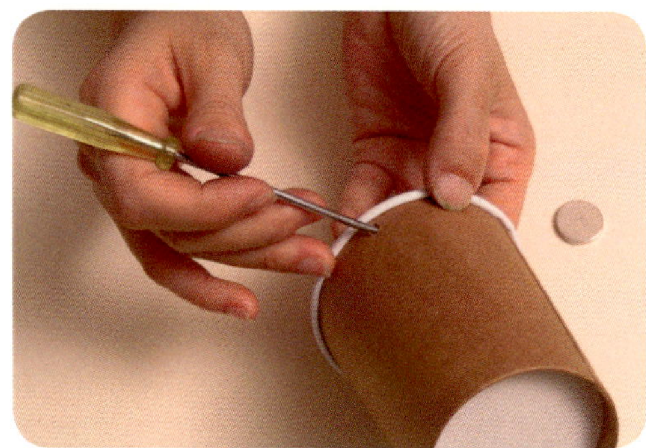

❶ 종이컵의 위쪽에 빨대가 들어갈 수 있도록 두 개의 구멍을 낸다.

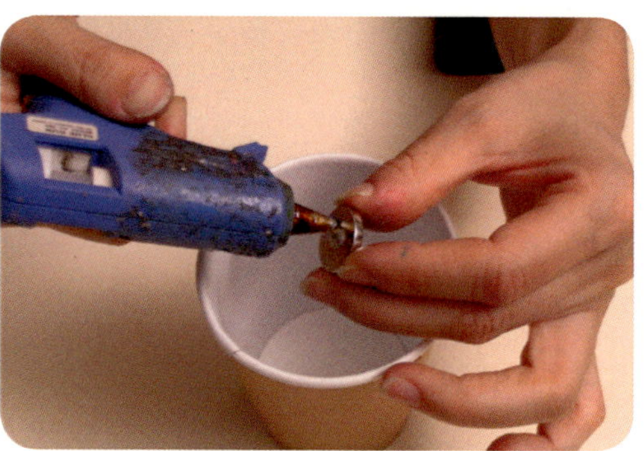

❷ 자력이 센 자석을 컵의 안쪽에 붙여 준다.

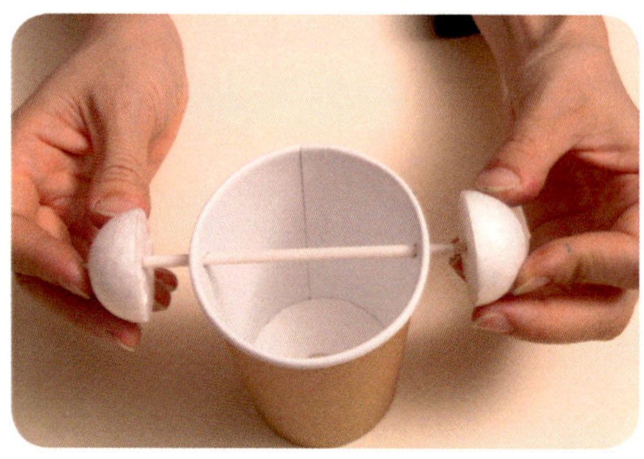

❸ 빨대를 구멍에 끼우고 어묵스틱을 꽂아 스티로폼을 양쪽에 붙여 준다.

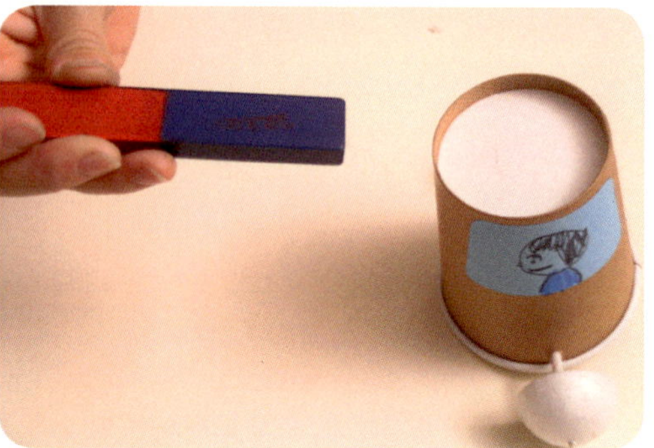

❹ 색종이로 창문을 만들어 붙이고 창문 안에 사람을 그리거나 사진을 붙인다. 자석을 가까이 대면 미는 힘으로 자석 자동차가 움직인다.

c. 마무리

완성된 자동차를 사용하여 자동차 경주를 해 본다.
- 자석 자동차를 만들어 보았는데 어땠니?
- 미래에는 어떤 자동차들이 있으면 좋겠니?

04 여러 가지 탈 것 페이퍼 아트

대칭의 구조를 이해하고 반으로 접어서 오린 후에 펼쳐 보는 조형놀이를 쉬운 것부터 충분히 하도록 한다.

(1) 지도목표

다양한 교통기관을 종이를 사용하여 나타낼 수 있다.
내가 좋아하는 교통기관을 표현해 본다.

(2) 재료

색지, 색종이, 가위, 사인펜, 얼굴사진

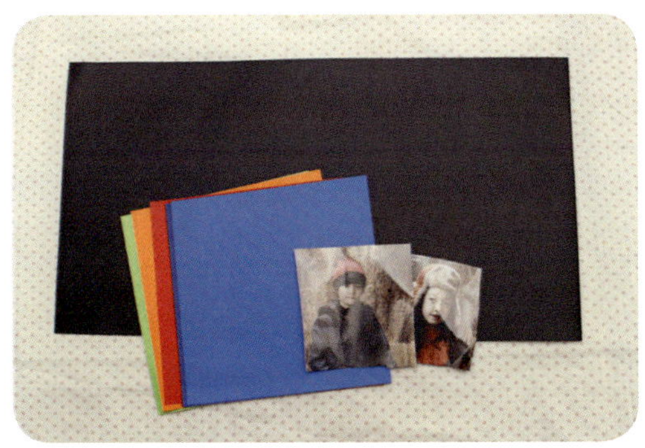

(3) 활동방법

a. 도입

① 여러 가지 교통기관의 생김새에 대해 이야기 나눈다.
- 자동차는 어떻게 생겼니?
- 그림으로 그려 볼 수 있을까?

② 반쪽 그림에 대해 이야기 나눈다.
- 여기에 어떤 그림이 있니?

- 여기에 있는 그림을 가위로 오려 보자. 무엇이 나타났니?

- 내가 좋아하는 교통기관을 반쪽 그림으로 그려 볼 수 있을까?

b. 전개

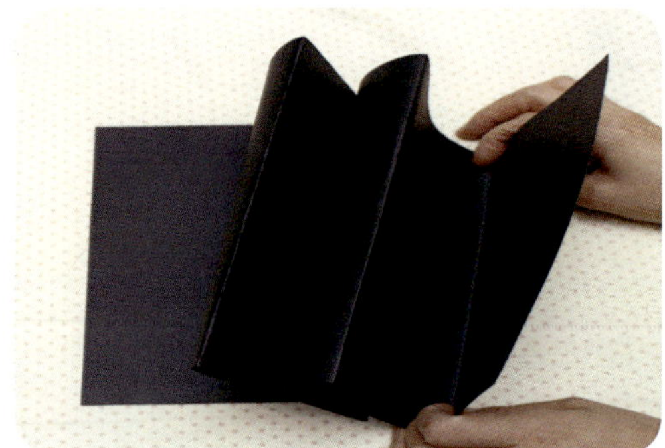

❶ 긴 직사각형 색지를 지그재그로 접는다.

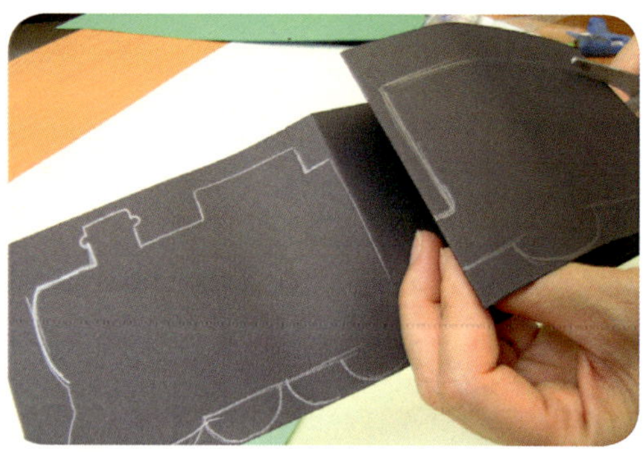

❷ 접힌 면 한쪽에 자동차, 기차의 반쪽을 그림과 같이 그린다.

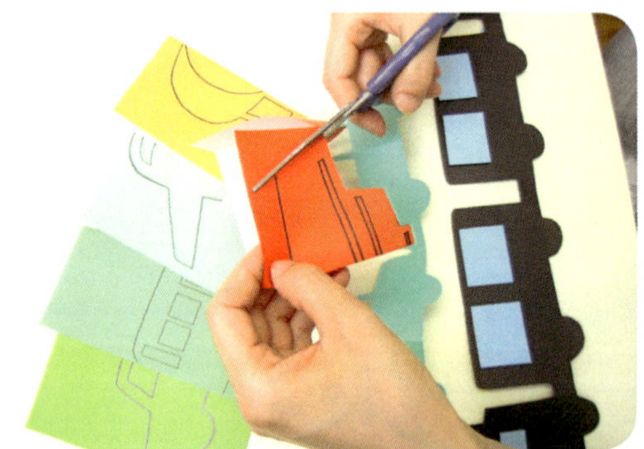

❸ 색종이를 반으로 접에 비행기와 배의 반쪽을 그린다.

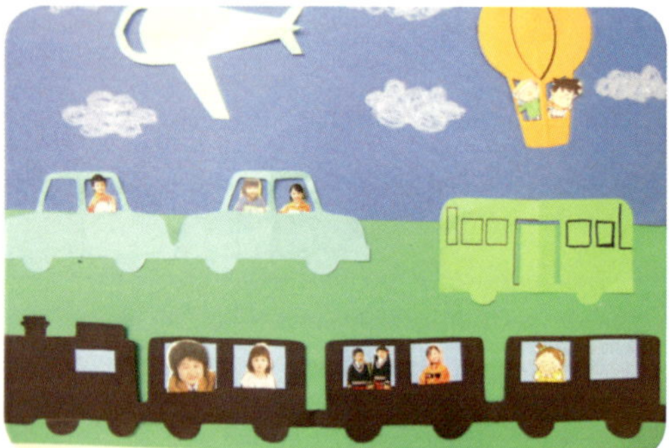

❹ 가위로 오린 후 펼쳐 색지에 붙이고 배경그림과 아이들 얼굴사진을 탈것에 붙여 완성한다.

c. 마무리

완성된 자동차를 사용하여 자동차 경주를 해 본다.

- 자석 자동차를 만들어 보았는데 어땠니?

- 미래에는 어떤 자동차들이 있으면 좋겠니?

05 풍력 자동차

바람은 어떤 힘을 가지고 있을까? 바람으로 사물이 움직이는 것을 본 적이 있나 이야기해 보고 입으로 바람을 불어 주변의 물건을 움직이도록 해 본다.

(1) 지도목표

바람의 힘으로 움직이는 사물에 대해 알고 이해한다.
바람을 사용하여 움직이는 자동차를 만들어 볼 수 있다.

(2) 재료

종이컵 2개, 작은 종이접시나 종이컵, 플라스틱바퀴, 색종이, 송곳

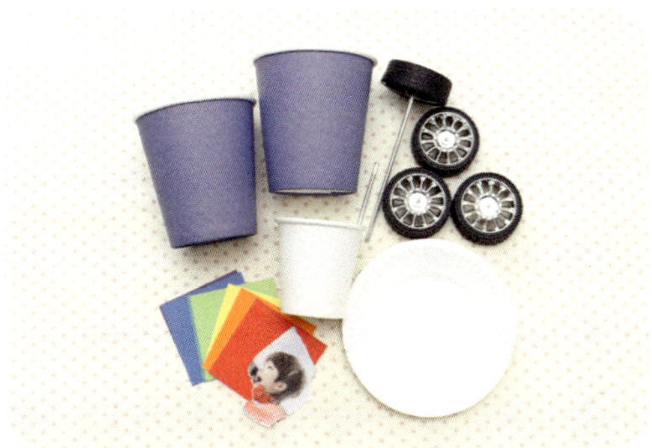

(3) 활동방법

a. 도입

① 바람의 힘으로 움직이는 사물에 대해 이야기 나눈다.
- 자연의 힘이 사용되고 있는 것에는 어떤 것들이 있을까?
- 바람의 힘으로 움직이는 것에는 무엇이 있을까?

② 풍력 자동차에 대해 이야기 나눈다.
- 풍력 자동차라고 들어 본 적이 있니?
- 풍력 자동차는 어떻게 움직이는 것일까?

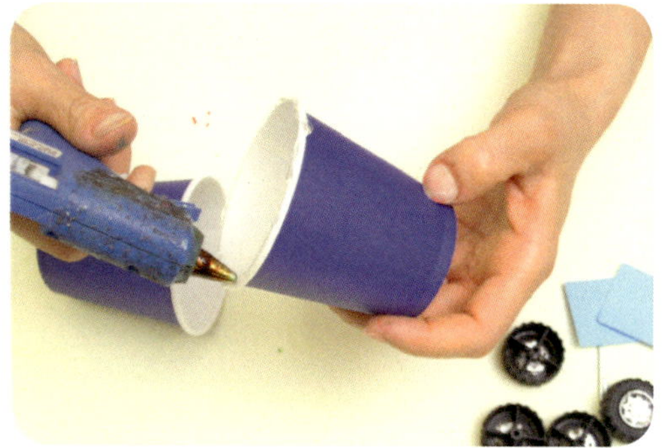

❶ 종이컵의 위쪽에 본드 칠을 히여 두 개를 맞붙인다.

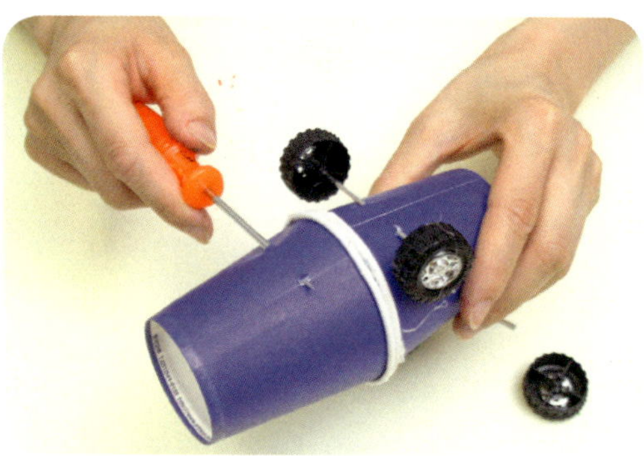

❷ 몸체의 아래쪽에 구멍을 뚫고 바퀴를 끼운다.

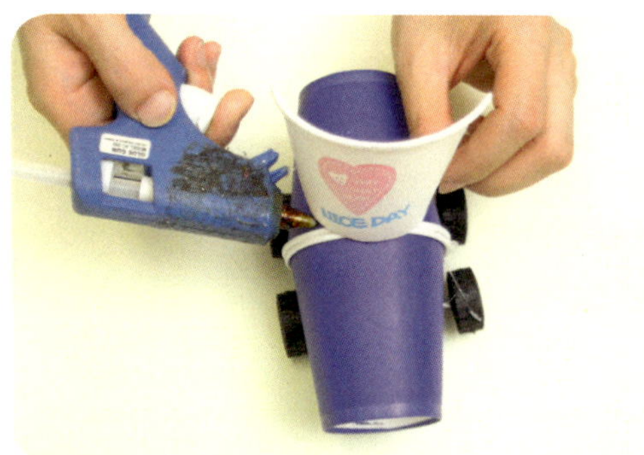

❸ 색종이를 창문 모양으로 자르고 사람 얼굴을 그려서 붙인다.

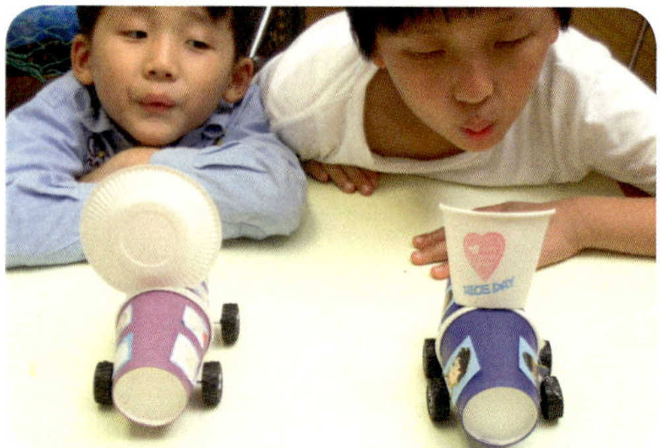

❹ 종이컵을 세로로 자르고 차의 위쪽에 붙여 입으로 불어 앞으로 가도록 한다.

c. 마무리

완성된 풍력 자동차를 사용하여 풍력 자동차 달리기 활동을 해 본다.

- 어떻게 하면 자동차가 더 빨리 달릴 수 있을까?
- 어떤 바람이 불면 빨리 달릴까?

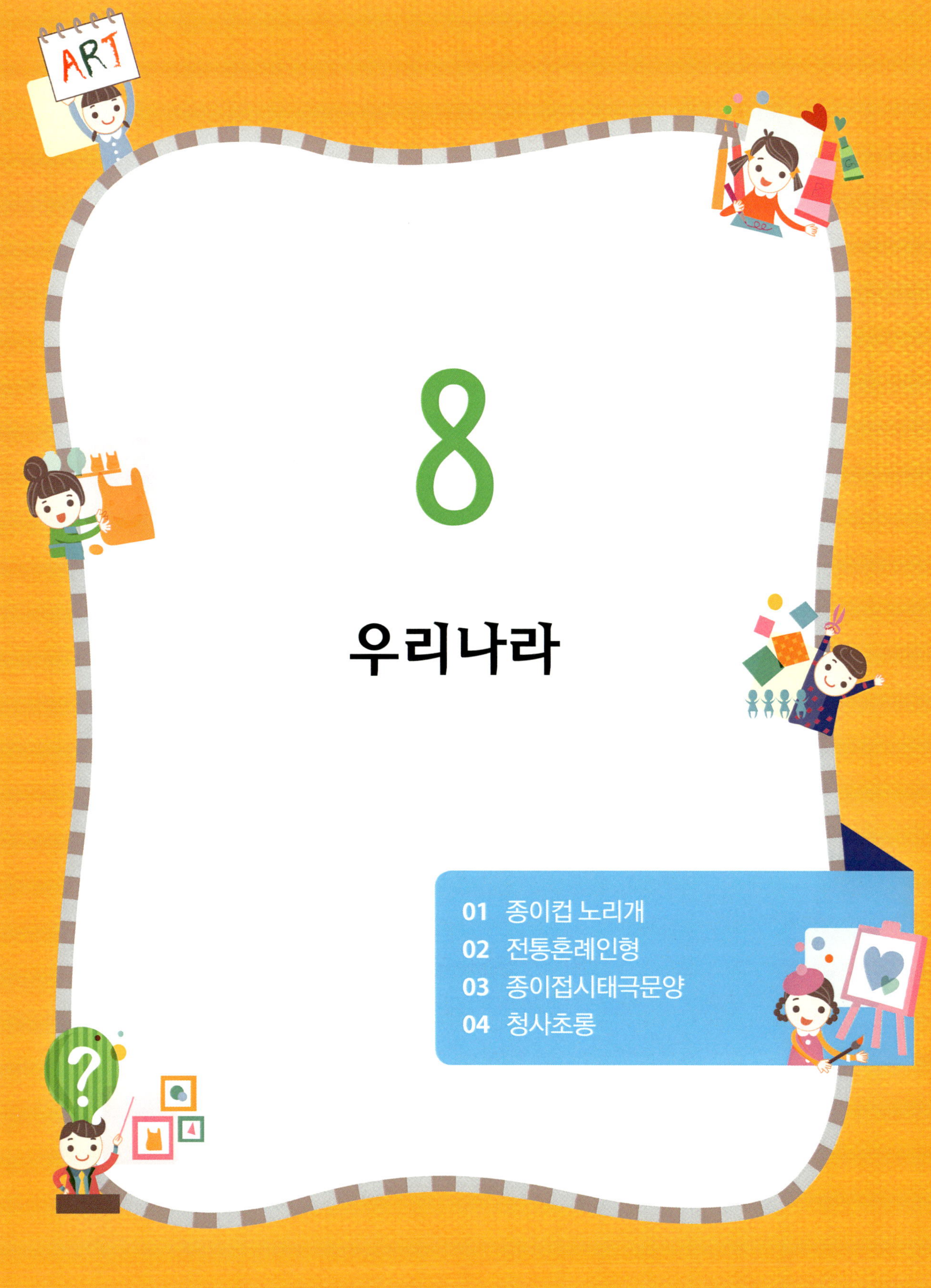

8

우리나라

01 종이컵 노리개

한복을 꾸며 주는 다양한 장신구에 관심을 갖고 우리나라 전통 장신구의 종류를 알아본다.

(1) 지도목표

종이컵을 사용하여 노리개를 만들어 본다.
우리나라의 다양한 장신구에 대해 관심을 갖는다.

(2) 재료

종이컵, 노리개매듭, 노리개수술, 단추, 타일, 구슬, 수수깡 등 콜라주 재료, 스팽글, 매직, 본드

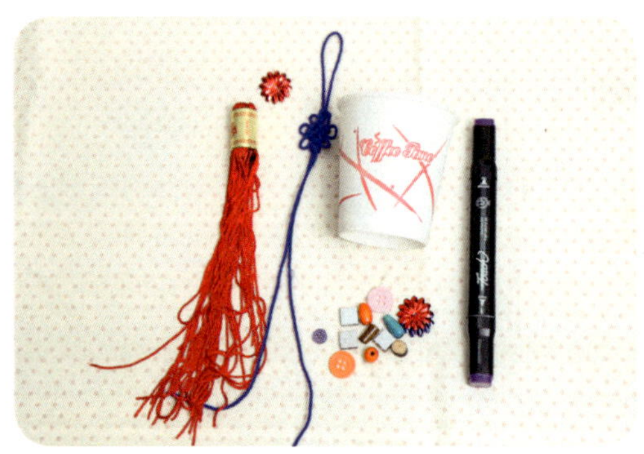

(3) 활동방법

a. 도입

① 옛날 사람들이 사용하던 다양한 장신구에 대해 이야기 나눈다.
- 장신구가 무엇일까?
- 옛날 사람들은 어떤 장신구를 사용했을까?
- 장신구는 왜 하는 것일까?

② 유아들과 다양한 장신구를 만들어 볼 것을 이야기한다.

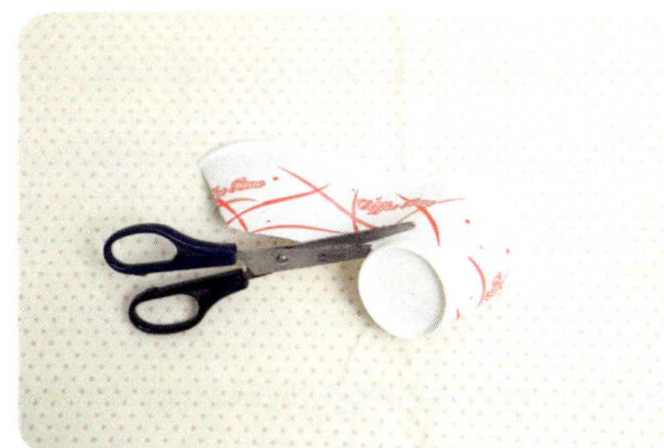

❶ 종이컵의 밑면을 가위로 자른다.

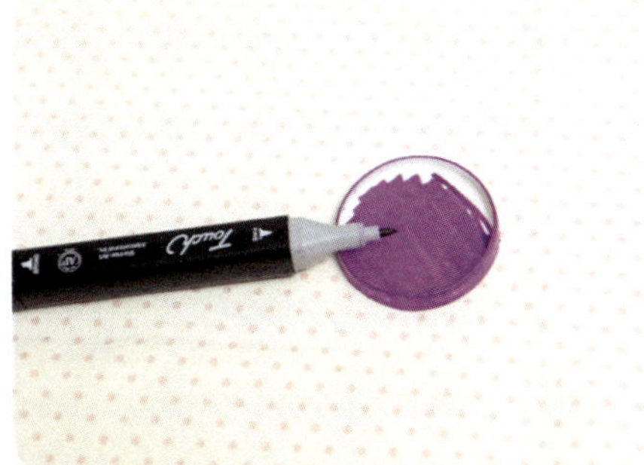

❷ 컬러매직으로 종이컵 밑면을 색칠한다.

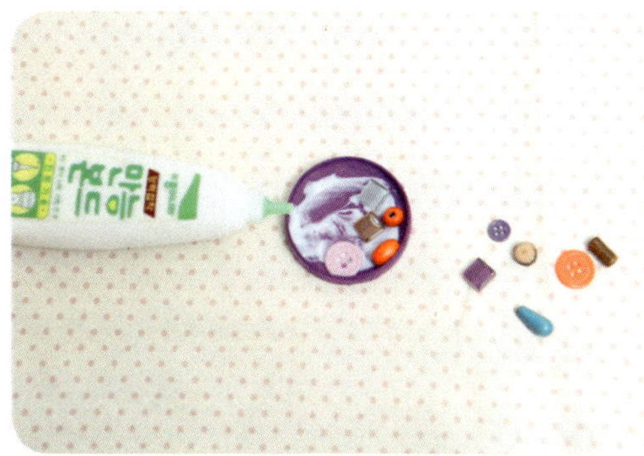

❸ 본드를 바르고 여러 가지 재료들을 붙인다.

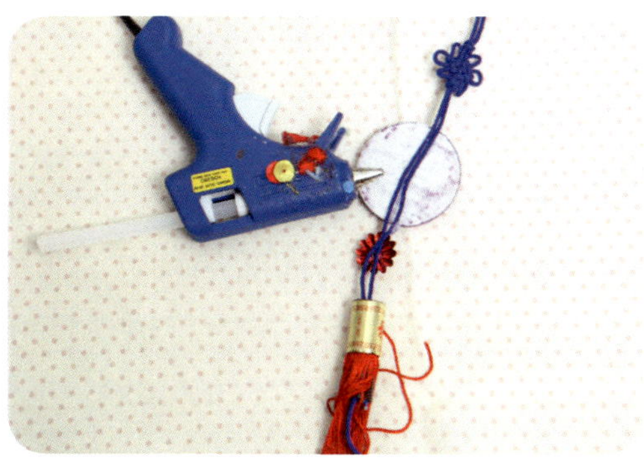

❹ 노리개 매듭과 수술을 연결하여 묶은 뒤 종이컵 뒷면에 붙여 주고 중간에 스팽글을 붙이면 완성된다.

c. 마무리

완성된 노리개를 보며 이야기 나눈다.
- 노리개를 만들어 보았는데 어땠니?
- 어디에 장식하면 좋을까?

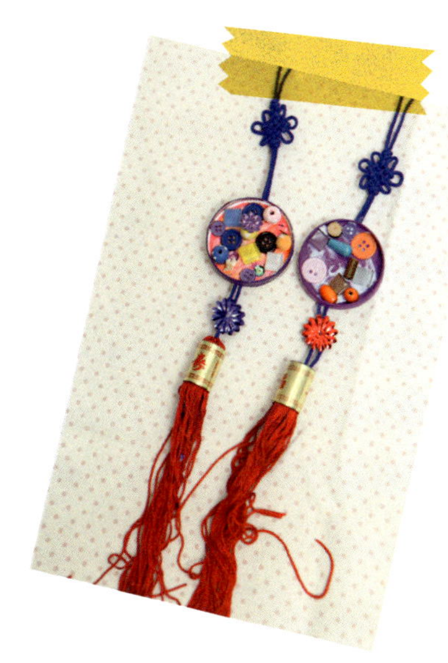

02 전통혼례인형

(1) 지도목표

우리나라의 전통혼례에 관심을 가진다.
전통의상과 전통혼례를 미술로 표현할 수 있다.

(2) 재료

우유팩, 색한지, 문양색종이, 색종이, 눈스티커, 스팽글

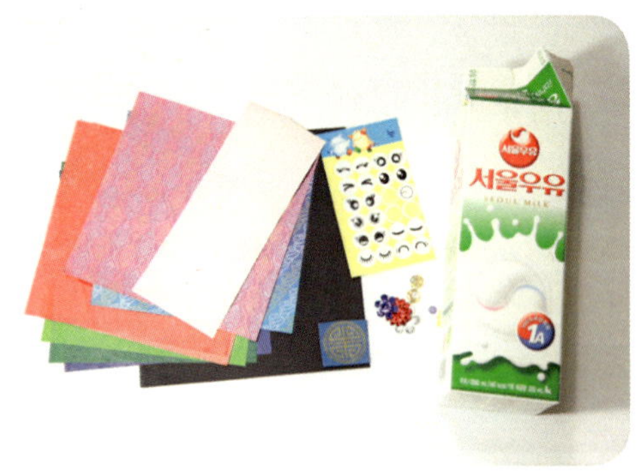 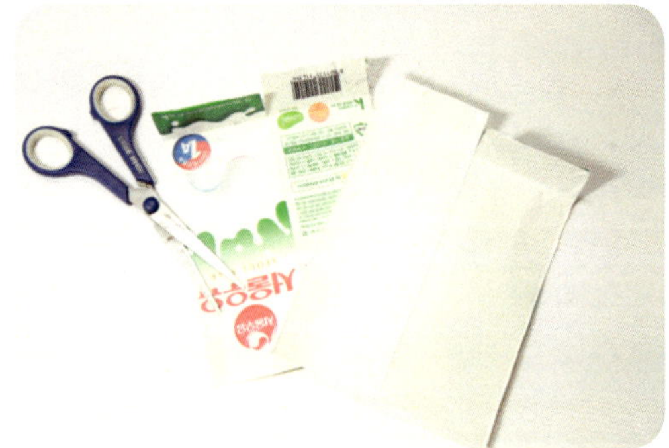

(3) 활동방법

a. 도입

① 우리나라의 전통혼례 영상을 감상한다.
- 어떤 모습인 것 같니?
- 옛날 사람들은 어떤 옷을 입고 결혼식을 했니?
- 오늘날의 모습과 어떤 점이 다른 것 같니?

② 준비된 재료를 소개한다.

    - 여기에 있는 재료들로 전통혼례를 하고 있는 인형을 만들어 보자.

    - 어떻게 만들 수 있을까?

b. 전개

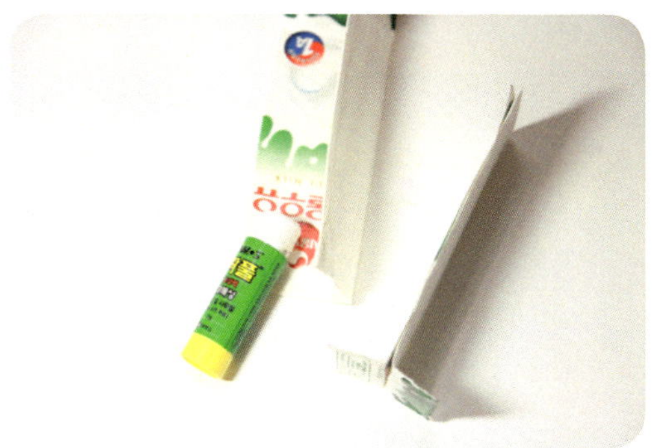

❶ 우유팩을 펼쳐서 두 면을 가위로 오린다.
❷ 아랫부분을 세울 수 있도록 오리고 풀칠하여 붙인다.

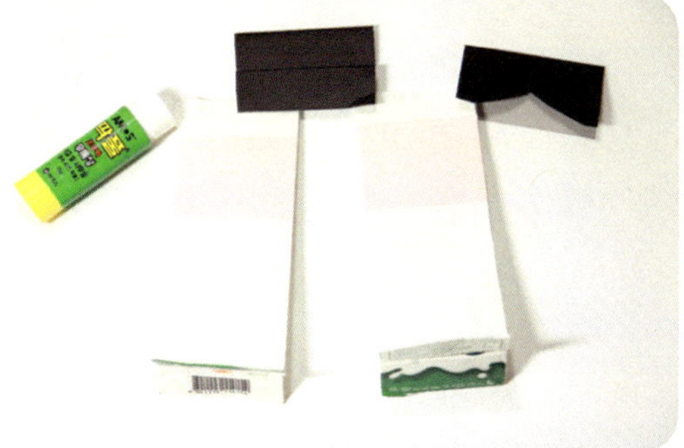

❸ 색종이로 얼굴과 머리 부분을 붙여 준다.

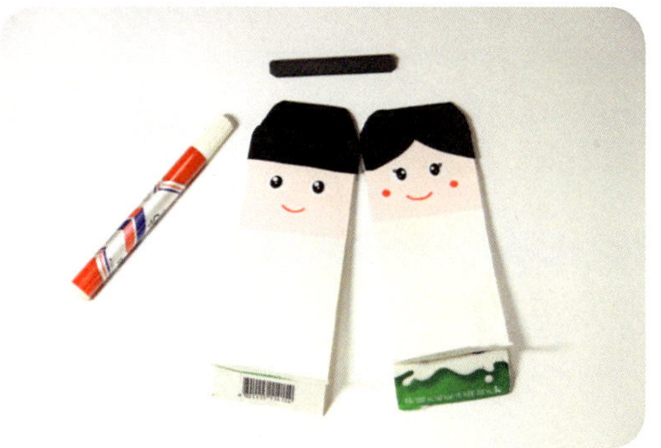

❹ 눈스티커를 붙이고 매직으로 연지곤지를 그린다.

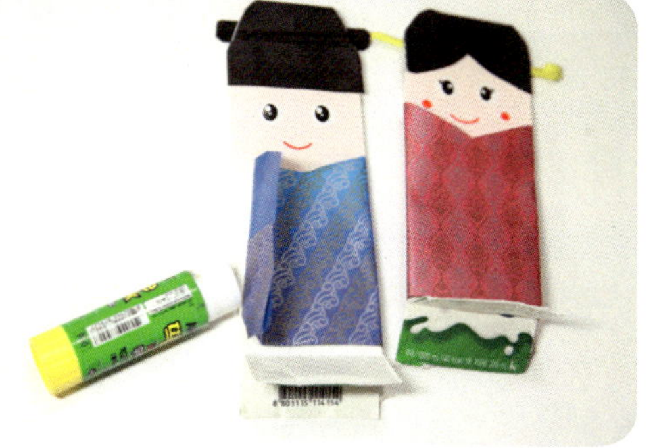

❺ 문양한지를 감싸듯이 붙이는데 목 부분에 가위로 V라인을 만든다.

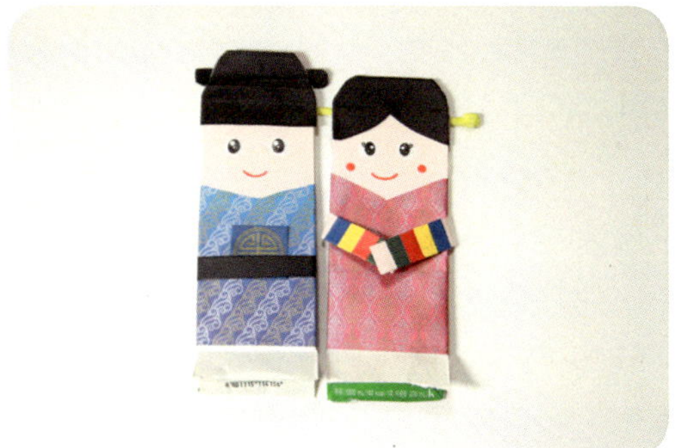

❻ 허리띠와 색동저고리 등 장식을 색종이나 색한지로 한다.

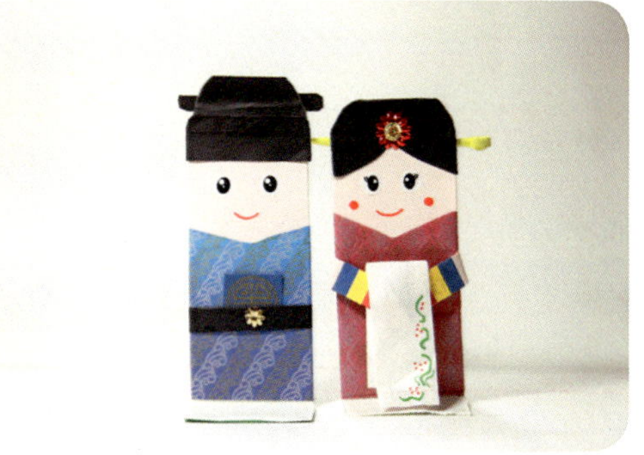

❼ 흰색 한지를 꾸며 신부인형 팔에 두르고 인형을 세워 본다.

C. 마무리

활동이 끝나면 자리를 정리한다.
- 내가 만든 전통혼례인형이 어떤 것 같니?
- 어디에 놓아두면 좋을까?

03 종이접시태극문양

태극기가 바람에 펄럭입니다. 하늘 높이 아름답게 펄럭입니다~.
태극기의 가운데인 태극문양은 예로부터 우리 선조들이 생활 속에서 즐겨 사용하던 문양이다.

(1) 지도목표

우리나라의 태극문양을 알아보고 관심을 가진다.
태극문양을 미술로 표현해 볼 수 있다.

(2) 재료

종이접시, OHP필름지, 알루미늄포일, 전통문양도안, 유성매직, 끈

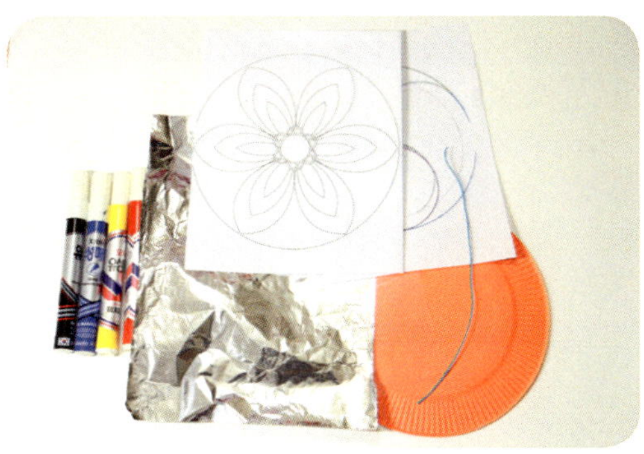

(3) 활동방법

a. 도입

① 우리나라의 전통문양에 대해 이야기 나눈다.
- (전통문양을 보여 주며) 이런 문양을 본 적이 있니?
- 어디에서 볼 수 있을까?

② 태극문양 만들기 재료를 소개한다.
- 이 문양은 무엇과 닮은 것 같니?

- 태극기 안에 있는 태극문양과 닮았구나.
- 여기에 있는 재료들로 태극문양을 만들어 보자.

b. 전개

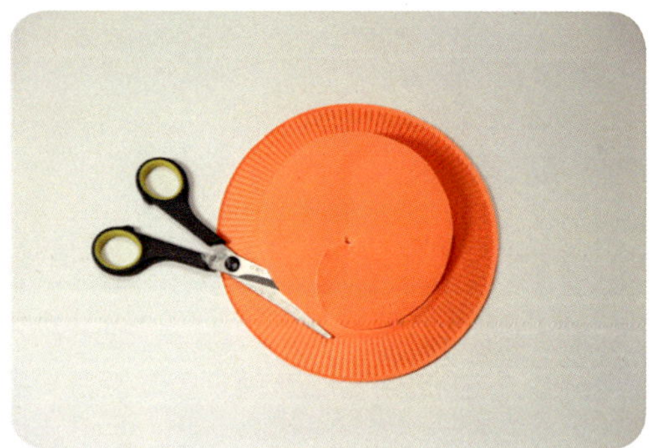

❶ 종이접시의 안쪽 큰 원을 가위로 잘라 낸다.

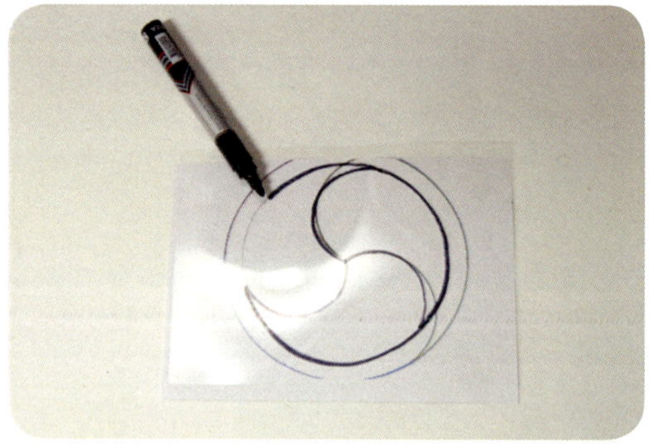

❷ 태극문양 도안에 OHP필름지를 올려놓고 검정 매직으로 선을 따라 그린다.

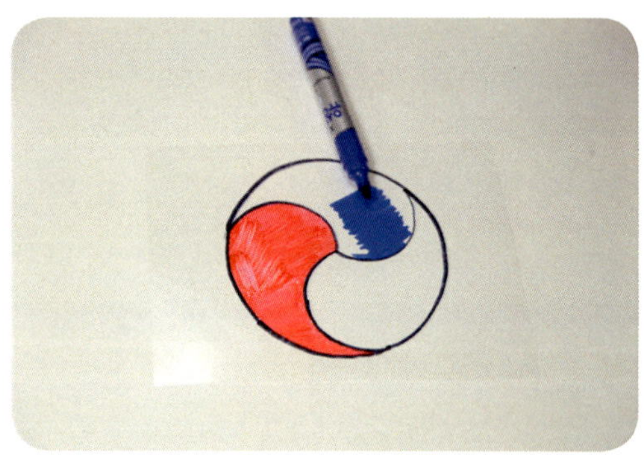

❸ OHP필름지를 뒤집어서(뒤집지 않으면 검은색이 번지게 됨) 색칠한다.

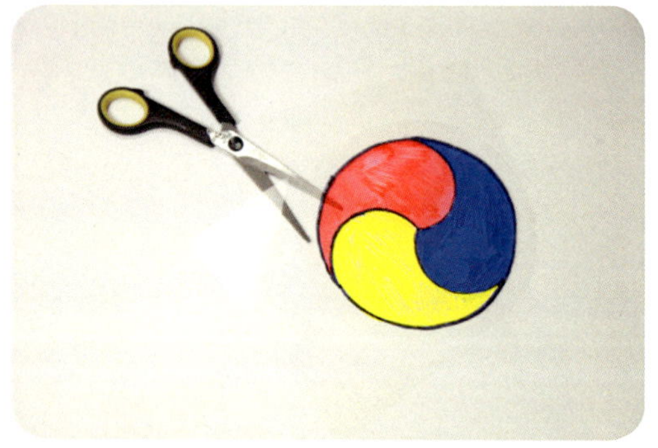

❹ 필름지를 접시의 구멍보다 크게 원으로 자른다.

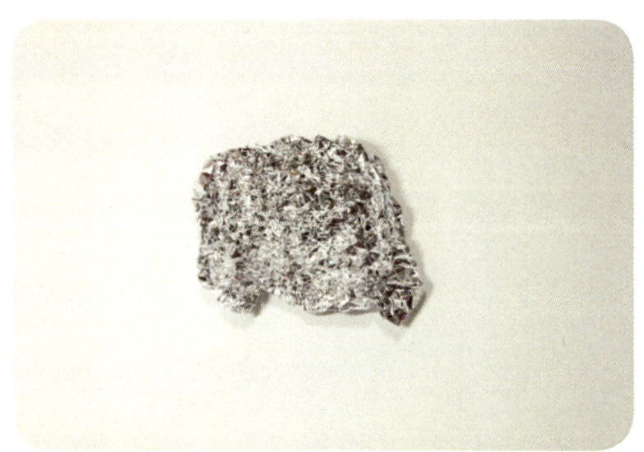

❺ 알루미늄포일을 구겼다 폈다를 반복하면서 찢어지지 않게 구김을 준다.

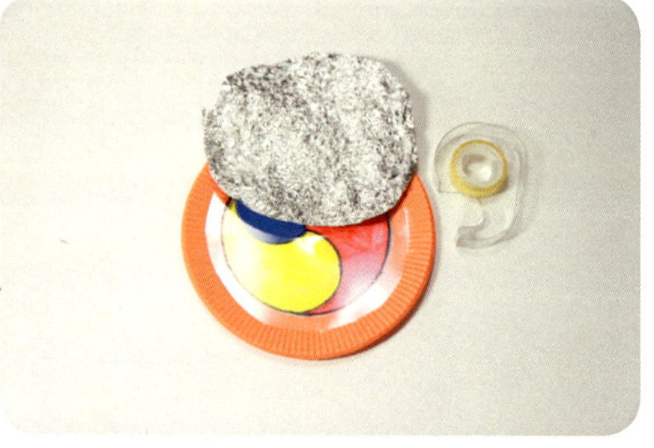

❻ 종이접시 위에 필름지와 알루미늄포일을 차례대로 붙인다.

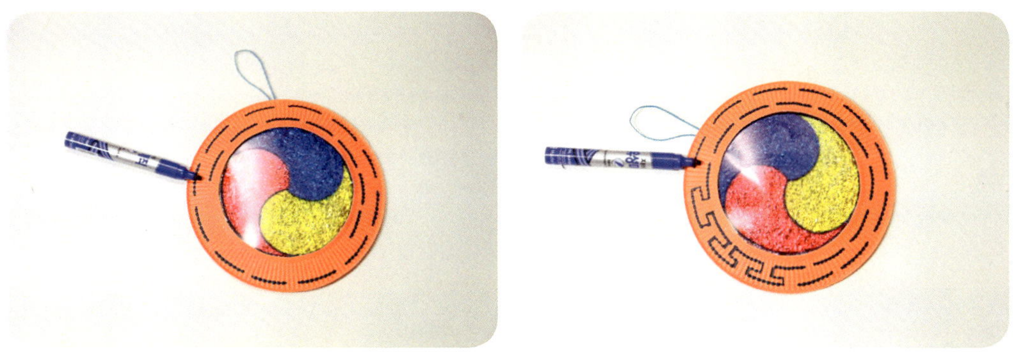

❼ 끈을 붙이고 뒤집어서 테두리 문양을 사진과 같은 방법으로 그린다.

c. 마무리

활동이 끝나면 자리를 정리한다.
- 태극문양을 만들어 보았는데 어땠니?
- 어려운 점은 없었니?

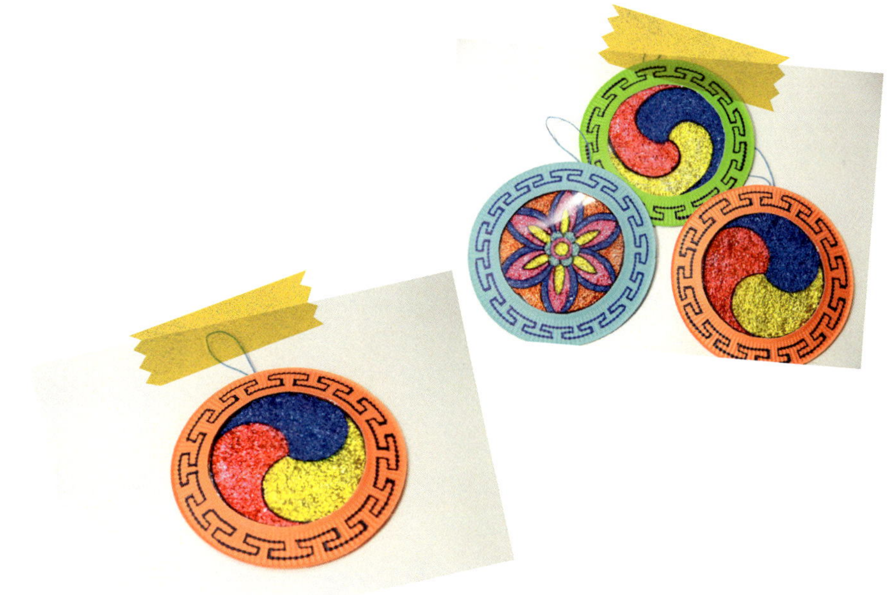

04 청사초롱

(1) 지도목표

청사초롱의 의미를 알고 만들어 볼 수 있다.

(2) 재료

과자상자(육각기둥), 색한지, 전통문양도안, 끈, 나무젓가락

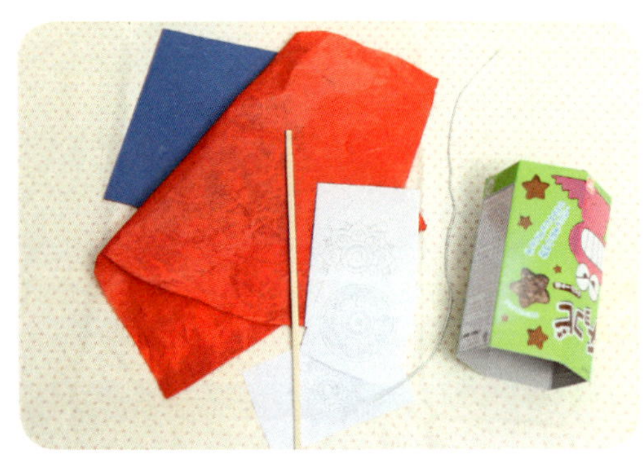

(3) 활동방법

a. 도입

① 청사초롱에 대해 이야기 나눈다.
- 청사초롱이 무엇일까?
- 청사초롱은 본 적이 있니?
- 청사초롱은 언제 사용하는 것일까?

② 유아들과 청사초롱을 만들어 볼 것을 이야기한다.

b. 전개

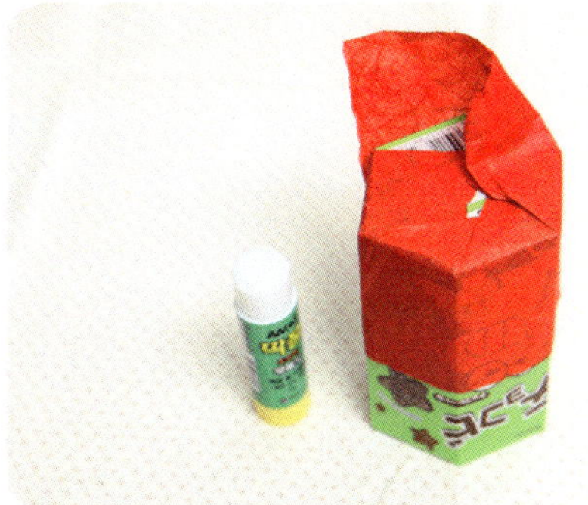

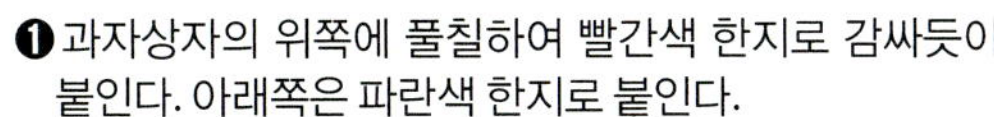

❶ 과자상자의 위쪽에 풀칠하여 빨간색 한지로 감싸듯이 붙인다. 아래쪽은 파란색 한지로 붙인다.

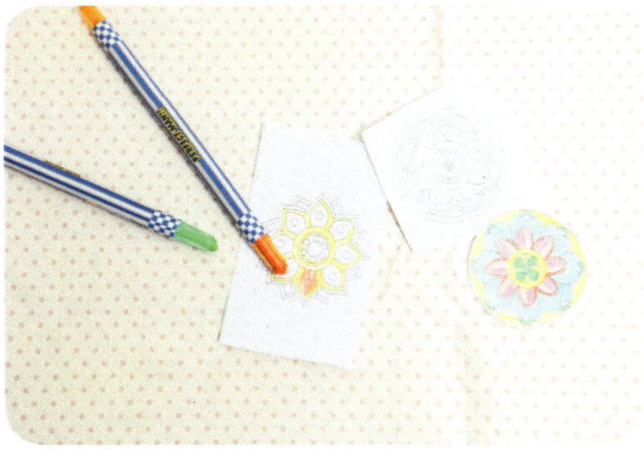

❷ 도안을 색칠하여 가운데 붙인다.

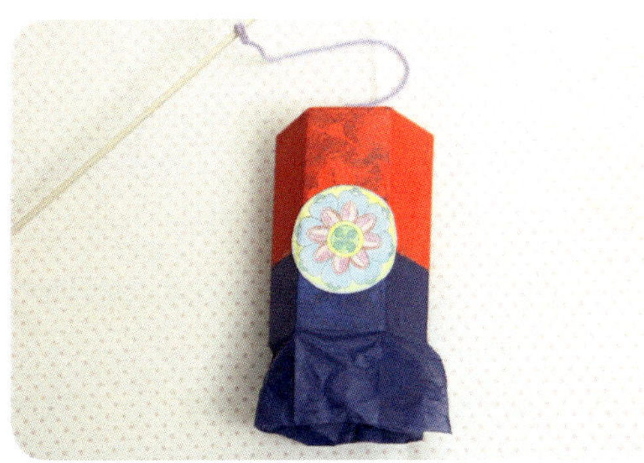

❸ 나무막대에 끈을 묶어서 청사초롱에 붙인다.

c. 마무리

완성된 청사초롱을 보며 이야기 나눈다.
- 청사초롱을 만들어 보았는데 어땠니?
- 어디에 걸어 두면 좋을까?

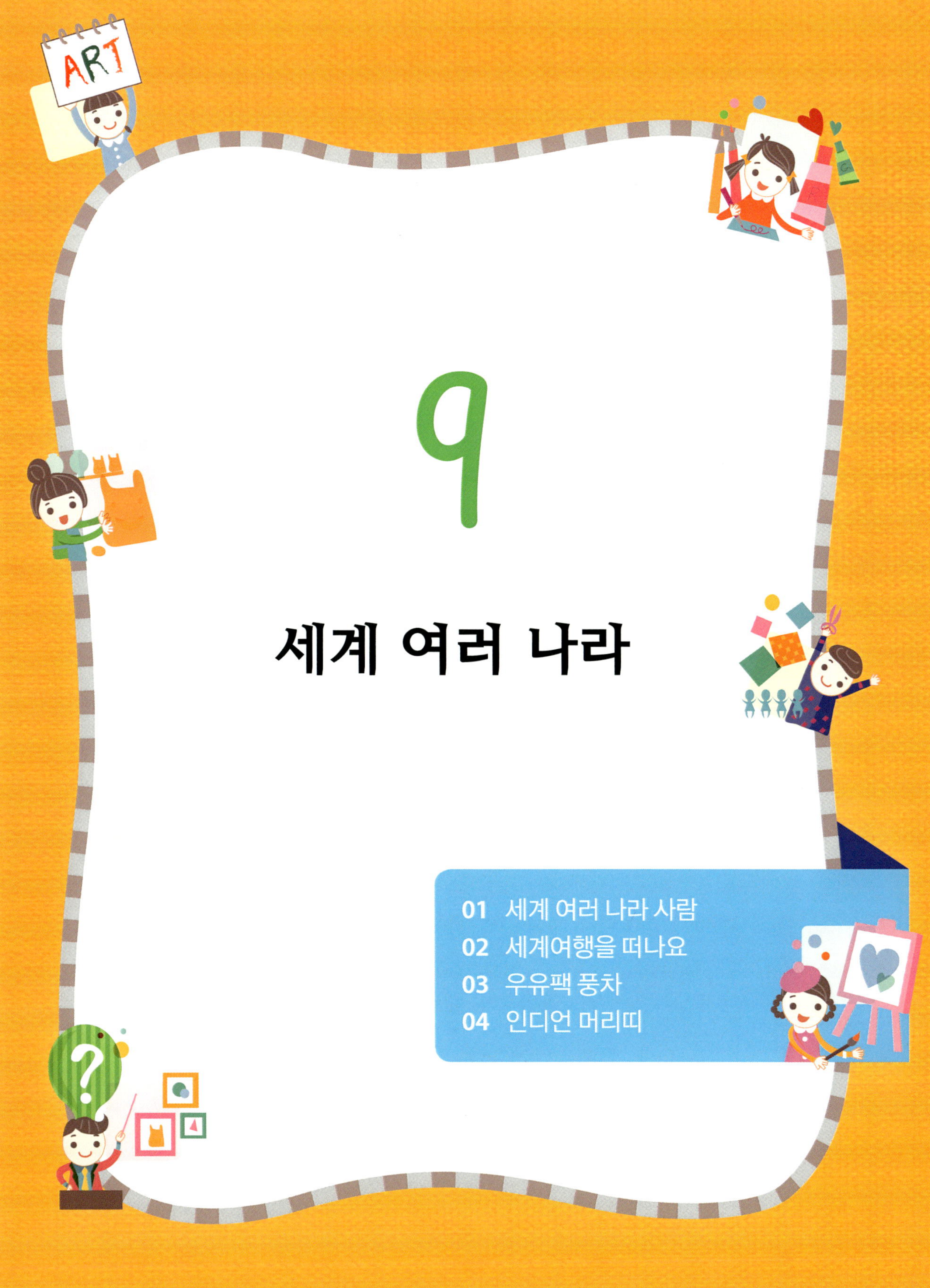

9

세계 여러 나라

01 세계 여러 나라 사람

피부색도 다르고 머리색도 다른 세계 여러 나라 사람들에 대해 알아보고 색깔 돌멩이로 개성 있게 표현해 보자.

(1) 지도목표

여러 나라 사람들의 다양한 생김새를 살펴보고 표현할 수 있다.

(2) 재료

여러 색의 조약돌, 모루, 하드스틱, 수정액, 네임펜, 폼보드, 철수세미

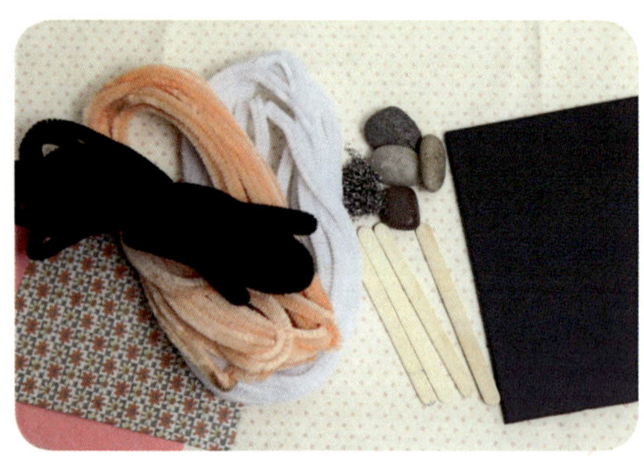

(3) 활동방법

a. 도입

① 여러 나라 사람들의 같은 점과 다른 점에 대해 이야기 나눈다.
- 세계 여러 나라 사람들의 같은 점은 무엇일까?
- 세계 여러 나라 사람들의 다른 점은 무엇일까?

② 다른 나라 친구를 대할 때 어떻게 해야 하는지에 대해 이야기 나눈다.
- 다른 나라 친구들을 만난다면 어떻게 해야 할까?
- 우리와 모습이 다른 친구가 우리 교실에서 함께 지낸다면 기분이 어떨까?

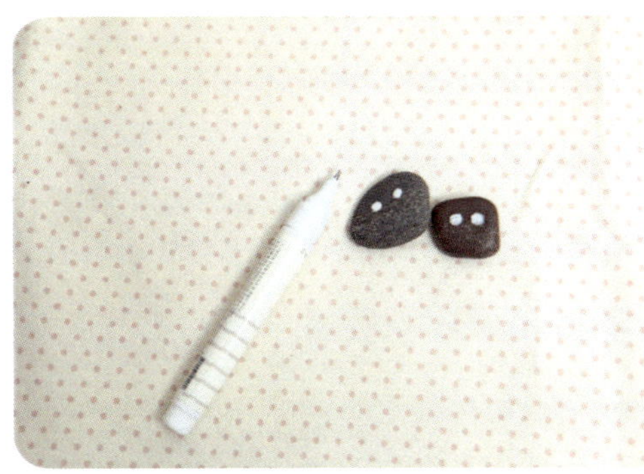

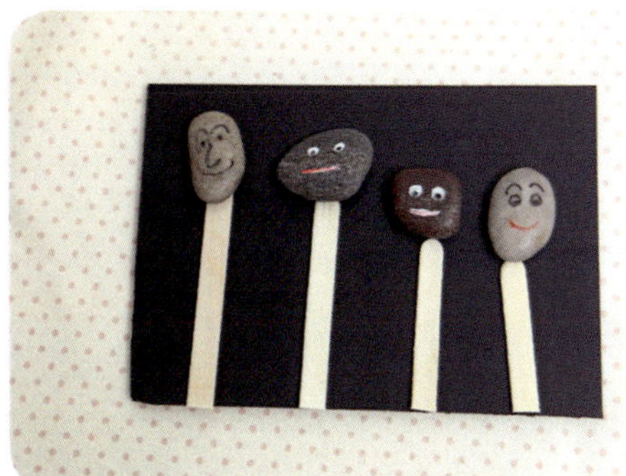

❶ 조약돌에 눈알을 붙이거나 수정액으로 눈을 칠하고 네임펜으로 눈동자를 그린다.

❷ 하드스틱을 잘라서 보드에 붙이고 얼굴 조약돌도 붙인다.

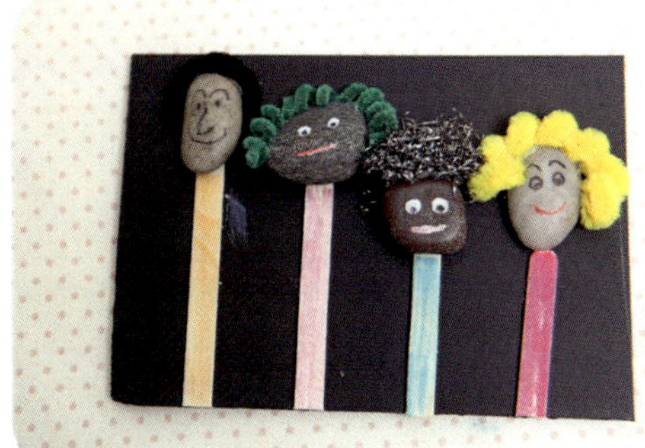

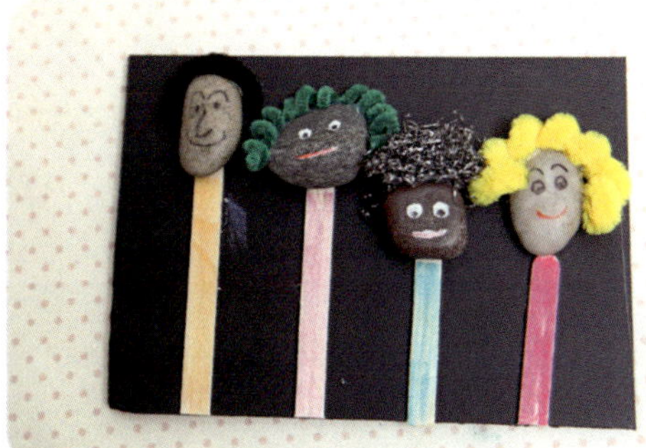

❸ 여러 가지 재료로 머리카락을 표현한다.

❹ 수정액으로 손을 잡고 있는 모습을 그려서 완성한다.

c. 마무리

완성된 세계 여러 나라 사람을 보며 이야기 나눈다.

- 어느 나라의 사람이니?

- 왜 이 나라의 사람을 만들었니?

- 다른 친구와 내가 만든 여러 나라 사람이 어떻게 다른 것 같니?

02 세계여행을 떠나요

먼 나라 여행을 가고 싶은데 무엇을 타고 떠날까? 열기구를 타고 하늘을 날아서 여행을 한다면 어느 나라로 갈까?

(1) 지도목표

다양한 교통수단에 대해 관심을 갖는다.
열기구를 타고 세계여행을 가는 나의 모습을 표현할 수 있다.

(2) 재료

색지, 허니컴종이, 켄트지, 색연필, 네임펜

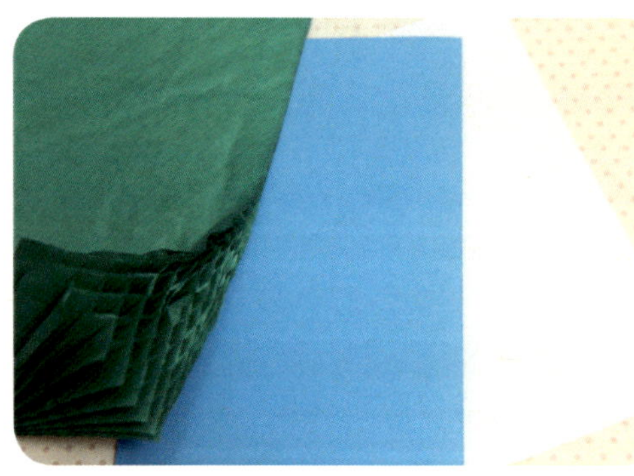

(3) 활동방법

a. 도입

① 다른 나라를 여행한 경험에 대해 이야기 나눈다.
　- 다른 나라를 여행해 본 적이 있니?
　- 어느 나라를 다녀왔니?
　- 무엇을 타고 갔었니?

② 다양한 교통수단에 대해 이야기 나눈다.
- 세계 여행을 가기 위해 무엇을 타고 가면 좋을까?
- 비행기 외에 하늘로 다니는 교통수단은 무엇이 있을까?

b. 전개

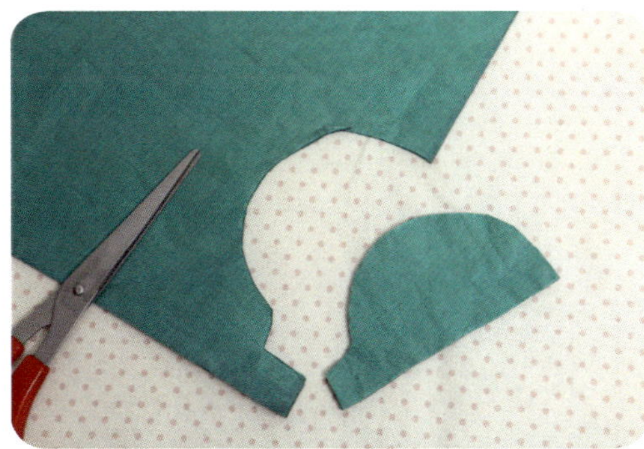

❶ 색지를 반으로 접고 허니컴 종이를 반원 모양으로 자른다.

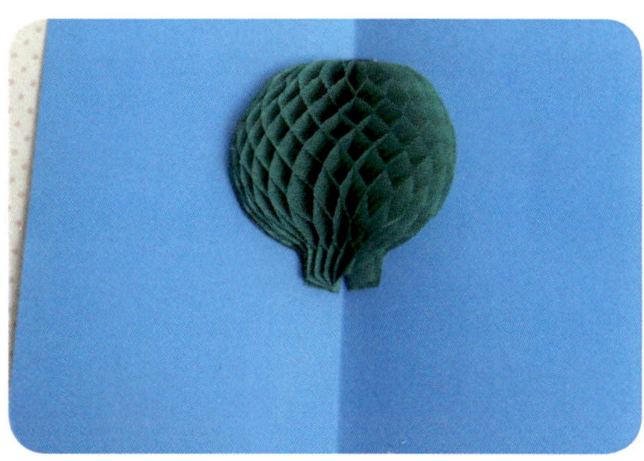

❷ 허니컴 종이에 풀칠하여 색지 사이에 끼우고 누른 뒤 펴본다.

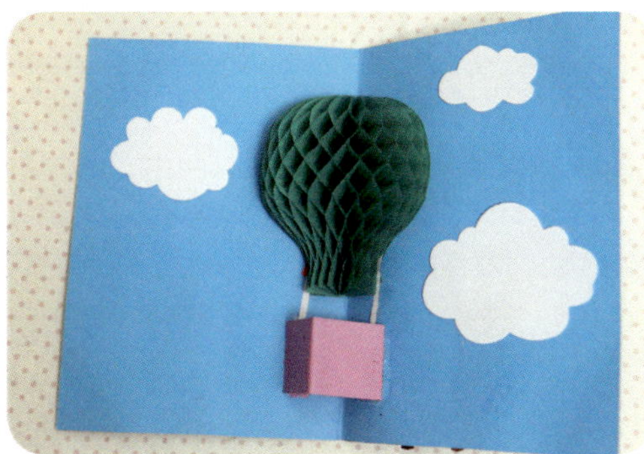

❸ 열기구 바구니를 붙이고 구름 등을 붙여서 속지를 꾸민다.

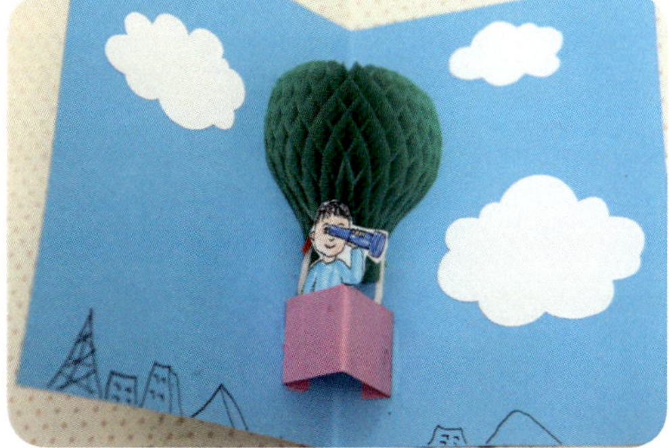

❹ 겉에는 열기구 타고 있는 사람을 그려서 색칠한 뒤 오려붙인다.

c. 마무리

완성된 세계여행 책을 보며 이야기 나눈다.
- 열기구를 만들어 보았는데 어땠니?
- 어려운 부분은 없었니?

03 우유팩 풍차

유럽의 풍경하면 떠오르는 풍차의 모습을 생각해 보고 손으로 돌려서 움직이는 풍차를 재활용품으로 만들어 보자.

(1) 지도목표

세계 여러 나라의 건축물에 관심을 갖는다.
풍차의 하는 일을 알고 만들어 볼 수 있다.

(2) 재료

우유팩, 색지, 색종이, 하드스틱, 송곳, 매직, 빨대, 성냥개비

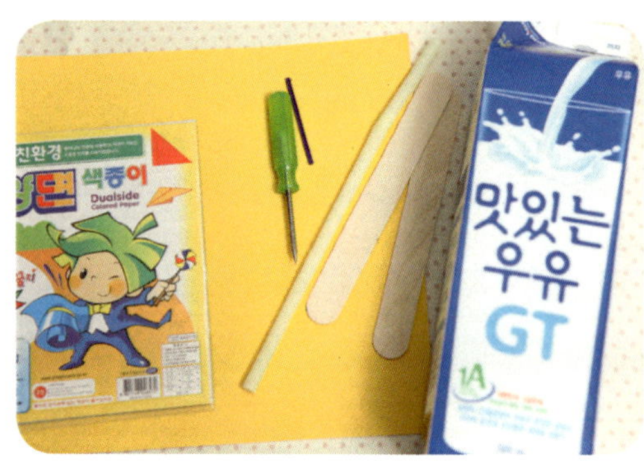

(3) 활동방법

a. 도입

① 세계 여러 나라의 건축물에 대해 이야기 나눈다.
    - 세계 여러 나라의 사람들은 어떤 집에서 살고 있니?
    - 세계 여러 나라의 집 중에 어떤 집이 가장 마음에 드니?

② 풍차 그림을 보며 이야기 나눈다.
    - 이것은 무엇이니?

- 본 적이 있니?

- 풍차는 어떤 일을 할까?

b. 전개

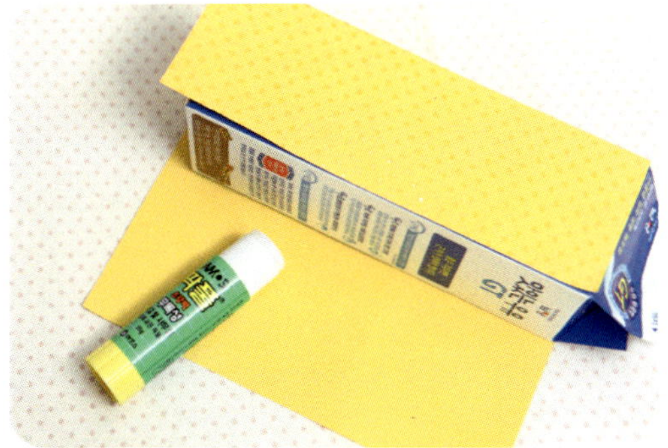

❶ 우유팩에 풀칠하여 색지로 감싸듯이 붙인다.

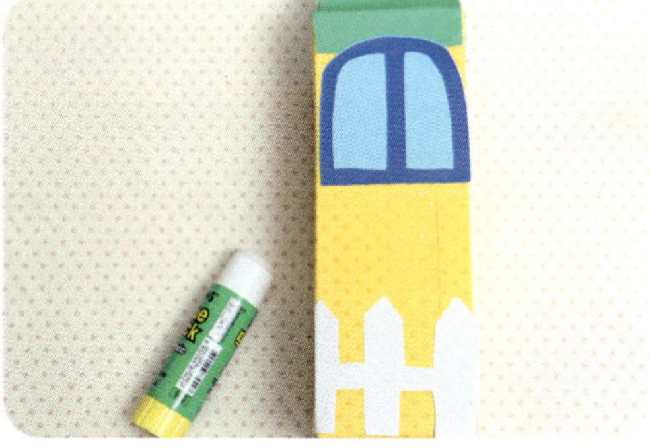

❷ 색종이로 지붕, 창문, 울타리 등을 오려 붙인다.

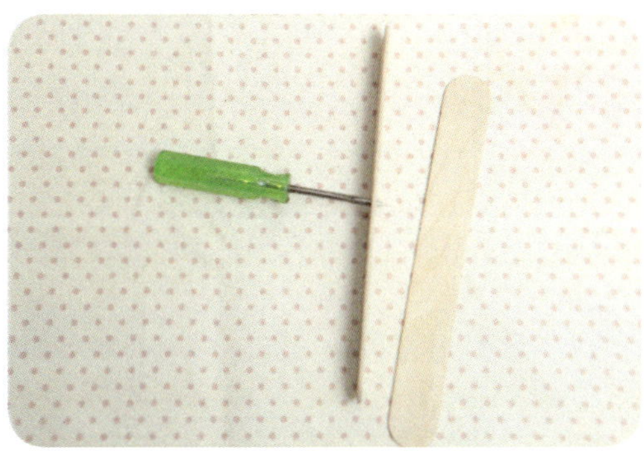

❸ 하드스틱의 가운데에 구멍을 뚫어 성냥개비나 작은 나무를 넣어 X자로 만든다.

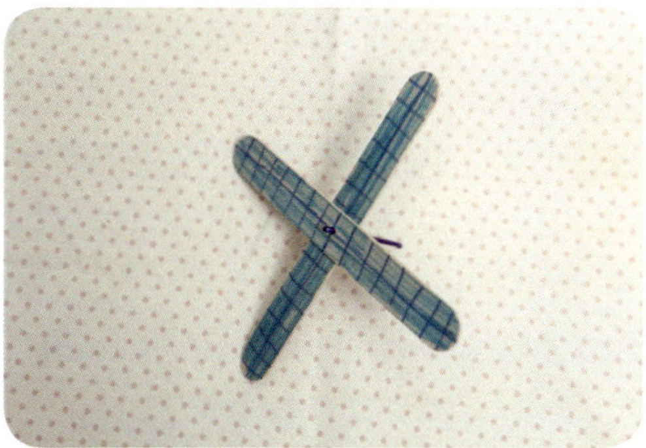

❹ 우유팩에 구멍을 뚫어 빨대를 넣고 성냥개비 끝에 글루건을 쏘고 빨대에 넣는다.

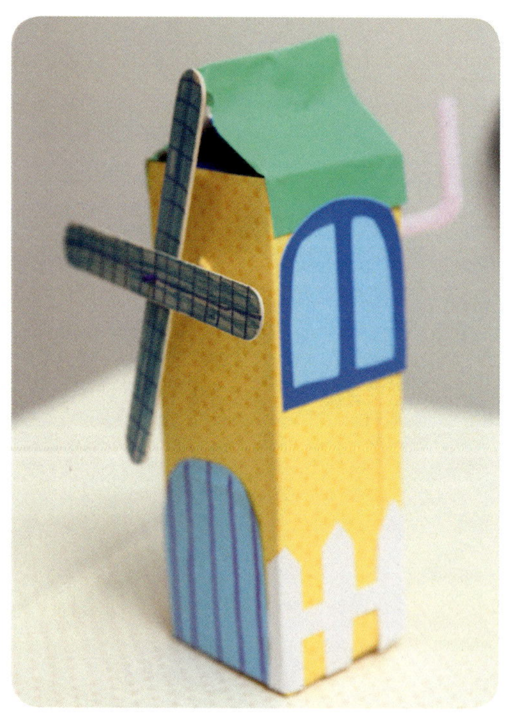

❺ 빨대를 손으로 돌리면 풍차처럼 날개가 돌아간다.

c. 마무리

완성된 세계여행 책을 보며 이야기 나눈다.
  - 열기구를 만들어 보았는데 어땠니?
  - 어려운 부분은 없었니?

04 인디언 머리띠

옛날에 아메리카 대륙에 살았던 인디언들의 풍습과 입던 옷, 생활하던 집들을 생각해보고 버려지는 종이들로 인디언 머리띠를 만들어 역할 놀이를 해보자.

(1) 지도목표

세계 여러 나라의 의상에 관심을 갖고 표현해 볼 수 있다.

(2) 재료

켄트지, 고무줄, 크라프트지, 신문, 여러 종류의 종이

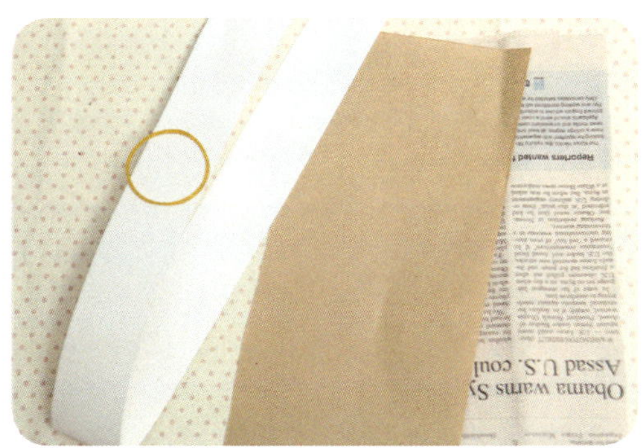

(3) 활동방법

a. 도입

① 세계 여러 나라 사람들의 의상에 대해 이야기 나눈다.
- 세계 여러 나라 사람들은 어떤 옷을 입니?
- 어떤 소품을 사용해서 꾸미고 다닐까?

② 인디언에 대해 이야기 나눈다.
- 인디언은 어느 나라 사람들일까?
- 인디언은 어떤 옷을 입고 다닐까?
- 인디언 머리띠를 본 적이 있니?

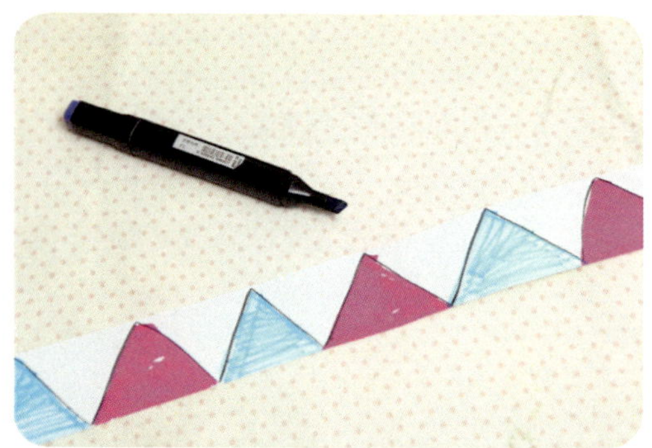

❶ 켄트지를 길게 자른 뒤 세모 모양으로 그리고 색칠한다.

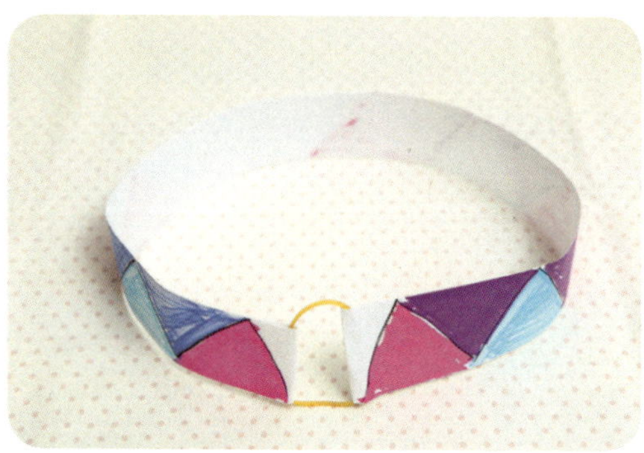

❷ 고무줄을 양끝에 걸고 종이를 접어 붙인다.

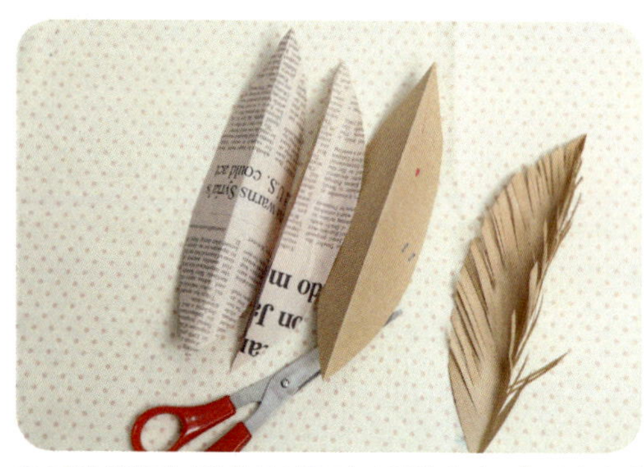

❸ 여러 색깔의 다양한 종이를 긴 타원형이 나오게 접어서 자른다.

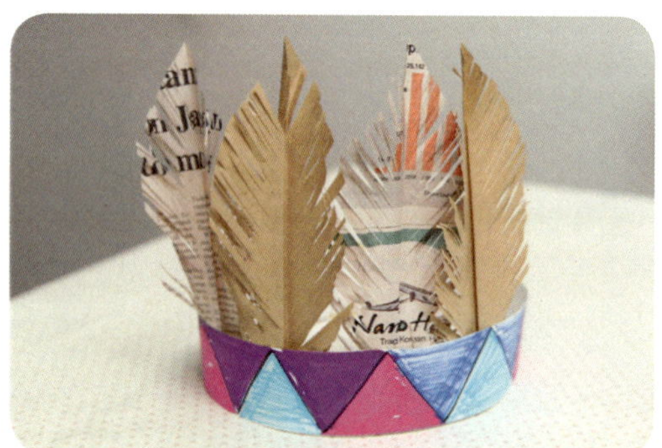

❹ 깃털을 생각하며 잘게 자르고 머리띠에 붙여 준다.

c. 마무리

완성된 인디언 머리띠를 착용해 보고 느낌을 이야기 나눈다.

- 인디언 머리띠를 만들어 보았는데 어땠니?
- 인디언 머리띠를 하고 무엇을 해 보면 좋을까?

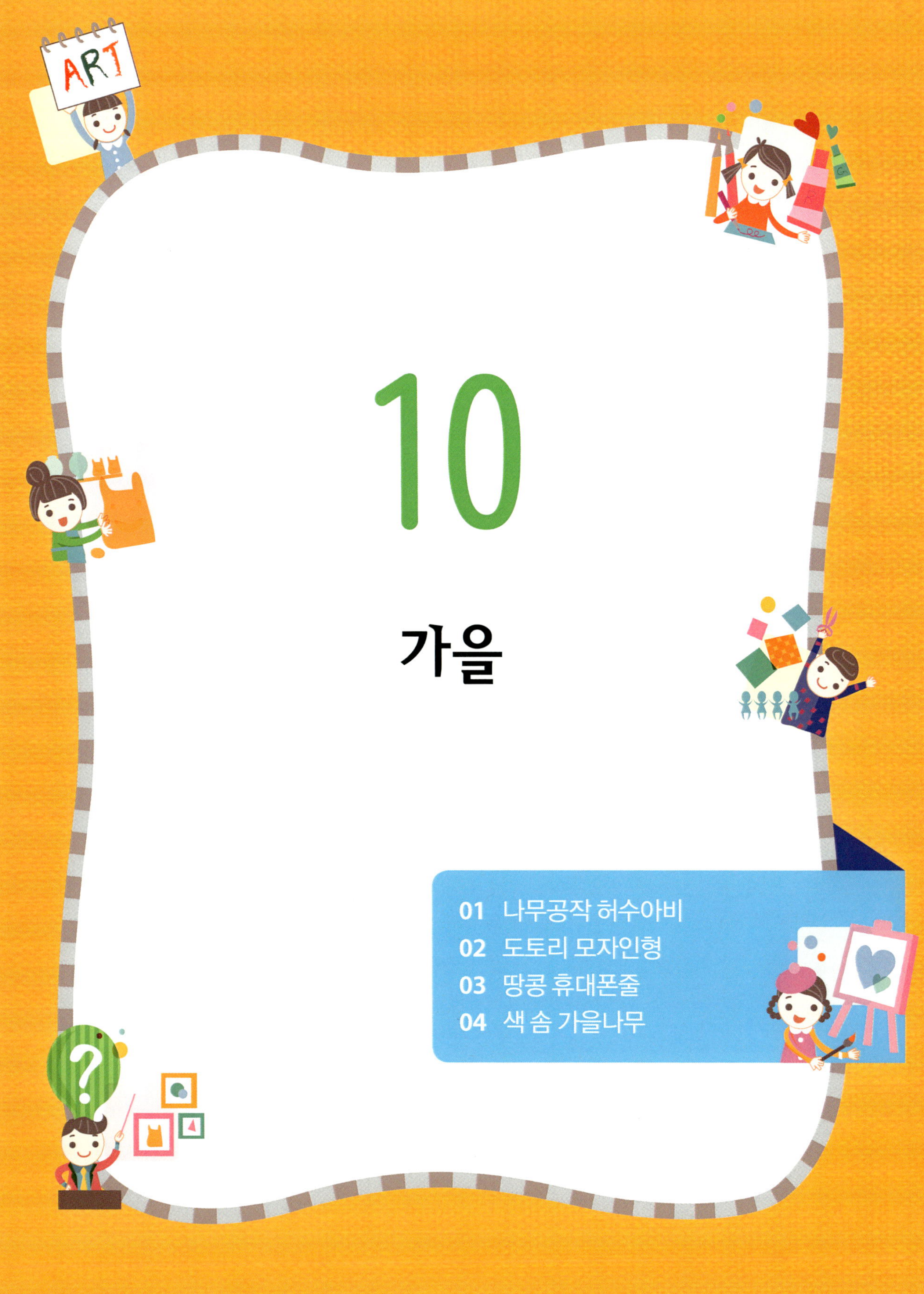

10
가을

01 나무공작 허수아비

하루종일 우뚝 서 있는 성난 허수아비 아저씨~ 짹짹짹짹 아이 무서워 새들이 날아갑니다~♬
주위에서 볼수 있는 자연물로 가을 벌판에 있는 허수아비를 만들어 보자.

(1) 지도목표

가을에 볼 수 있는 허수아비를 만들어 볼 수 있다.
재료의 특성을 탐색해 보고 자유롭게 구성해 본다.

(2) 재료

작은 크라프트봉투(은행현금봉투), 나뭇가지, 나뭇조각, 짚이나 보리

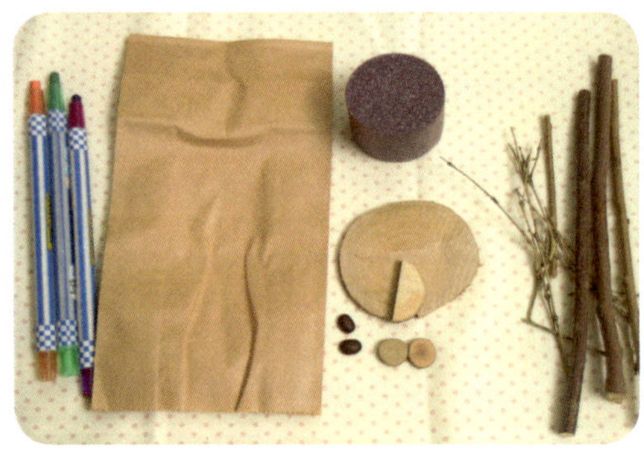

(3) 활동방법

a. 도입

① 가을이 되어 볼 수 있는 것들에 대해 이야기 나눈다.
- 가을이 되어 볼 수 있는 것들에는 어떤 것들이 있을까?
- 무엇을 보았니? 어디에서 보았니?
- 농촌에서 볼 수 있는 것들은 무엇이 있을까?

② 여러 가지 준비된 재료를 탐색한다.
- 여기에 무엇이 있는지 살펴보자.
- 무엇을 만들 수 있을까?

b. 전개

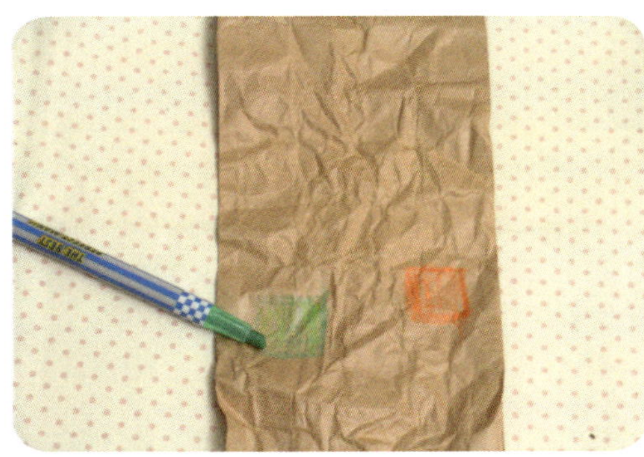

❶ 작은 크라프트봉투를 낡은 느낌이 나도록 꼬깃꼬깃 구겨서 편 다음 반으로 접고 허수아비의 옷으로 색칠하여 꾸민다.

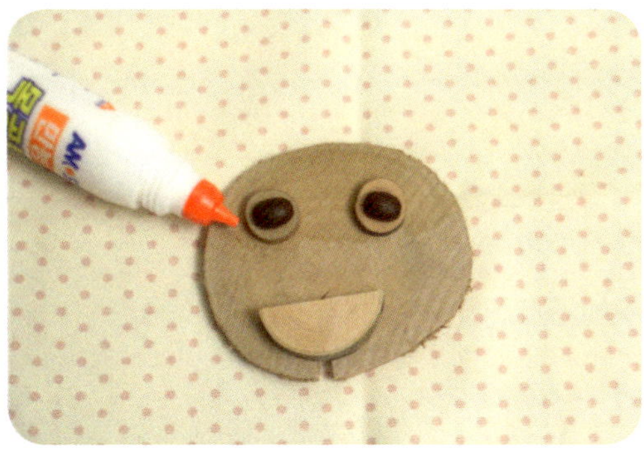

❷ 큰 원형 나뭇조각 위에 작은 조각으로 눈과 입을 붙이고 보리나 짚을 붙여 머리를 꾸민다.

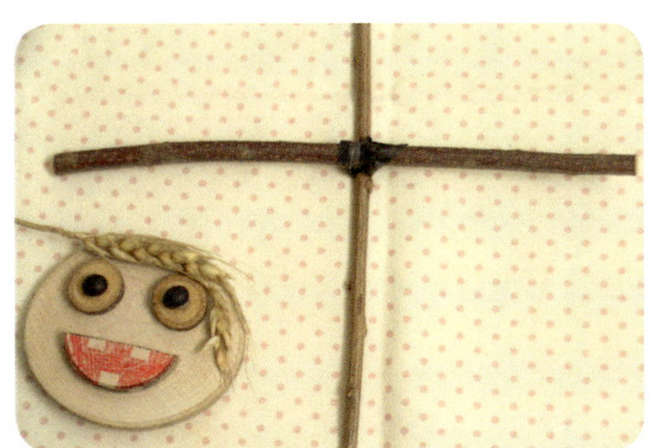

❸ 나뭇가지를 십자 모양으로 붙여 놓고 허수아비의 옷을 입힌다.

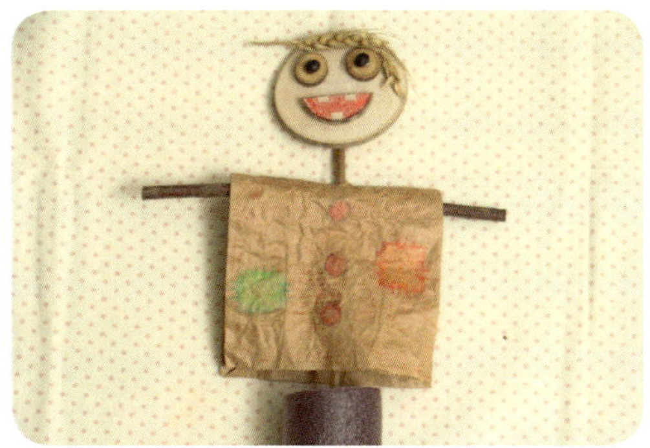

❹ 얼굴과 목을 붙이고 허수아비를 종이컵이나 백업에 꽂아 세운다.

c. 마무리

활동을 하고 난 느낌에 대해 이야기 나눈다.
- 허수아비를 만들어 보았는데 어땠니?
- 허수아비와 함께 무엇이 있었으면 좋겠니?

02 도토리 모자인형

떼굴떼굴 떼굴떼굴 도토리가 어디서 왔나~ 단풍잎 곱게 물든 산골짜기서 왔지~♬
가을산에 올라가 주운 도토리 모자로 작은 인형을 만들어 장식품으로 꾸며보자.

(1) 지도목표

가을에 볼 수 있는 도토리를 사용하여 인형을 만들어 볼 수 있다.
주변에서 볼 수 있는 자연물로 꾸며 볼 수 있다.

(2) 재료

도토리모자, 뽕뽕이, 눈알, 나뭇가지, 마끈

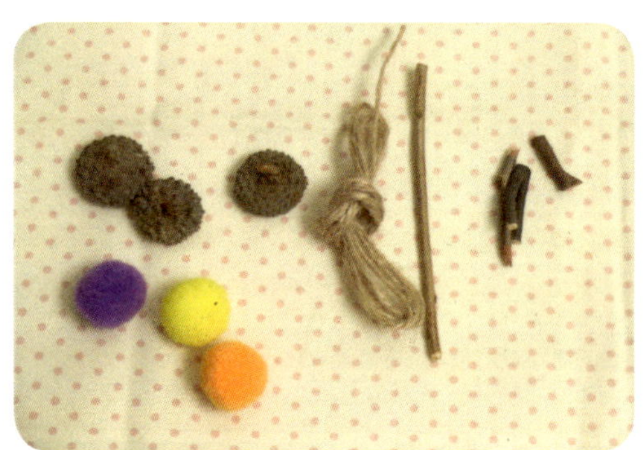

(3) 활동방법

a. 도입

① 가을에 볼 수 있는 열매에 대해 이야기 나눈다.
   - 가을에는 어떤 열매를 볼 수 있니?

② "도토리" 노래를 부른다.
   - "데굴데굴데굴데굴 도토리가 어디서 왔나~."
   - 어떤 노래이니?

- 도토리는 어떻게 생겼니?

- 도토리로 무엇을 만들어 먹을 수 있을까?.

b. 전개

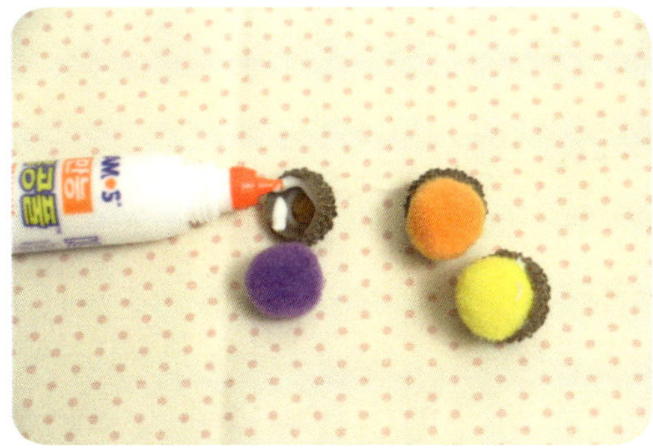

❶ 뽕뽕이에 도토리 모자를 붙이고 눈알을 붙여 얼굴을 만든다.

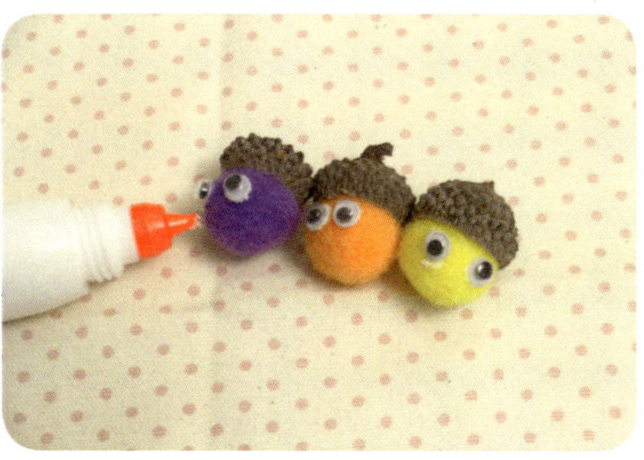

❷ 나뭇가지로 몸과 팔, 다리를 만들고 마끈으로 몸을 감는다.

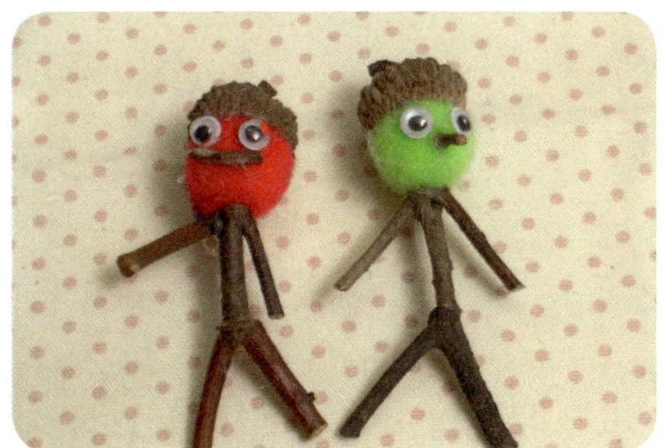

❸ 뽕뽕이 얼굴과 나뭇가지 몸을 붙인다.

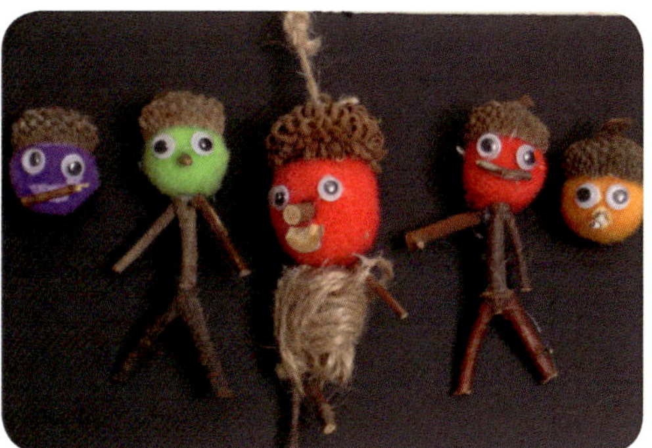

❹ 검정 보드에 붙이거나 나뭇가지에 매달아 전시한다.

c. 마무리

활동이 끝나면 하고 난 느낌에 대해 이야기 나눈다.

- 도토리 모자인형을 만들어 보았는데 어땠니?

- 도토리 모자를 가지고 또 무엇을 만들어 볼 수 있을까?

03 땅콩 휴대폰줄

가을에 수확하는 땅콩으로 작은 인형을 만들어 휴대폰 장식 고리를 만들어 보자.

(1) 지도목표

가을에 볼 수 있는 땅콩을 사용하여 만들기 활동을 경험한다.

(2) 재료

껍질땅콩, 목장갑, 눈알, 휴대폰줄, 반짝이모루

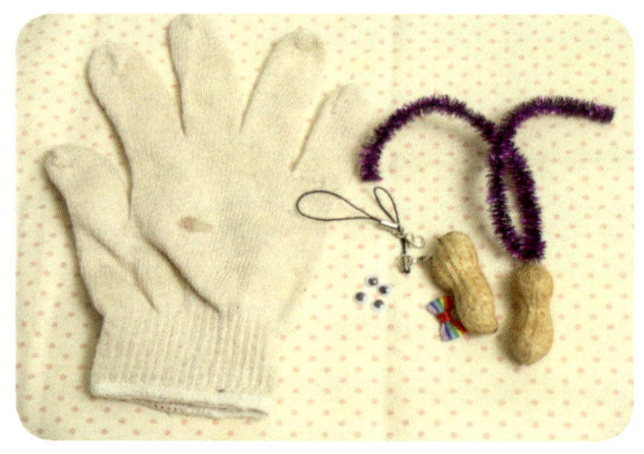

(3) 활동방법

a. 도입

① "나는 콩" 손유희를 한다.

② 콩에 대해 이야기 나눈다.
- 콩의 종류에는 어떤 것들이 있니?
- 너희들은 어떤 콩을 좋아하니?
- 콩으로 할 수 있는 것에는 어떤 것들이 있을까?

b. 전개

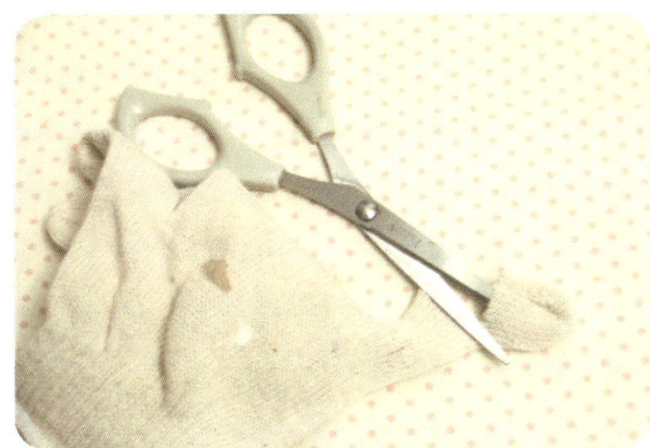

❶ 목장갑의 손가락 끝부분을 자른다.

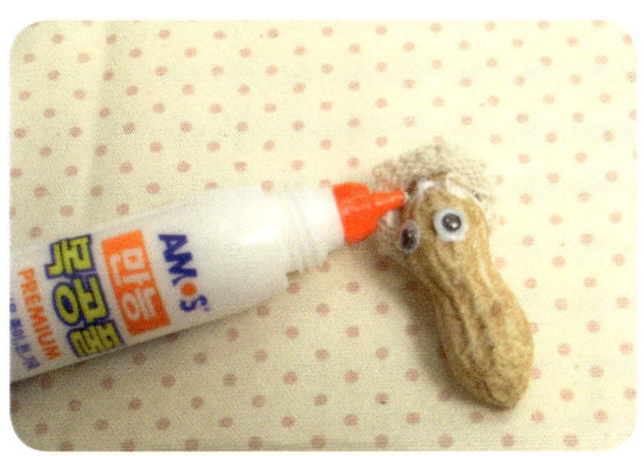

❷ 땅콩의 윗부분에 목장갑 끝부분을 모자처럼 씌워 주고 눈알을 붙여 얼굴을 꾸민다.

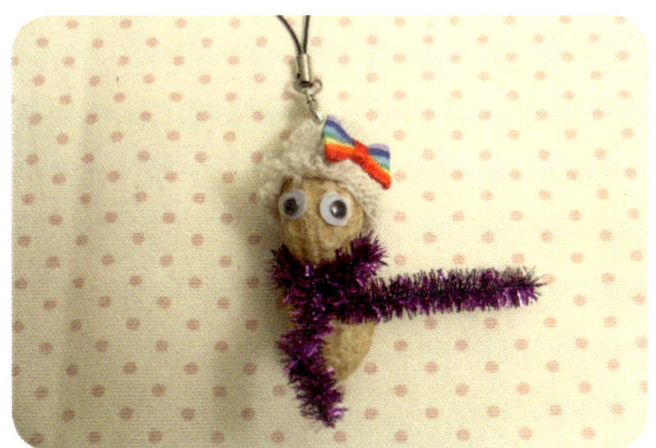

❸ 반짝이모루를 땅콩인형 목에 감고 휴대폰 고리를 모자에 끼워 준다.

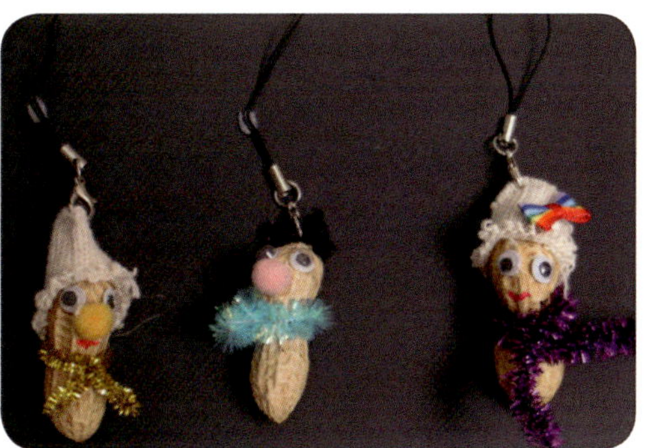

❹ 목걸이 끈을 끼워 주면 땅콩목걸이가 된다.

c. 마무리

활동이 끝나면 만들고 난 느낌에 대해 이야기 나눈다.
- 땅콩을 사용해서 미니장식을 만들어 보았는데 어땠니?
- 땅콩으로 무엇을 만들 수 있을까?

04 색 솜 가을나무

빨강 노랑 단풍 옷으로 갈아입는 가을나무들을 감상하고 솜을 물들여서 아름다운 가을 나무들을 만들어 보자.

(1) 지도목표

다양한 색깔로 가을 나무를 표현할 수 있다.

(2) 재료

솜(탈지면), 물감, 종이접시, 골판지, 물풀

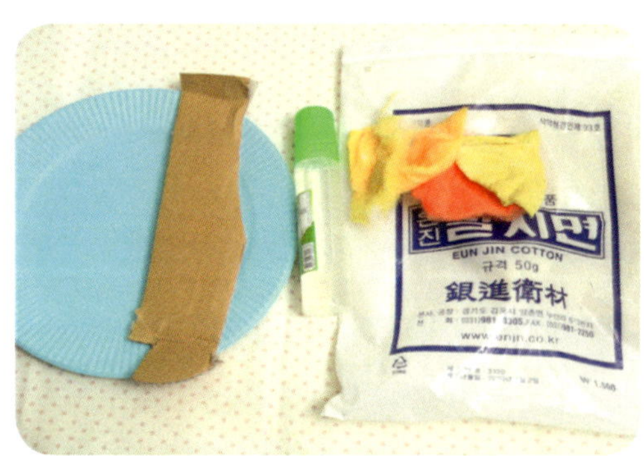

(3) 활동방법

a. 도입

① 가을이 되어 달라지는 주변 환경에 대해 이야기 나눈다.
- 가을이 온 것을 어떻게 알 수 있을까?
- 가을이 되면 무엇이 달라지니?

② 나뭇잎의 색깔이 변하는 이유에 대해 이야기 나눈다.
- 나뭇잎은 어떤 색깔을 가지고 있니?
- 가을이 되면 나뭇잎의 색깔이 왜 변할까?

- 나뭇잎 색깔이 변하고 나면 어떻게 되니?

- 우리도 색깔이 변하는 나무를 만들어 보자.

b. 전개

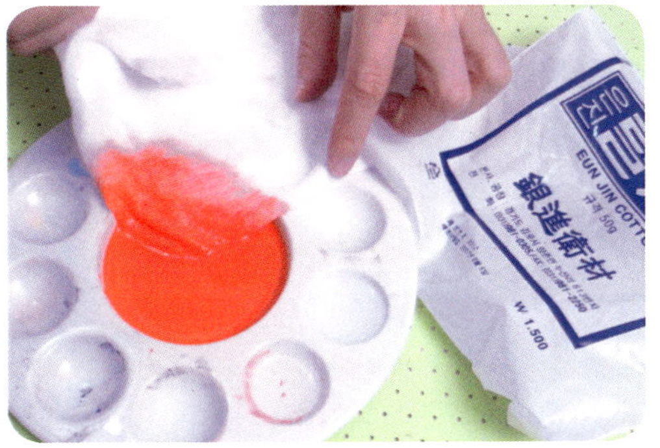

❶ 솜의 한쪽에 물감을 묻히고 접어서 꼭꼭 눌러 전체에 스며들도록 한다. 하루 정도 말린 후 4cm 정도의 네모 모양으로 잘라 놓는다.

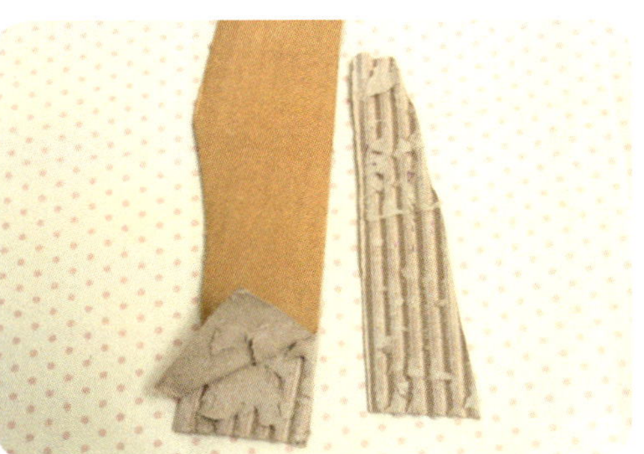

❷ 골판지를 긴 네모기둥모양으로 잘라서 한면의 껍질을 벗긴다.

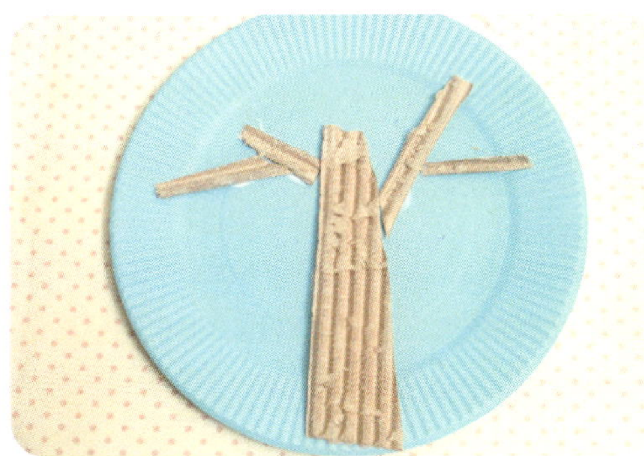

❸ 종이접시에 골판지를 나무기둥과 가지 모양으로 잘라 붙인다.

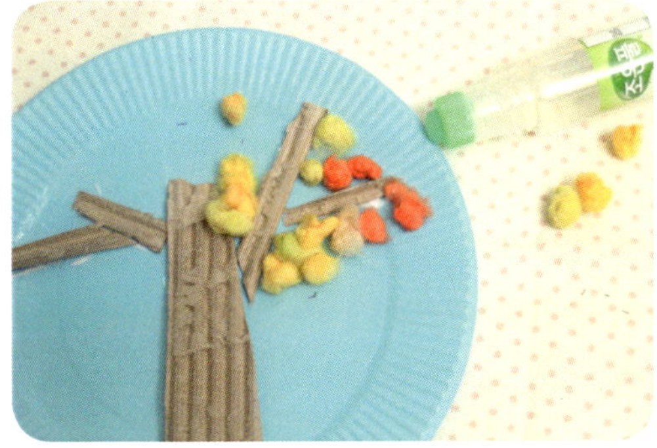

❹ 나뭇가지 주위에 물풀을 바르고 색솜을 손으로 동글동글하게 뭉쳐 붙여서 가을나무를 만든다.

c. 마무리

활동이 끝나면 하고 난 느낌에 대해 이야기 나눈다.

- 솜을 사용해서 가을 나무를 만들어 보았는데 어땠니?

- 솜이 물감을 만나자 어떻게 변했니?

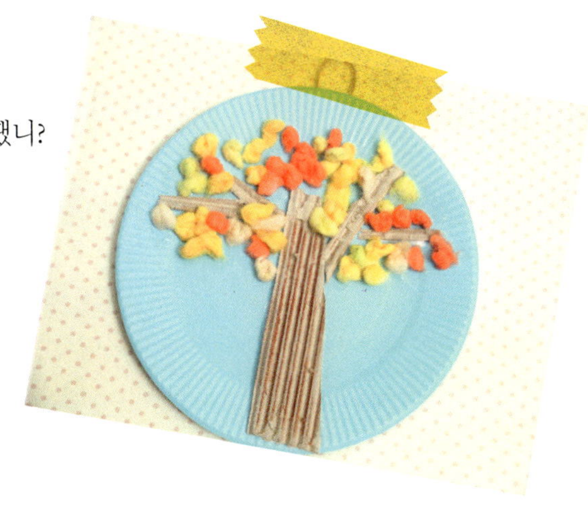

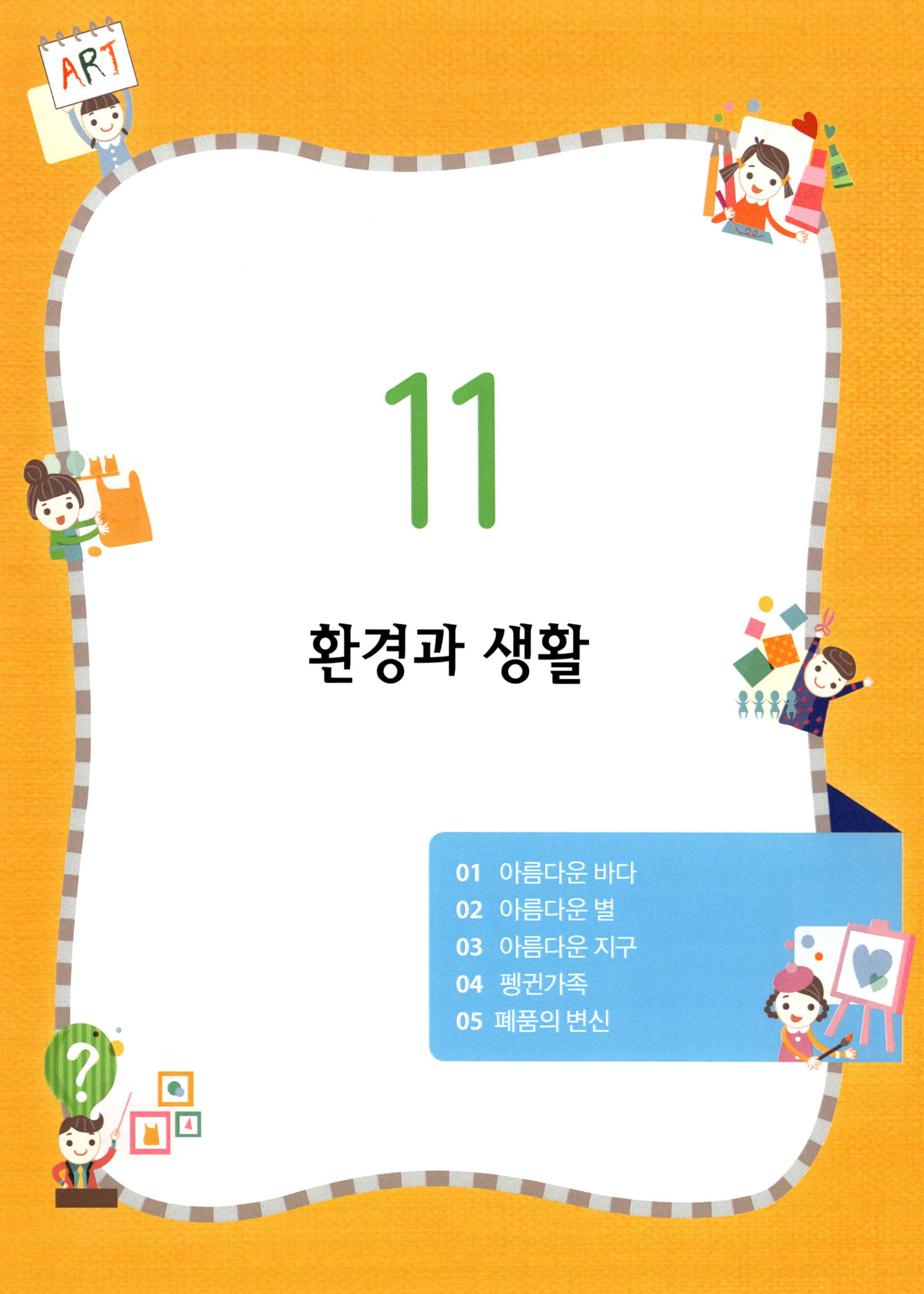

11

환경과 생활

01 아름다운 바다

많은 물고기들이 살고 있는 푸른 바다를 자연물로 표현해 보고 아름다운 바다가 더 오염되지 않도록 하려면 어떻게 해야 할지를 생각해본다.

(1) 지도목표

물의 소중함에 대해 안다.
바다 생물들이 살 수 있는 바다를 꾸며 볼 수 있다.

(2) 재료

타원 나뭇조각, 작은 원 나뭇조각, 반원 나뭇조각, 눈알, 마끈, 크레파스, 냅킨접착제

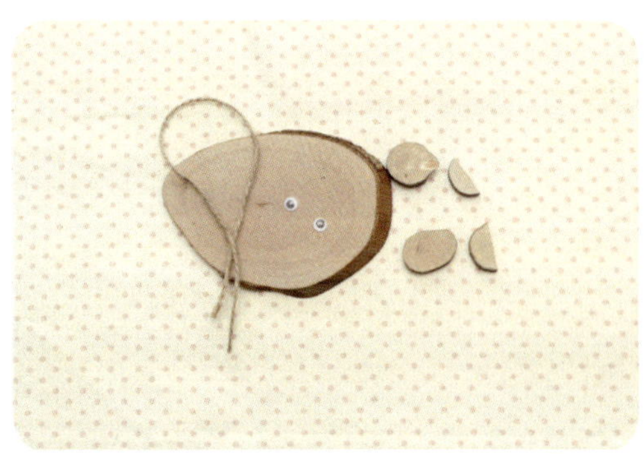

(3) 활동방법

a. 도입

① 바다에 다녀온 경험에 대해 이야기 나눈다.
- 바닷가에 다녀온 적이 있니?
- 바다에서 무엇을 보았니?
- 바다에서 무엇을 했니?
- 만약, 오염된 바다였다면 기분이 어땠을까?

② 유아들과 깨끗하고 아름다운 바다를 만들 것을 이야기한다.

- 우리가 아름답고 깨끗한 바다를 만들어 보자.

- 나뭇잎 색깔이 변하고 나면 어떻게 되니?

- 우리도 색깔이 변하는 나무를 만들어 보자.

b. 전개

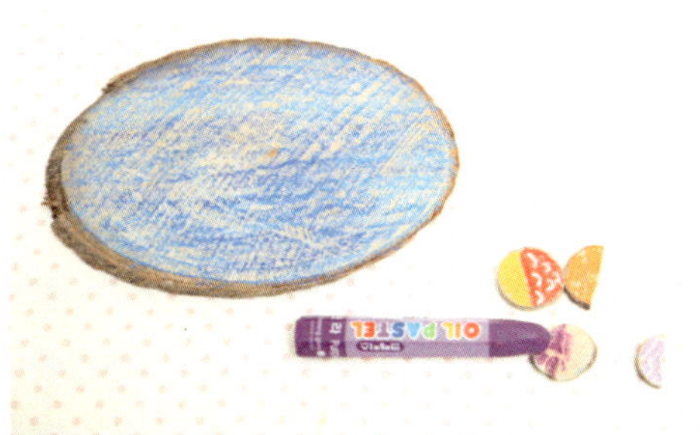

❶ 타원형의 나뭇조각에 크레파스로 바다 느낌의 색칠을 한다. 작은 동그라미와 반원조각을 색칠하고 눈알을 붙여 물고기를 만든다.

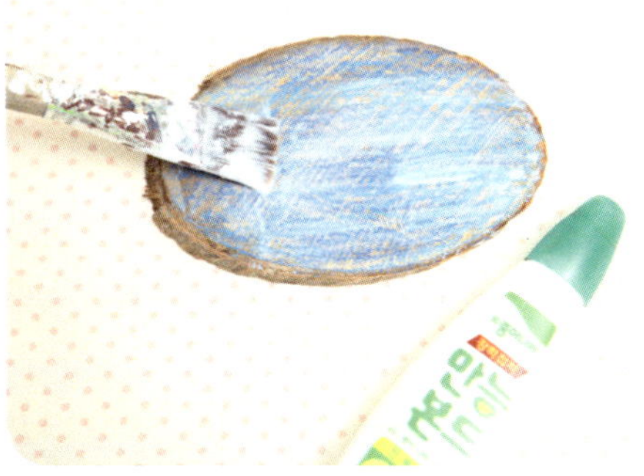

❷ 타원 배경판에 목공본드에 물을 섞어서 칠해 준다(냅킨아트 접착제로 칠해도 됨).

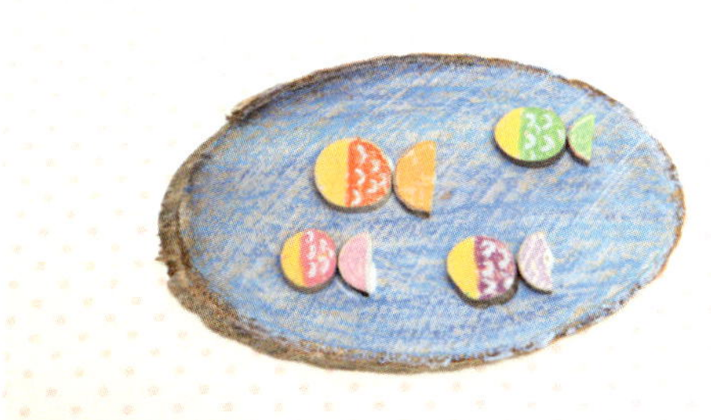

❸ 작은 물고기들을 본드로 붙여 준다.

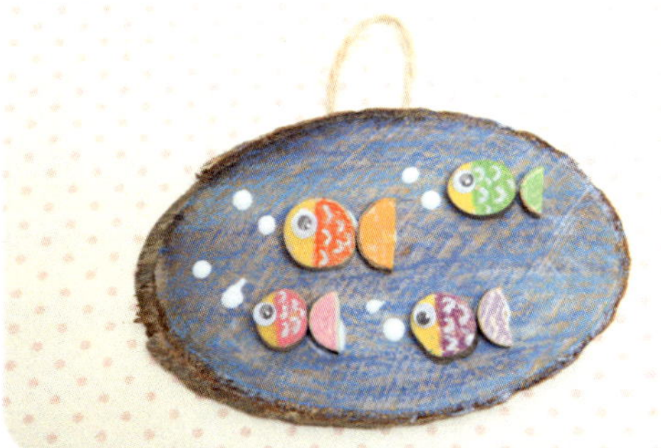

❹ 판의 뒤에 고리를 붙이고 접착제를 한 번 더 발라 주면 완성된다.

c. 마무리

활동을 하고 난 느낌에 대해 이야기 나눈다.

- 아름다운 바다를 꾸며 보았는데 어땠니?

- 이렇게 아름다운 바다를 보전하기 위해 우리가 할 수 있는 일들은 무엇일까?

02 아름다운 별

반짝반짝 작은별 아름답게 비치네~ 동쪽 하늘에서도 서쪽 하늘에서도 반짝반짝 작은별 아름답게 비치네~ ♬

밤하늘에 떠있는 수많은 별들을 볼 때 느낌이 어떤지 이야기해보고 아름다운 별을 생각하면서 만들어 보자.

(1) 지도목표

아름다운 밤하늘을 생각하며 별을 꾸며 볼 수 있다.
깨끗한 공기를 위해 우리가 할 수 있는 일들에 대해 알아본다.

(2) 재료

코스타지(원형 두꺼운 종이), 색실, 펀치, 홀로그램스티커, 크레파스

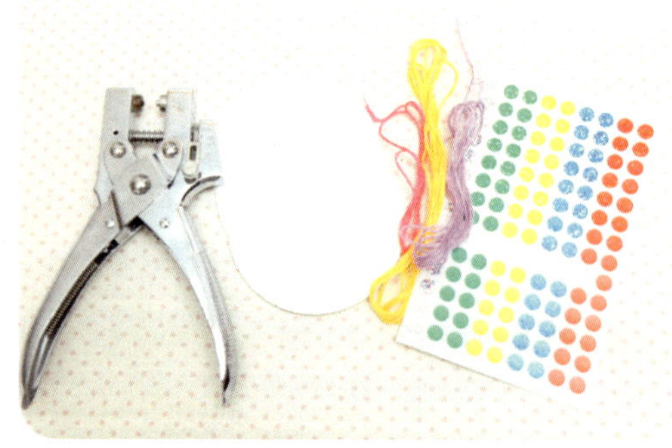

(3) 활동방법

a. 도입

① 밤하늘의 별을 본 경험에 대해 이야기 나눈다.
- 밤에 별을 본 적이 있니?
- 밤에 별을 보았을 때 어땠니?
- 더욱 반짝이고 많은 별을 보려면 어떤 공기가 필요할까?

② 유아들과 반짝이는 별을 만들어 볼 것을 이야기한다.
- 밤하늘의 반짝이는 별을 만들어 보자.

b. 전개

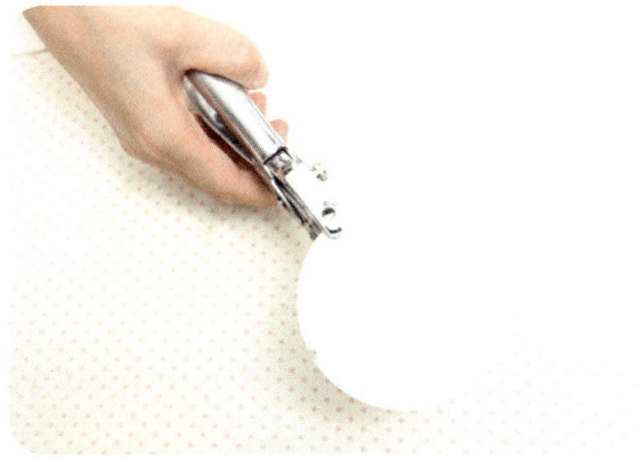

❶ 코스타지에 별 모양을 생각하며 펀치로 반구멍을 뚫는다.

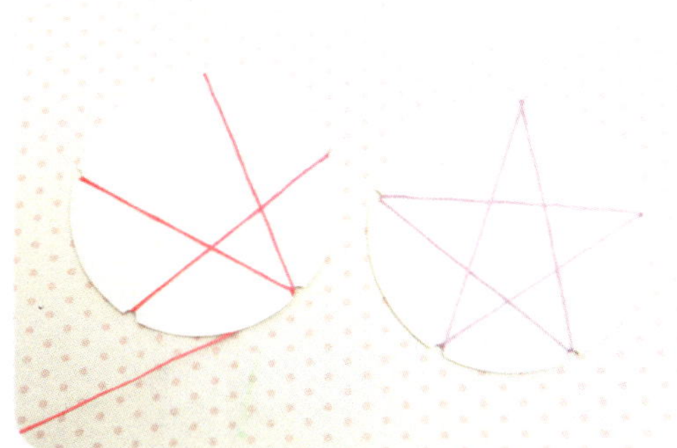

❷ 뒷면에 색실을 스카치테이프로 고정하고 다섯 개의 홈으로 교차하며 감는다.

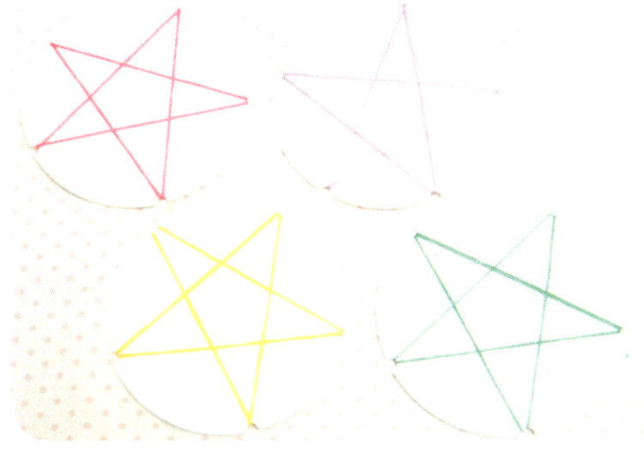

❸ 별 모양이 나오면 색실의 끝을 뒷면에 스카치테이프로 붙인다.

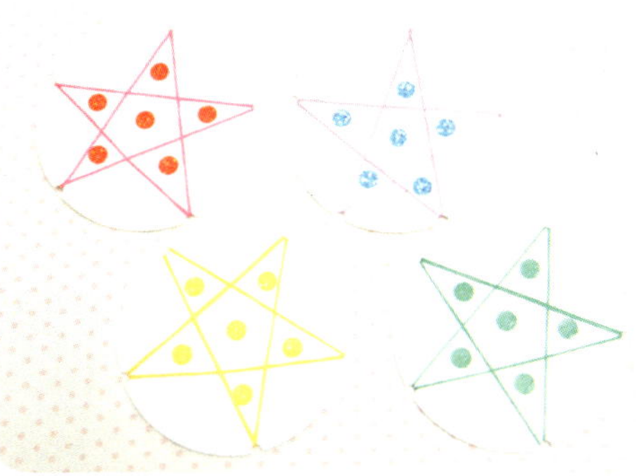

❹ 별 모양에 홀로그램 스티커를 붙인다.

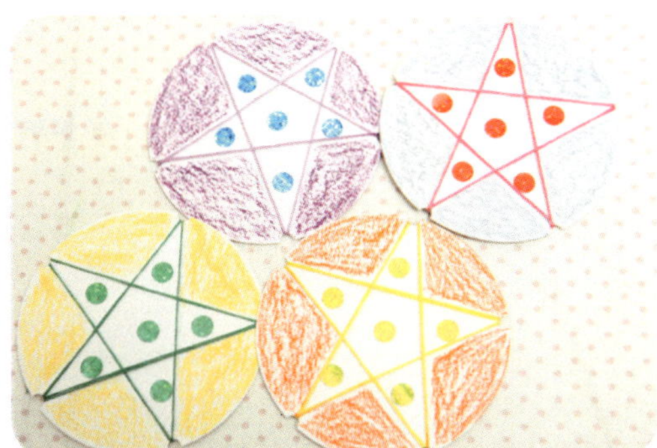

❺ 별 모양의 배경에 크레파스로 색칠하여 완성한다.

C. 마무리

활동을 하고 난 느낌에 대해 이야기 나눈다.
- 반짝이는 별을 만들어 보았는데 어땠니?
- 하늘에 반짝이는 별을 보려면 어떻게 해야 할까?

03 아름다운 지구

우리가 살고 있는 초록별 지구를 아끼고 보호할 수 있는 방법을 생각해 보고 작은 일부터 실천해 보자. 인공위성에서 찍은 아름다운 지구의 사진을 보고 마블링 기법으로 아름답게 표현해 보자.

(1) 지도목표

우리가 살고 있는 지구에 대해 관심을 갖는다.
지구를 표현해 볼 수 있다.

(2) 재료

마블링 물감, 넓은 용기, 물, 켄트지, 끈, 구슬

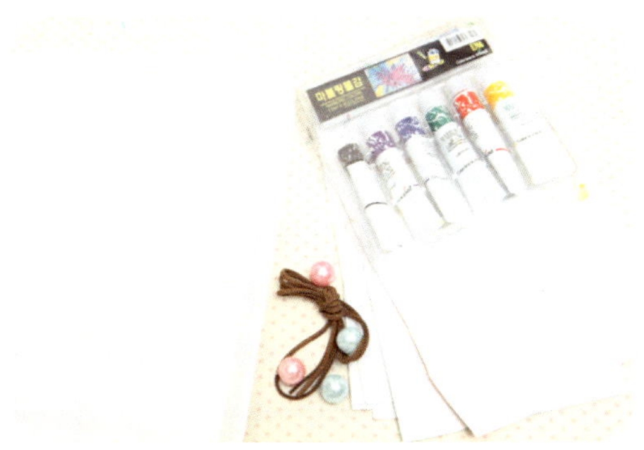

(3) 활동방법

a. 도입

① 우리가 살고 있는 지구에 대해 이야기 나눈다.
- 우리가 살고 있는 지구는 어떻게 생겼니?
- 어떤 색깔로 이루어져 있니?
- 지구는 어떻게 움직일까?

② 유아들과 우리가 살고 있는 지구를 만들어 볼 것을 이야기한다.
- 우리가 살고 있는 지구를 만들어 보자.

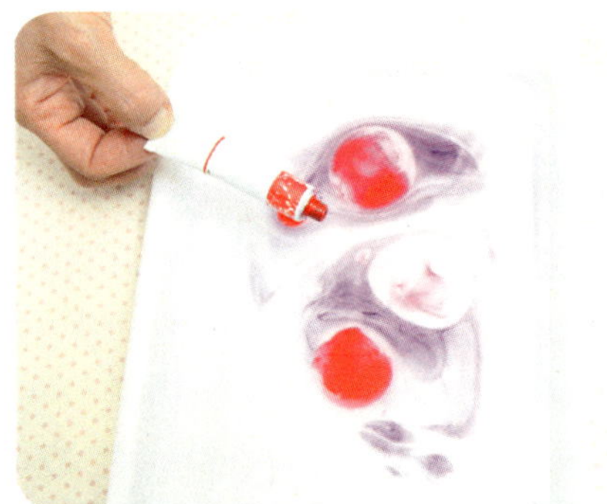

❶ 물이 담긴 용기에 마블링 물감을 떨어드린디.

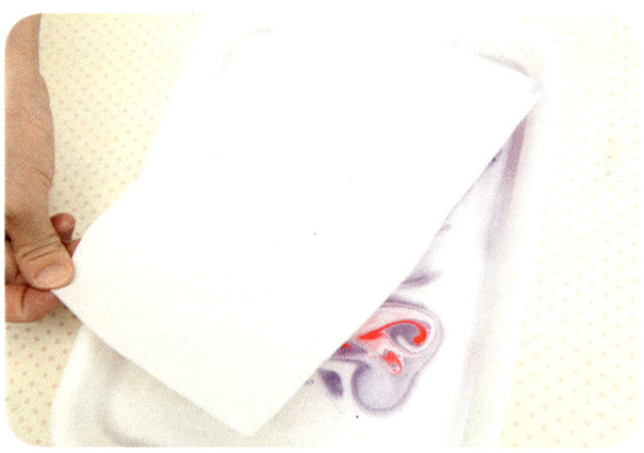

❷ 종이를 물감 위에 살짝 대었다 떼어 내 말린다.

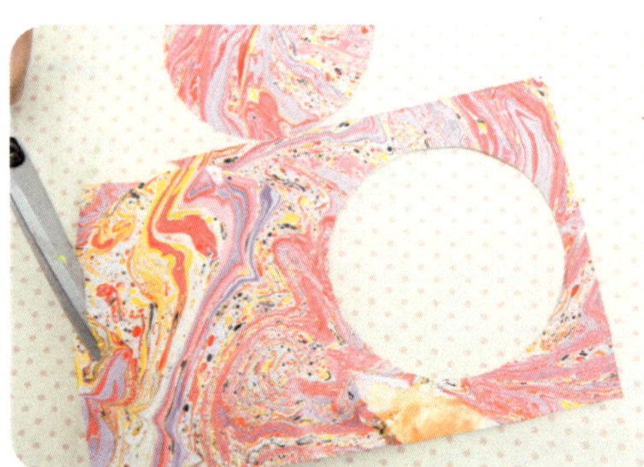

❸ 다 마르면 동그라미 4장을 그리고 오린다.

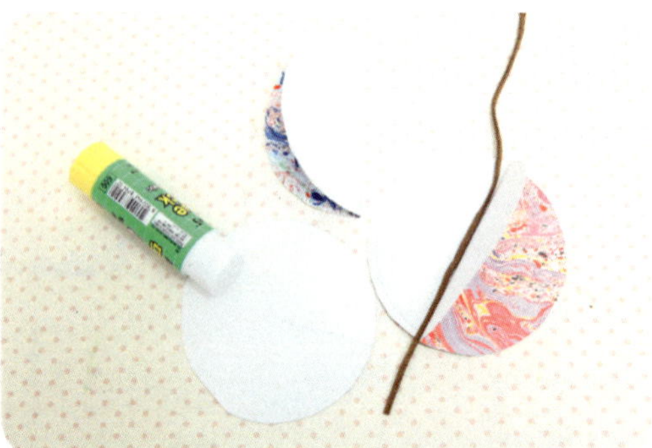

❹ 반으로 접어서 풀칠하고 가운데 끈을 끼워 네 장을 무늬가 나오게 붙인다.

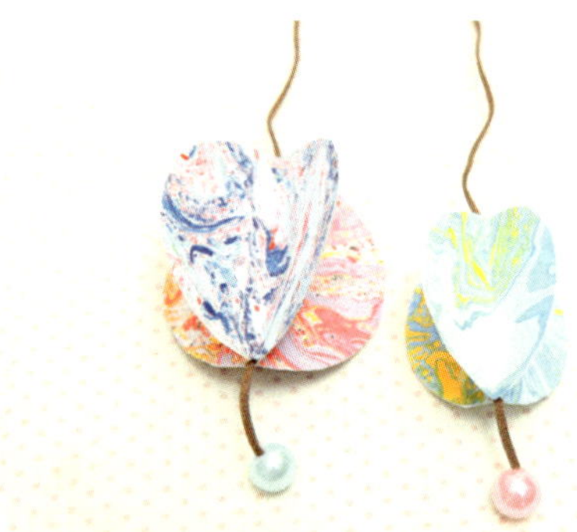

❺ 아래에 구슬을 끼워 모빌로 완성한다.

c. 마무리

활동을 하고 난 느낌에 대해 이야기 나눈다.

　　- 우리가 살고 있는 지구를 만들어 보았는데 어땠니?

04 펭귄가족

남극에 살고 있는 펭귄들이 알을 낳아 부화하고 혹독한 추위에서도 발등위에 새끼를 올려놓고 따뜻하게 보호하여 자라게 하는 과정을 이야기하고 그런 펭귄이나 북극곰들이 지구에서 사라지지 않게 하려면 종이컵 사용을 줄이거나 재사용하는 작은 실천을 이야기 나눈다.

(1) 지도목표

재활용품을 사용하여 만들기를 할 수 있다.
자연에서 서식하는 동물들에 대해 관심을 갖는다.

(2) 재료

검은색 테이크아웃컵, 소주컵, 색종이, 눈알

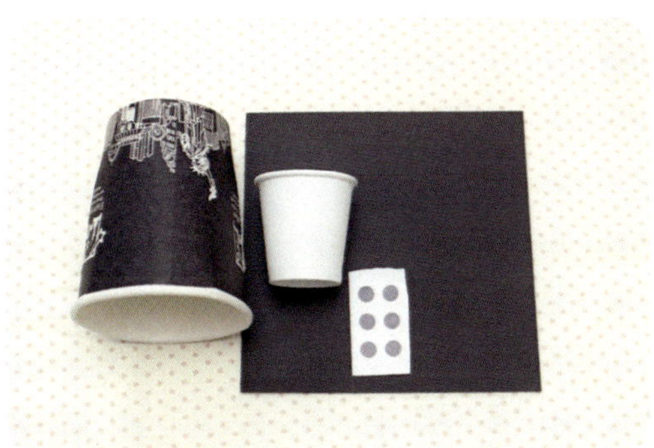

(3) 활동방법

a. 도입

① 오염되지 않은 자연에서 살아가는 동물들에 대해 이야기 나눈다.
- 깨끗한 자연에서 살아가는 동물에는 어떤 것들이 있을까?
- 동물들이 오래오래 살기 위해 어떻게 해야 할까?

② 남극에 사는 펭귄에 대해 이야기 나눈다.
- 남극에는 어떤 동물이 살고 있을까?

- 펭귄은 어떻게 생겼니?

- 펭귄은 무엇을 먹고 살까?

- 펭귄들이 건강하게 지낼 수 있도록 돕기 위해 우리가 할 수 있는 일은 무엇일까?

b. 전개

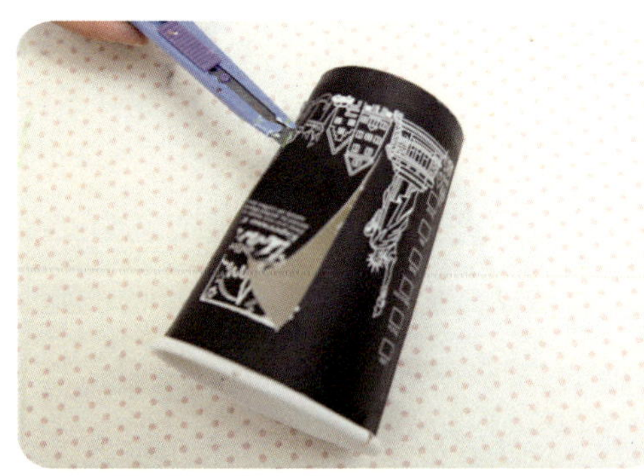

❶ 검은색 테이크아웃컵의 옆 부분을 칼로 잘라서 날개를 만든다.

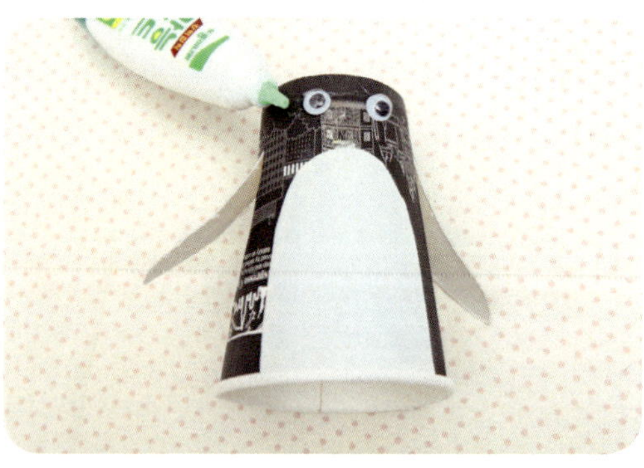

❷ 눈알을 붙이고 흰색 종이로 오려서 배를 붙인다.

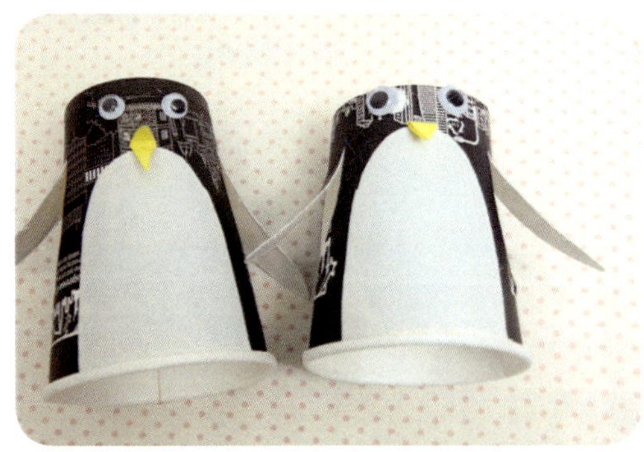

❸ 노란종이로 부리를 만들어 붙이고 작은 크기의 컵도 이와 같이 만든다.

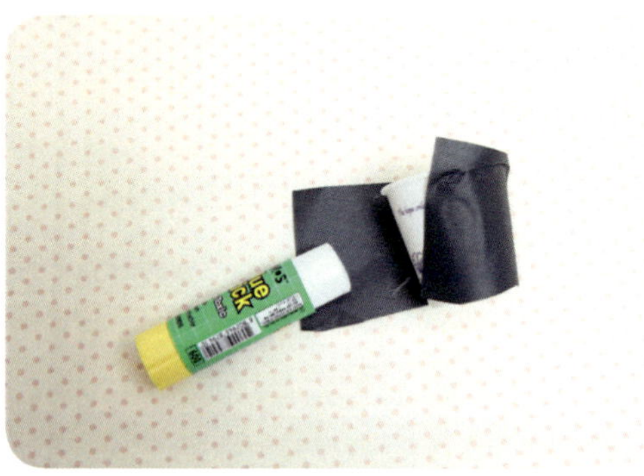

❹ 소주컵에 풀칠하여 검정 색종이를 붙이고 날개, 부리, 눈, 배를 붙인다.

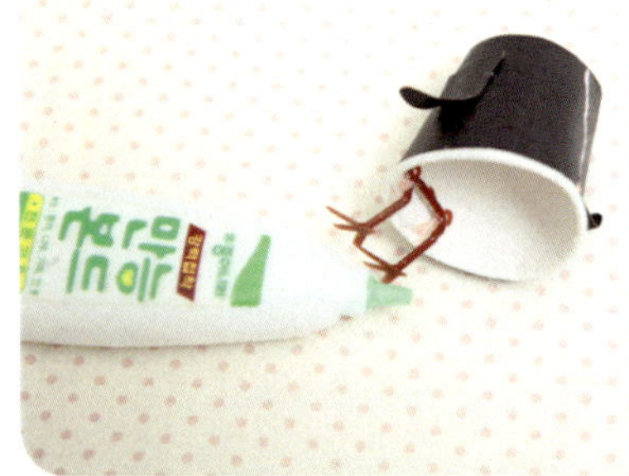

❺ 병아리 발을 아기 펭귄 안쪽에 붙여 준다.

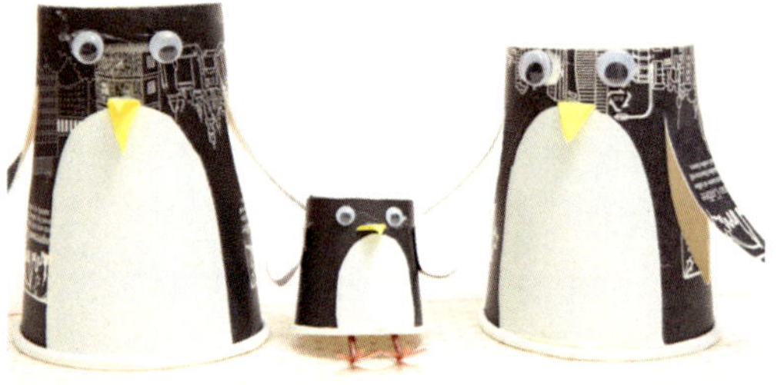

❻ 아빠, 엄마, 아기 펭귄을 함께 놓고 아기 펭귄을 아빠 펭귄 몸 안에 넣어 주기도 한다.

ㄷ. 마무리

활동을 하고 난 느낌에 대해 이야기 나눈다.
- 펭귄 가족을 만들어 보았는데 어땠니?

05 폐품의 변신

우리 주변에 쓰임을 다하여 쓰레기통으로 들어가는 물건들을 다시 돌아보아 우리 손으로 새로운 무엇을 만드는 창의적인 조형미술활동을 해 보자.

(1) 지도목표

재활용품을 사용하여 다양한 만들기 활동을 할 수 있음을 안다.
여러 가지 재료를 사용하여 붓 인형을 만든다.

(2) 재료

낡은 붓, 눈알, 단추, 모루, 뿅뿅이, 기타 콜라주 재료

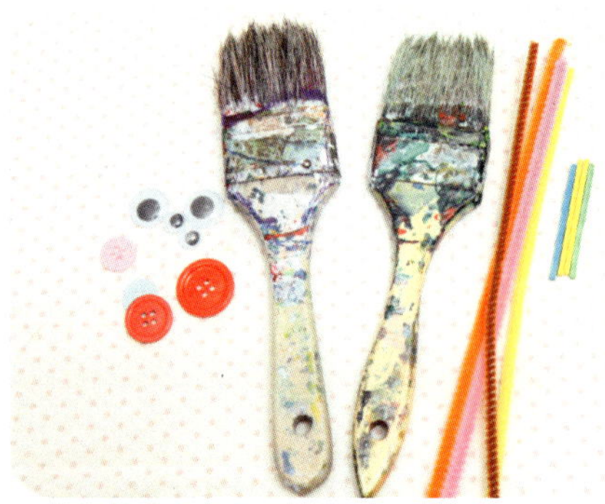

(3) 활동방법

a. 도입

① 재활용을 사용하여 만들기를 했던 경험에 대해 이야기 나눈다.
- 미술영역에 있는 재활용품을 사용하여 무엇을 만들어 보았니?
- 우리가 사용하는 종이는 분리수거하면 무엇으로 다시 만들어질까?
- 재활용품으로 무엇을 만들었을 때 기분이 좋았니?

② 다양한 미술도구에 대해 이야기 나눈다.
- 그림을 그리거나 색칠할 때 사용하는 도구에는 어떤 것들이 있니?
- 미술도구들이 망가지거나 사용하지 못하게 되면 우리는 미술도구들을 어떻게 하니?
- 여기에 붓이 있어. 이 붓이 사용할 수 없게 되었단다. 어떻게 하면 좋을까?

b. 전개

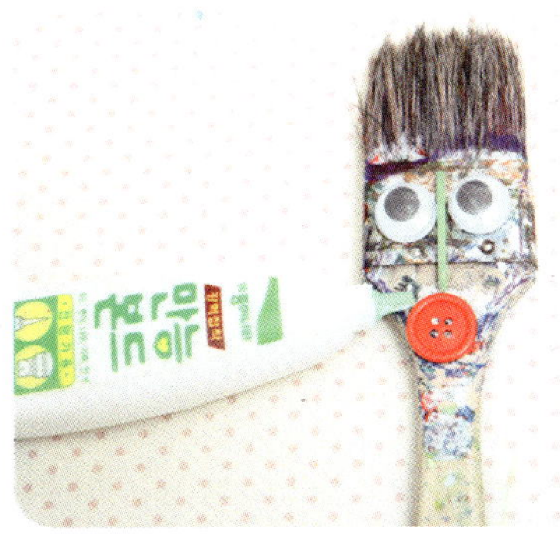

❶ 낡은 붓에 눈알과 입, 코를 붙인다.

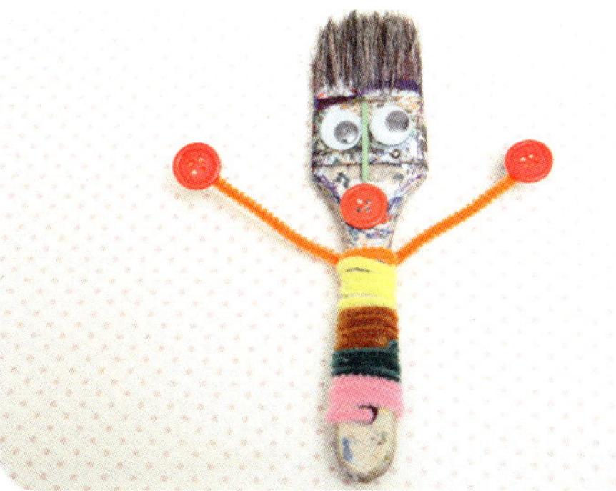

❷ 모루를 몸에 감아 팔을 만들고 끝에 단추나 뽕뽕이를 붙여 손을 만든다.

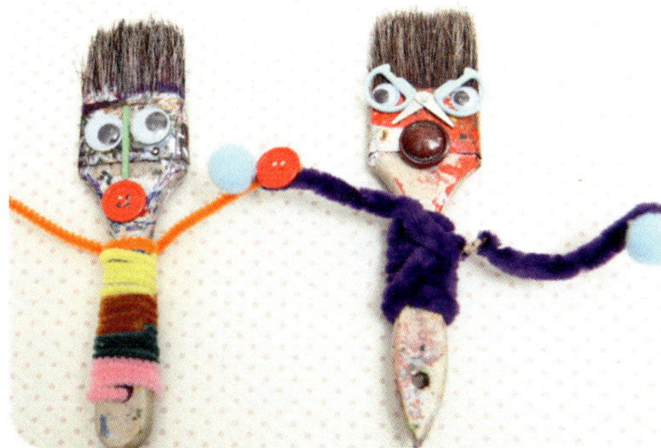

❸ 붓 손잡이에 모루를 더 감아서 옷을 표현한다.

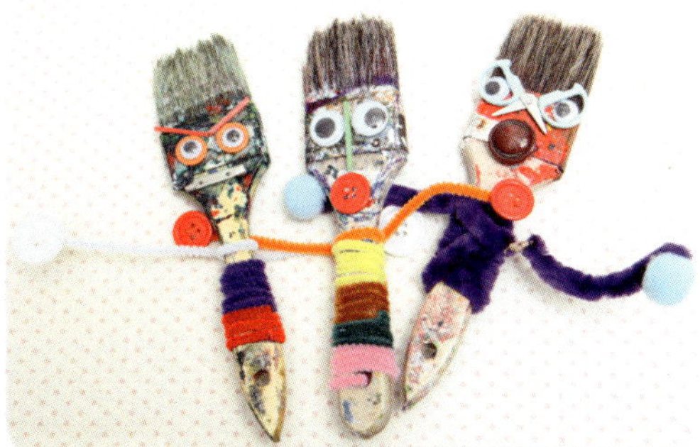

❹ 주위의 여러 가지 재료로 못 쓰는 붓을 멋진 인형으로 변신시킨다.

c. 마무리

활동을 하고 난 느낌에 대해 이야기 나눈다.
- 사용하지 못하는 붓으로 인형을 만들어 보았는데 어땠니?
- 너희들이 만든 인형으로 무엇을 하면 좋을까?

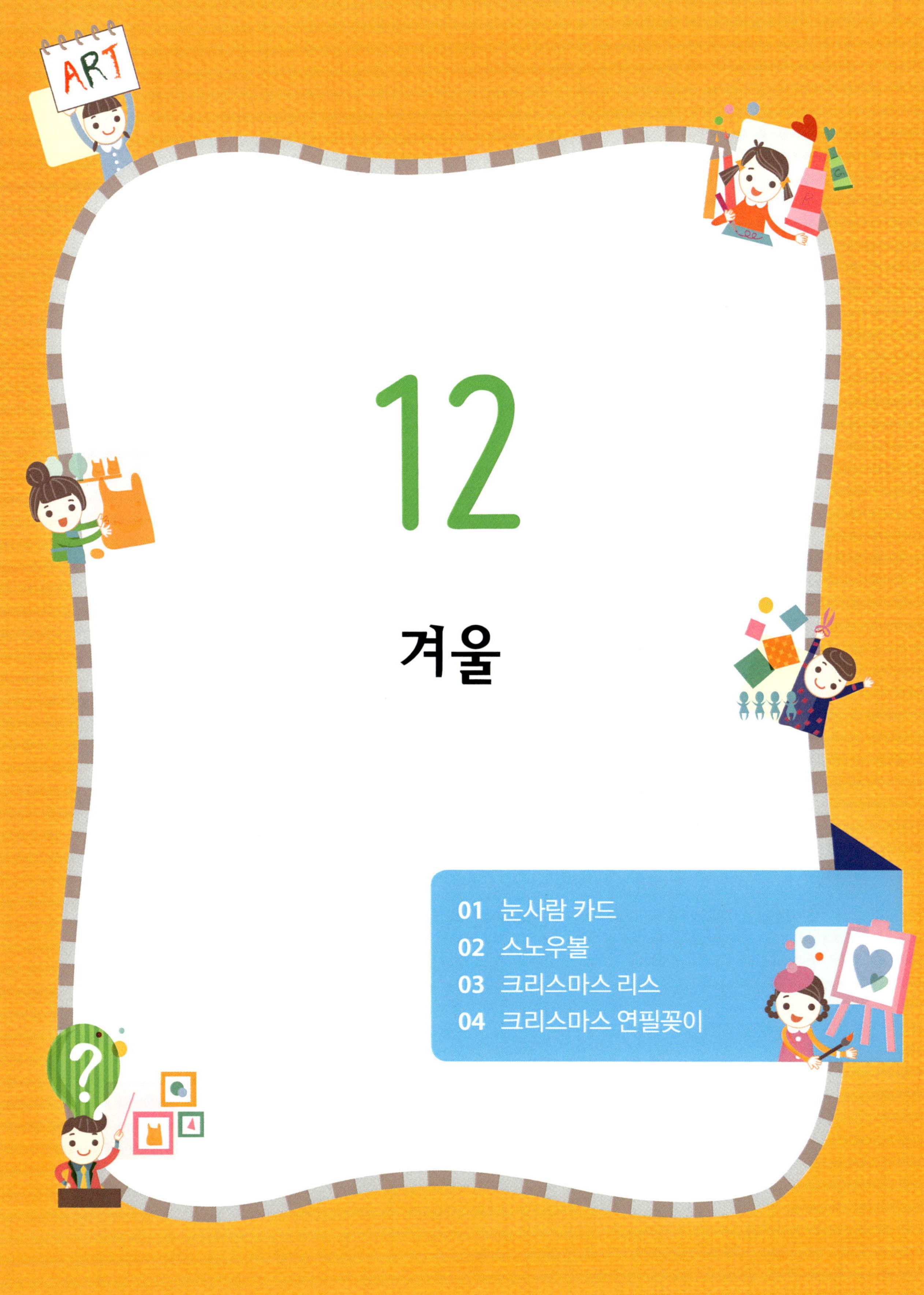

12

겨울

01 눈사람 카드

(1) 지도목표

겨울에 볼 수 있는 것들에 관심을 갖고 표현할 수 있다.
카드의 의미를 알고 만들어 볼 수 있다.

(2) 재료

동그라미보드(지름 7.5cm, 9cm), 아일렛펀치, 눈알, 단추, 리본, 천 등

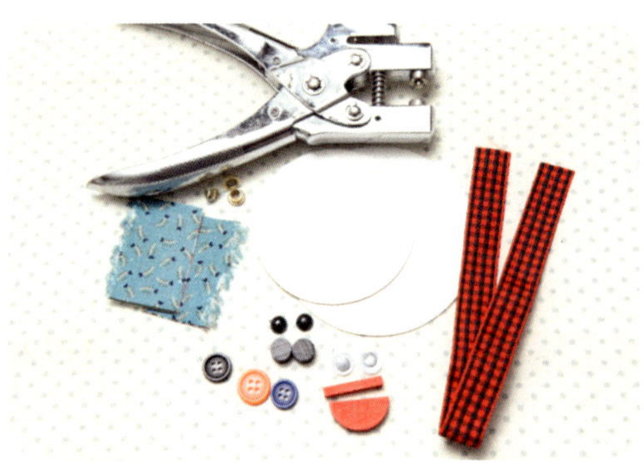

(3) 활동방법

a. 도입

① 유아들과 함께 눈사람에 대해 이야기 나눈다.
- 눈사람을 만들어 본 적이 있니?
- 눈사람의 얼굴이나 몸은 무엇으로 장식해 주었니?
- 무엇이 가장 재미있었니?

② 카드에 대해 소개한다.
- 눈사람 모양 카드로 무엇을 할까?

- 카드를 만들어 본 적이 있니?

- 언제 카드를 만들어 보았니?

- 카드는 왜 만드는 것일까?

b. 전개

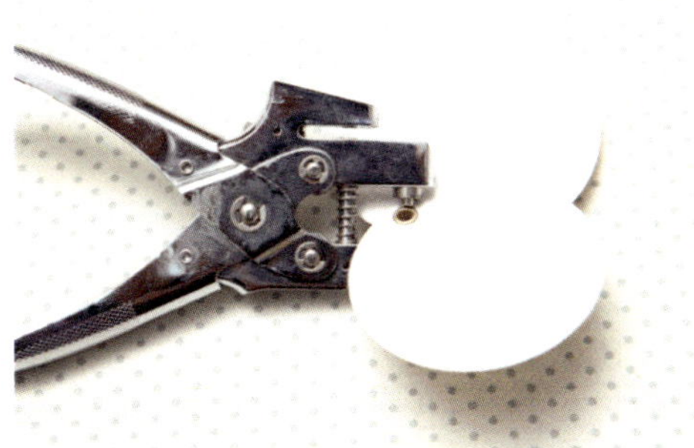

❶ 흰색 동그라미 보드를 잘라서 펀치로 구멍을 뚫은 뒤 연결한다.

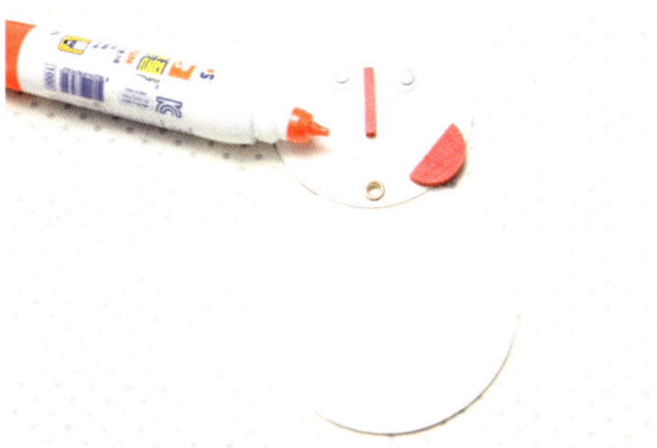

❷ 눈알, 성냥개비, 가베조각 등 다양한 콜라주 재료로 얼굴과 몸을 장식한다.

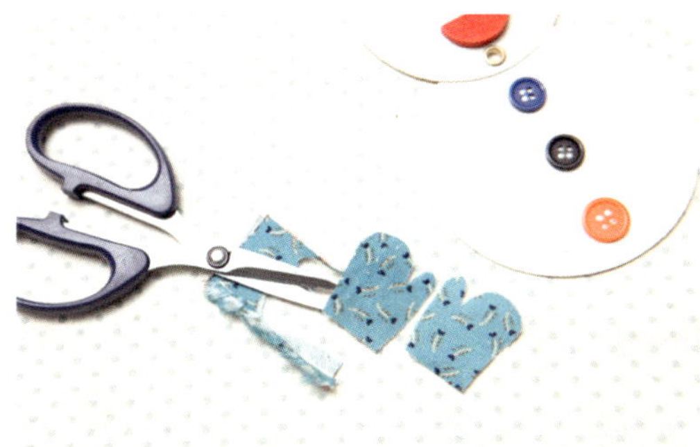

❸ 조각천으로 장갑을 오려 붙이고 리본으로 목도리를 두른다.

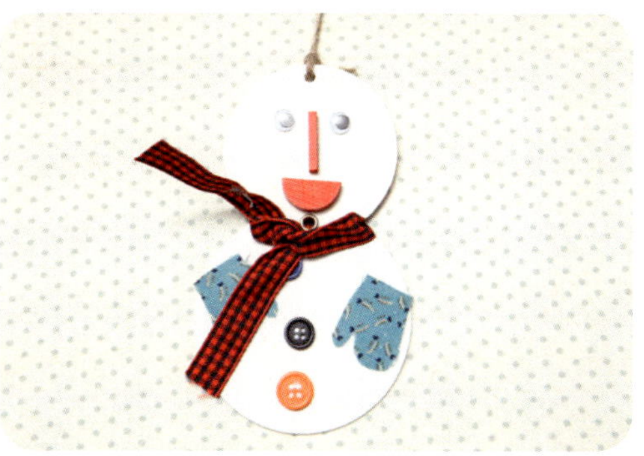

❹ 눈사람의 윗부분에 구멍을 뚫어 매달 수 있는 끈으로 묶는다.

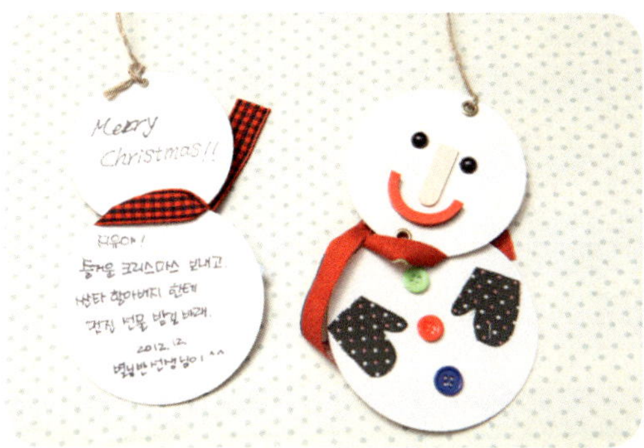
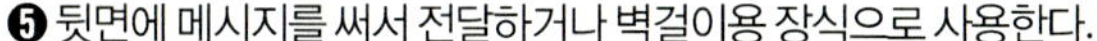

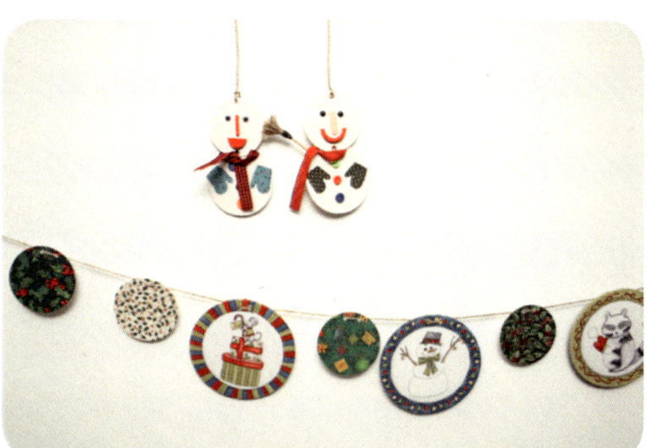

❺ 뒷면에 메시지를 써서 전달하거나 벽걸이용 장식으로 사용한다.

C. 마무리

활동이 끝나면 자리를 정리한다.
- 눈사람 카드를 만들어 보았는데 어땠니?
- 누구에게 카드를 주고 싶니?
- 카드에 어떤 이야기를 적으면 좋을까?

02 스노우볼

펄펄 눈이 옵니다. 하늘에서 눈이 옵니다. 하늘나라 선녀님들이 송이송이 하얀 눈을 자꾸자꾸 뿌려줍니다~ ♬

하늘에서 내리는 눈을 생각해보고 재료를 이용하여 겨울 분위기와 눈을 표현해본다.

(1) 지도목표

눈이 내리는 겨울 풍경을 꾸며 볼 수 있다.

(2) 재료

유리병(잼 병), 원형스티로폼, 반짝이 모루, 반짝이 가루, 눈알, 크리스마스 장식, 물

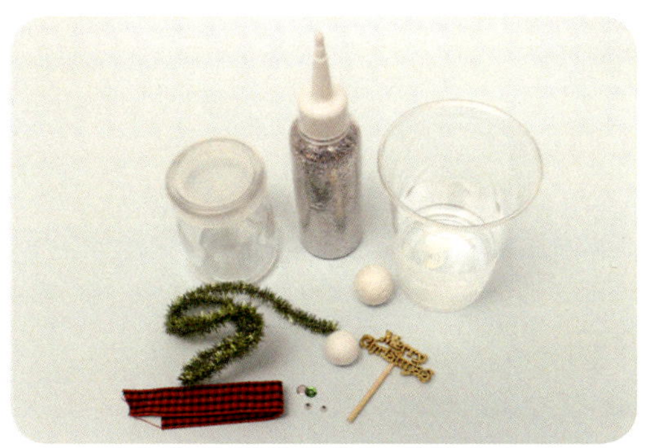

(3) 활동방법

a. 도입

① 유아들에게 스노우볼을 보여 주며 이야기 나눈다.
  - 이것은 무엇일까?
  - 눈이 내리는 것 같구나.
  - 동그라미 안에서 하얀 눈이 내리는 모습을 나타낸 스노우볼이란다.

② 스노우볼을 만들 것을 이야기한다.
  - 스노우볼을 어떻게 만들 수 있을까?

- 여기에 어떤 재료들이 있니?

- 하얀 눈 대신 반짝이 가루를 넣어 보자.

b. 전개

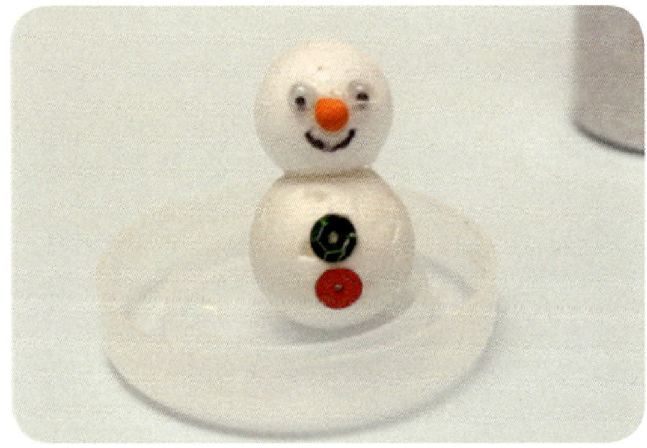

❶ 스티로폼으로 눈사람을 만들고 눈알과 스팽글을 붙여
준다.

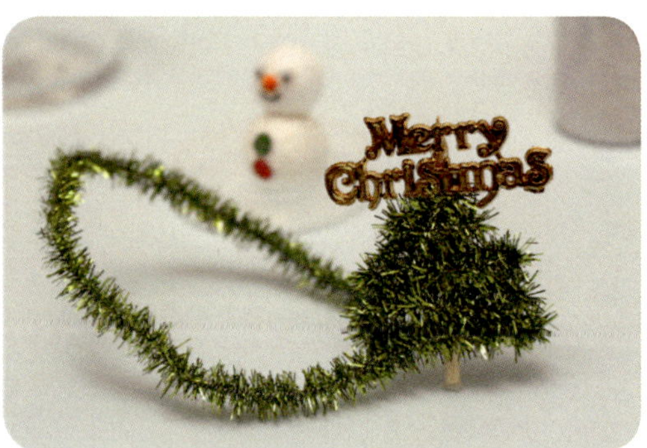

❷ 나무스틱에 글자장식을 붙이고 모루를 이용해 트리를 만
든다.

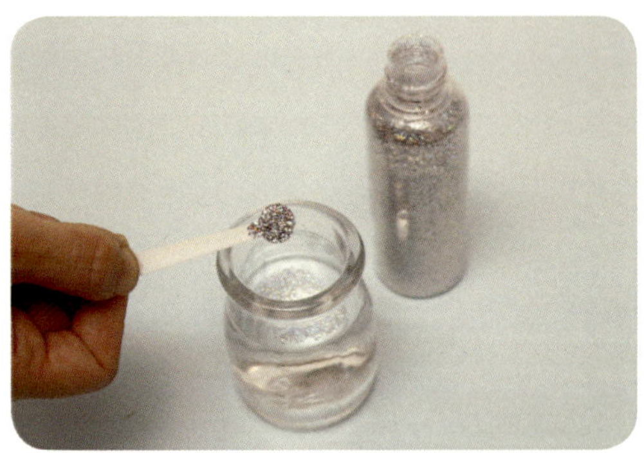

❸ 눈사람과 트리를 뚜껑에 붙여 주고 병에 물을 넣어 반짝
이 가루를 넣어 준다.

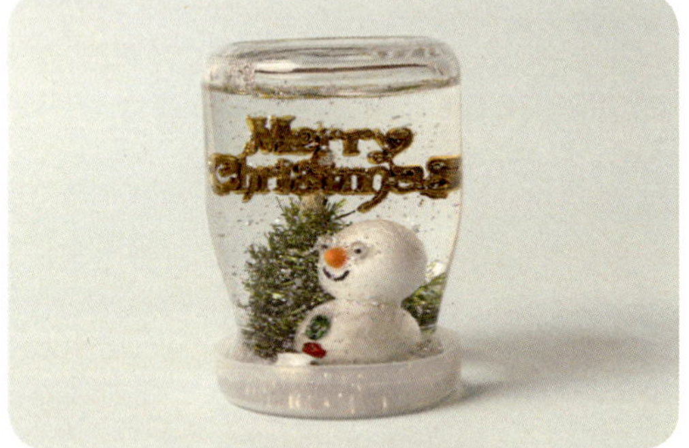

❹ 장식을 넣으며 뚜껑을 닫고 흔들어 준 다음 거꾸로 놓으
면 반짝이 가루가 눈이 내리듯이 떨어진다.

c. 마무리

스노우볼이 완성되면 자리를 정리한다.

- 스노우볼을 만들어 보았는데 어땠니?

- 스노우볼 안에 어떤 장식을 꾸며 주었니?

- 눈이 내리는 모습을 보니 어떤 생각이 나니?

03 크리스마스 리스

크리스마스에 장식효과를 높일 수 있는 리스를 만드는 데 다양한 재료로 데코레이션하여 즐거운 크리스마스 분위기를 연출해 본다.

(1) 지도목표

크리스마스가 되어 볼 수 있는 것들에 대해 안다. 리스를 만들어 꾸미고 장식할 수 있다.

(2) 재료

초록색 종이접시, 도일리페이퍼(16cm), 모루, 종, 리본, 털실, 흰색 플레이콘, 부직포

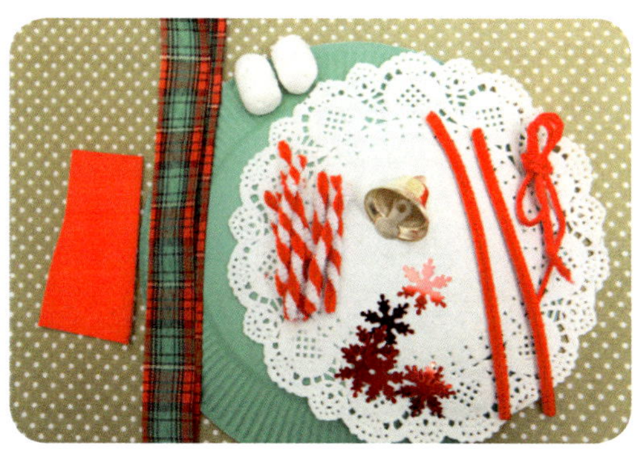

(3) 활동방법

a. 도입

① 크리스마스에 볼 수 있는 것들에 대해 이야기 나눈다.
- 크리스마스가 되면 무엇을 볼 수 있을까?

② 유아들과 리스에 대해 이야기 나눈다.
- 여기에 있는 재료들로 무엇을 만들 수 있을까?
- 크리스마스 리스가 무엇인지 알고 있니?
- 어디에서 보았니?

b. 전개

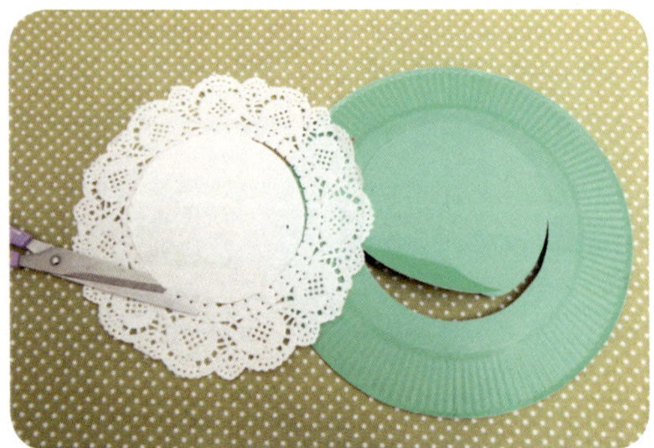

❶ 스티로폼으로 눈사람을 만들고 눈일과 스팽글을 붙여
  준다.

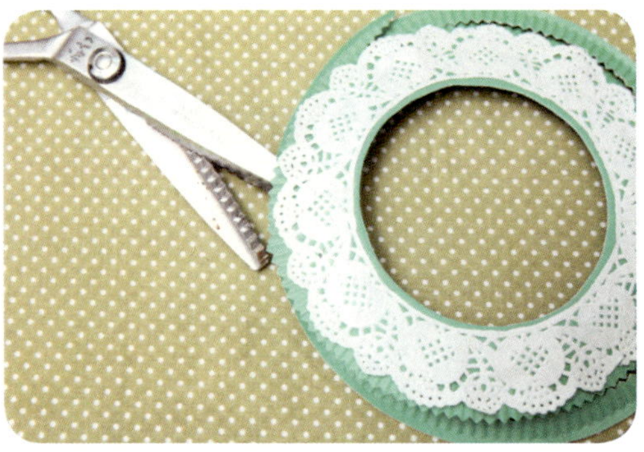

❷ 나무스틱에 글자장식을 붙이고 모루를 이용해 트리를 만
  든다.

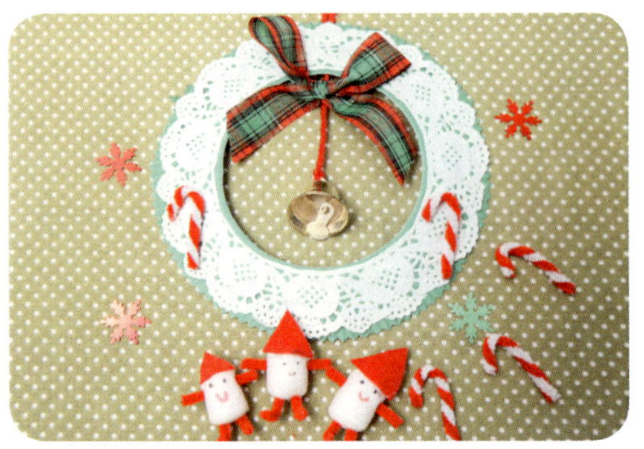

❸ 투톤 모루를 잘라 지팡이 모양으로 구부려서 붙인다.
❹ 플레이콘에 눈과 입을 그리고 모루로 손과 발을 끼우고
  부직포 모자를 붙인다.

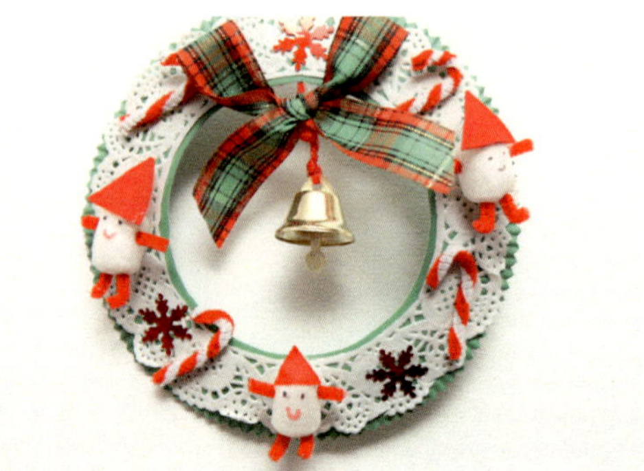

❺ 플레이콘 요정과 스팽글을 붙이고 종과 리본을 끈에 달아
  완성시킨다.

c. 마무리

활동이 끝나면 자리를 정리한다.
  - 크리스마스 리스를 만들어 보았는데 어땠니?
  - 어디에 걸어서 장식하고 싶니?

04 크리스마스 연필꽂이

초록색과 빨간색을 함께 사용하여 크리스마스 분위기를 내는 포인세티아를 만들어 생활에 사용할 수 있는 연필꽂이를 만들어본다.

(1) 지도목표

연필꽂이의 기능에 대해 알고 만들어 볼 수 있다.

(2) 재료

지관, 털실, 부직포, 빨강 구슬, 양면테이프, 동그라미보드, 스티로폼 알갱이

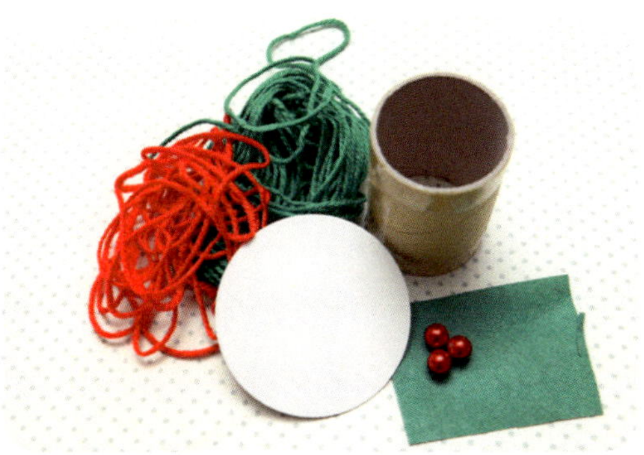

(3) 활동방법

a. 도입

① 연필이나 색연필을 보관할 수 있는 것들에 대해 이야기 나눈다.
- 연필이나 색연필, 사인펜들은 어디에 보관하면 좋을까?

② 유아들에게 재료를 소개한다.
- 여기에 있는 재료들로 무엇을 만들 수 있을까?
- 연필이나 색연필, 사인펜 등을 보관하는 연필꽂이를 만들어 보면 어떨까?
- 너희들도 연필꽂이를 갖고 있니? 무엇을 꽂아 두었니?

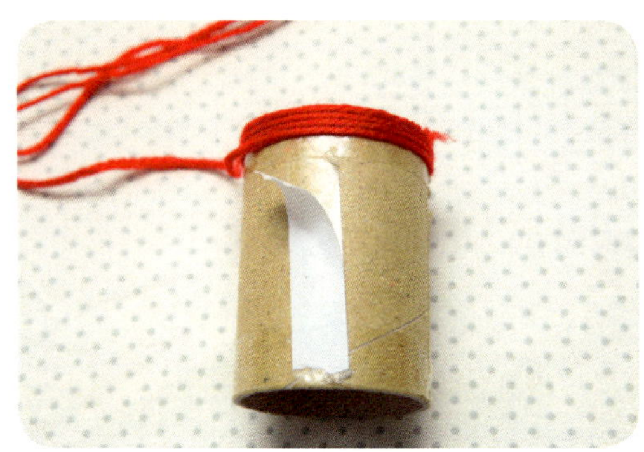

❶ 지관에 양면테이프를 붙여 털실을 촘촘히 감는다.

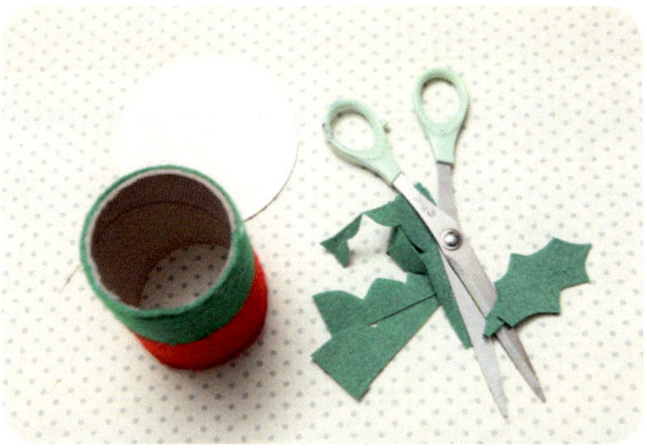

❷ 초록 부직포를 크리스마스 잎 모양으로 자른다.

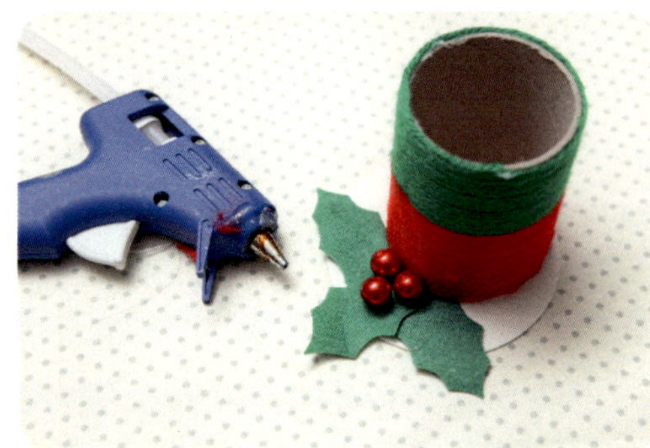

❸ 동그라미 보드에 초록 잎 모양과 빨간 구슬, 털실 감은 지관을 차례로 붙인다.

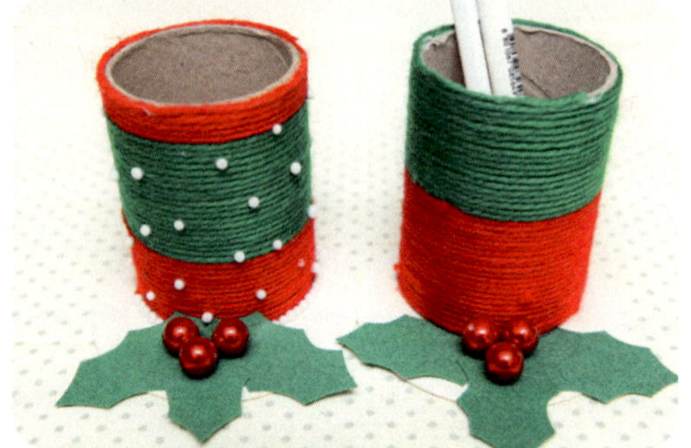

❹ 스티로폼 알갱이를 눈이 내리는 것처럼 붙여서 완성한다.

c. 마무리

활동이 끝나면 자리를 정리한다.
-크리스마스 장식 연필꽂이를 만들어 보았는데 어땠니?
-어떤 학용품을 연필꽂이에 꽂을까?

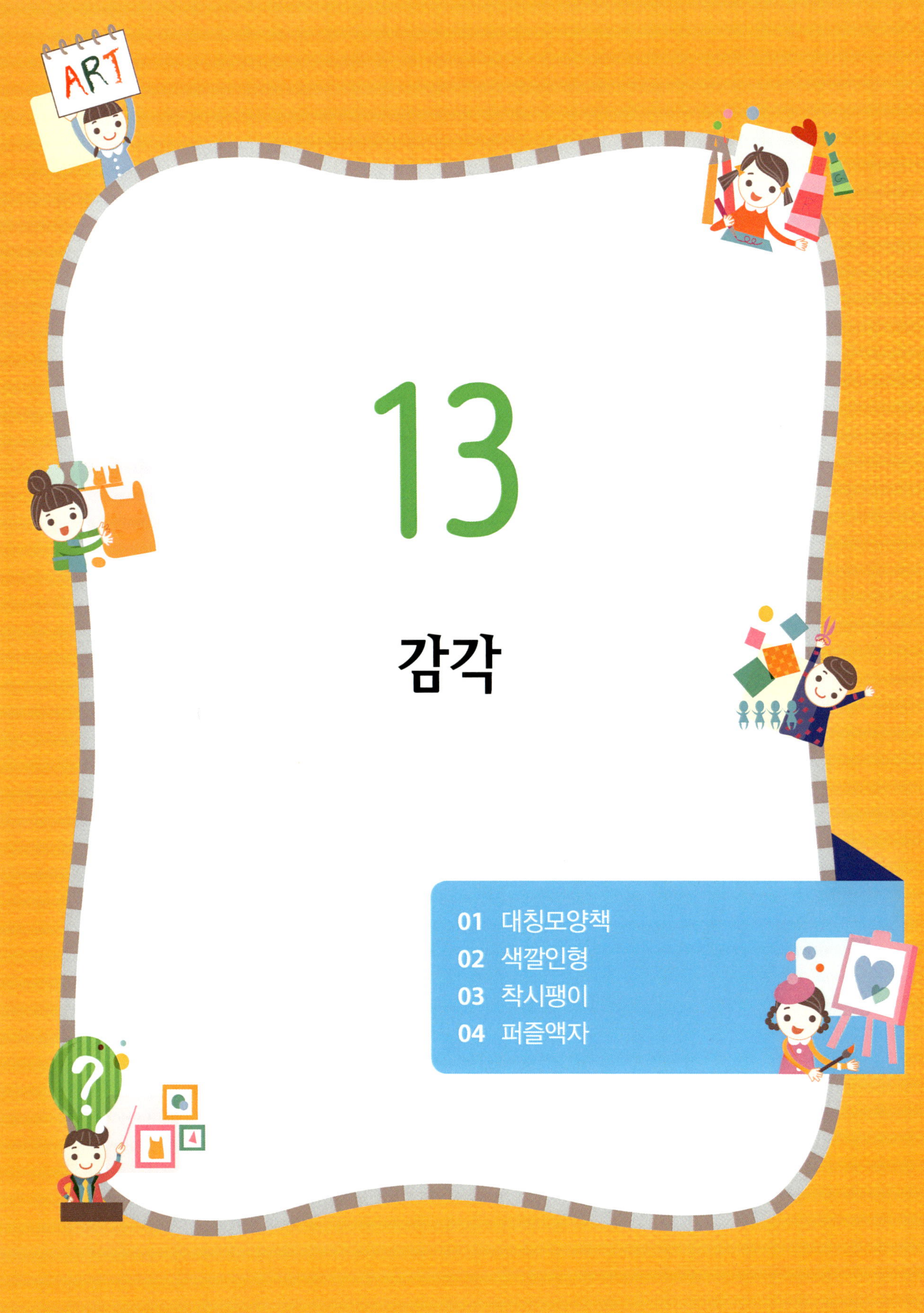

13

감각

01 대칭모양책

대칭에 대해서 알아보고 거울을 이용하여 대칭이 되는 사물을 관찰해 본다. 반쪽그림이 완전한 모양이 되도록 거울 대보기 놀이를 한다.

(1) 지도목표

대칭에 관심을 갖고 이해한다.
대칭이 될 수 있는 반쪽그림을 그려 대칭모양책을 만들 수 있다.

(2) 재료

거울지, 하드스틱, 검정색종이, 색지, 켄트지

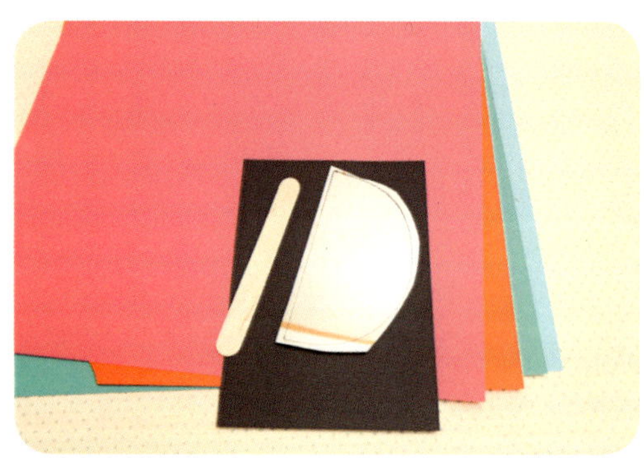

(3) 활동방법

a. 도입

① 거울에 대해 이야기 나눈다.
- 우리의 모습을 볼 수 있는 물건은 어떤 것이 있니?
- 거울이 하는 일에는 어떤 것들이 있을까?

② 반쪽그림을 보며 이야기 나눈다.
- 여기에 어떤 그림이 있니?

- 이 그림이 무엇인지 알기 위해서는 어떻게 하면 좋을까?
- 반쪽그림을 살펴보기 위해서는 무엇이 필요할까?

b. 전개

❶ 거울지를 반원 모양으로 자른다.

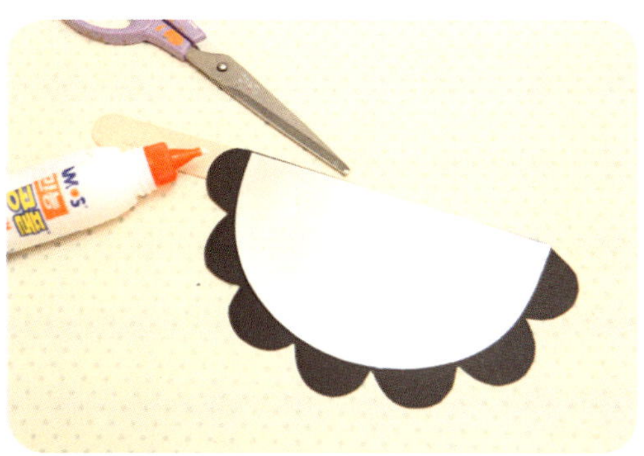

❷ 검정 종이에 붙이고 꽃 모양으로 오려 준 뒤 하드스틱 손잡이를 붙여 반쪽거울을 만든다.

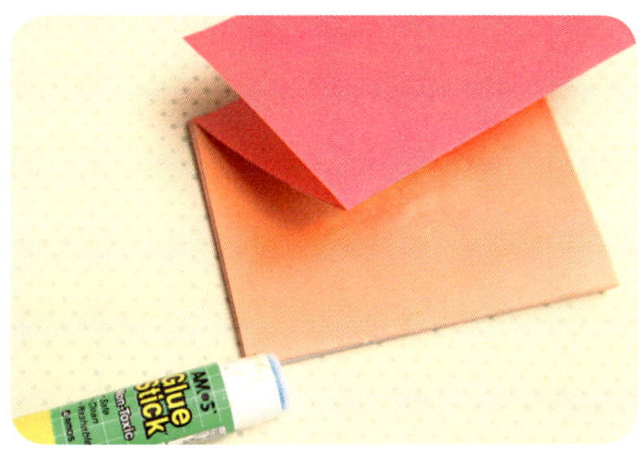

❸ 색지를 여러 장 준비하여 반으로 접어 면끼리 붙여서 책의 형태를 만든다.

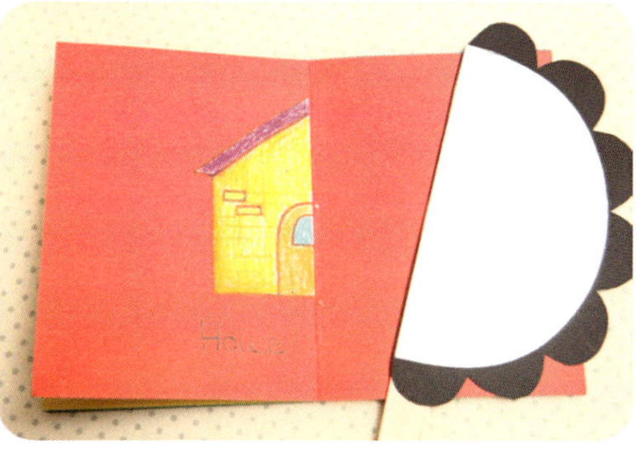

❹ 책의 안쪽에 켄트지에 그린 반쪽그림을 붙여 준다.

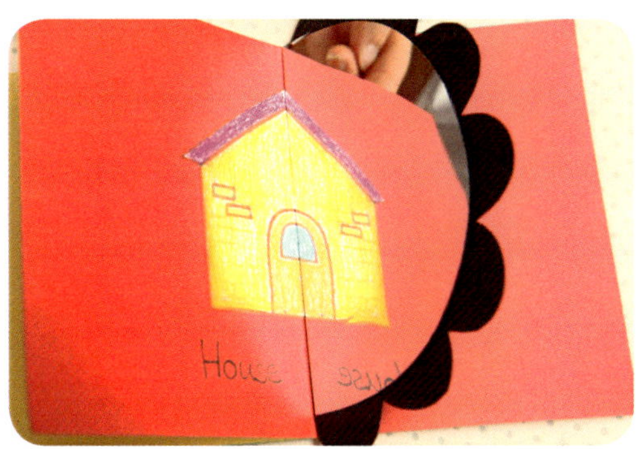

❺ 반쪽거울을 그림 옆에 대고 모양을 완성한다.

활동이 끝나면 자리를 정리한다.
  - 대칭모양책을 만들어 보았는데 어땠니?
  - 어려운 점은 없었니?

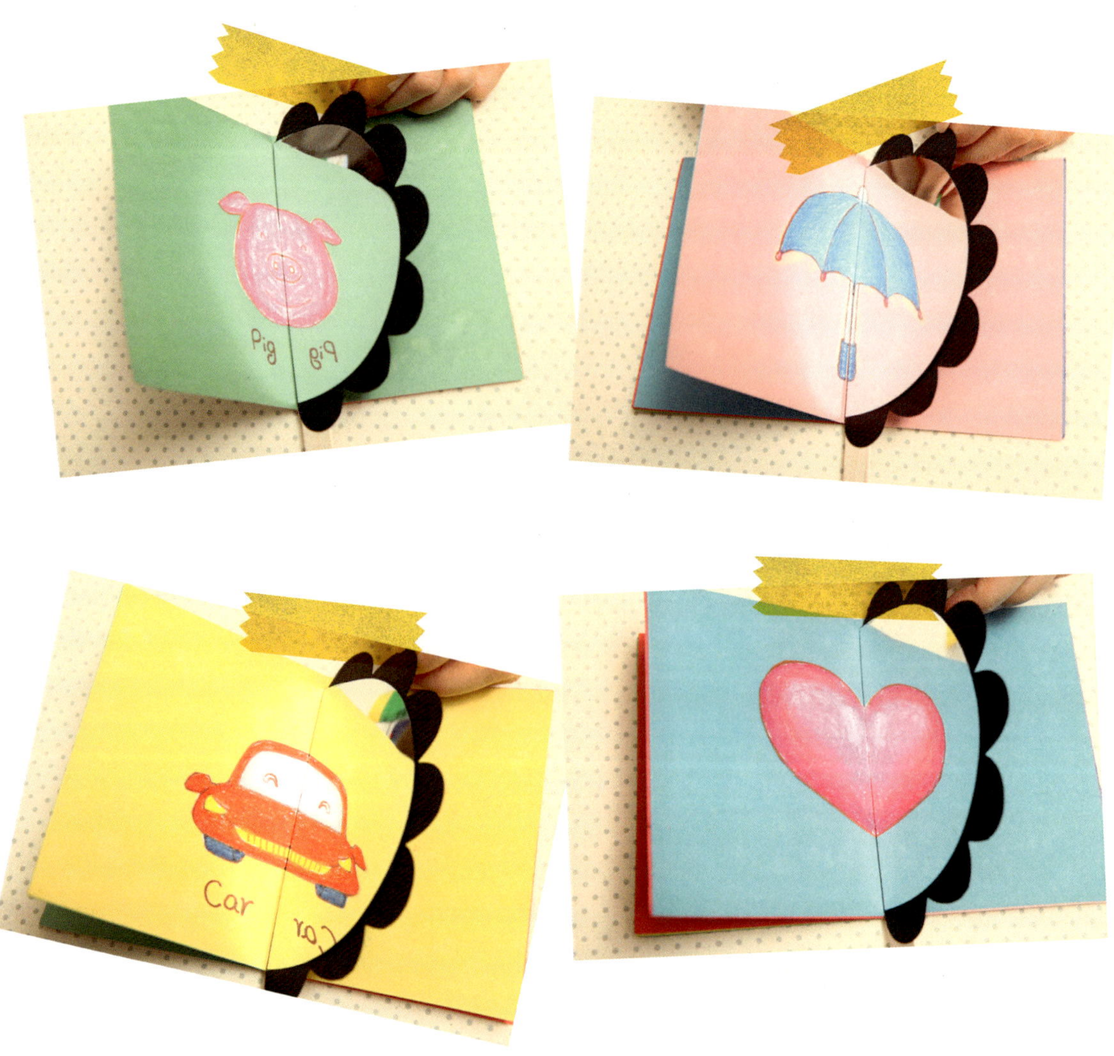

02 색깔인형

내가 좋아하는 색깔과 친구가 좋아하는 색깔이 무엇인지 서로 알아보고 잘 어울리는 색깔, 비슷한 색깔 끼리 모으기 놀이를 한다.

(1) 지도목표

다양한 색깔에 관심을 갖고 색이 사용되는 것에 흥미를 가진다.
여러 가지 색깔 인형을 만들어 볼 수 있다.

(2) 재료

솜방울(5cm), 인형눈알, 모루, 휴대폰줄, 부직포스티커

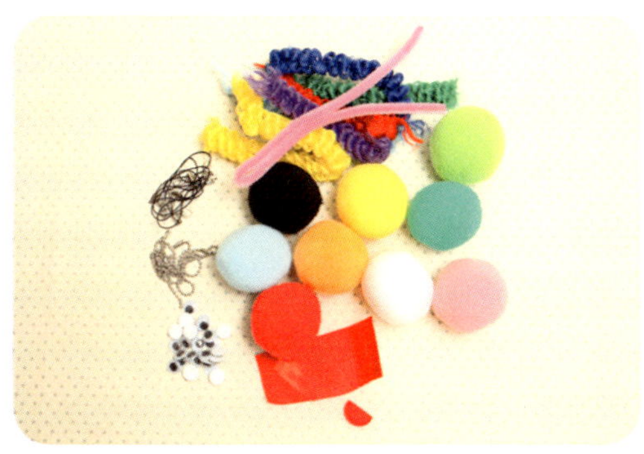

(3) 활동방법

a. 도입

① 내가 좋아하는 색깔에 대해 이야기 나눈다.
- 너희는 어떤 색깔을 좋아하니?
- 왜 그 색깔을 좋아하니?

② 여러 가지 인형에 대해 이야기 나눈다.
- 집에 인형이 있니?

- 어떤 인형이 있니?

- 어떤 색깔로 되어 있니?

- 어떤 색깔의 인형이 있었으면 좋겠니?

b. 전개

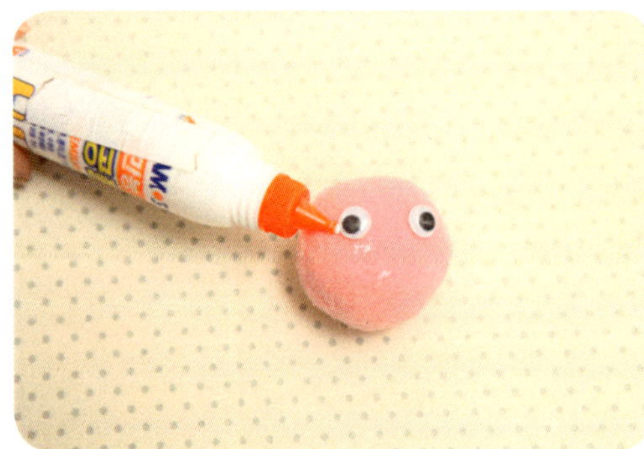

❶ 솜방울에 눈알과 입을 붙인다.

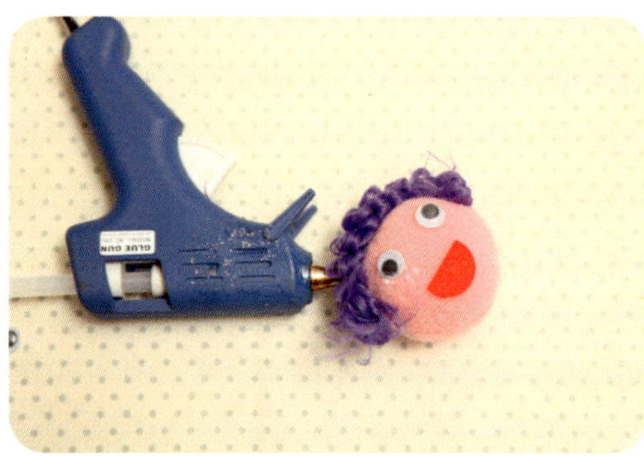

❷ 뽀글이 모루를 머리에 붙여 주거나 모루를 연필에 감아 머리 모양을 만든다.

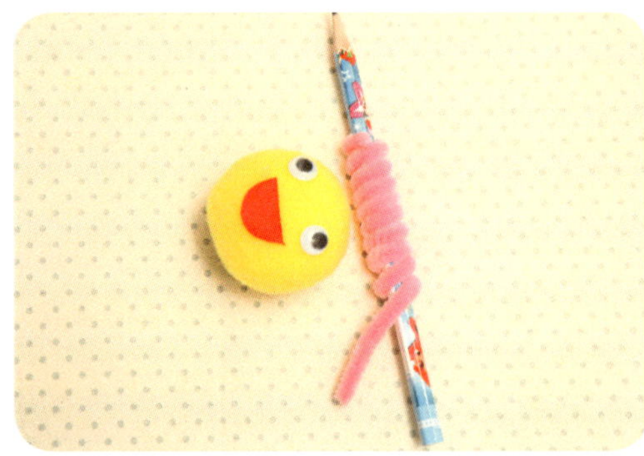

❸ 휴대폰고리나 군번줄을 머리에 걸어 완성시킨다.

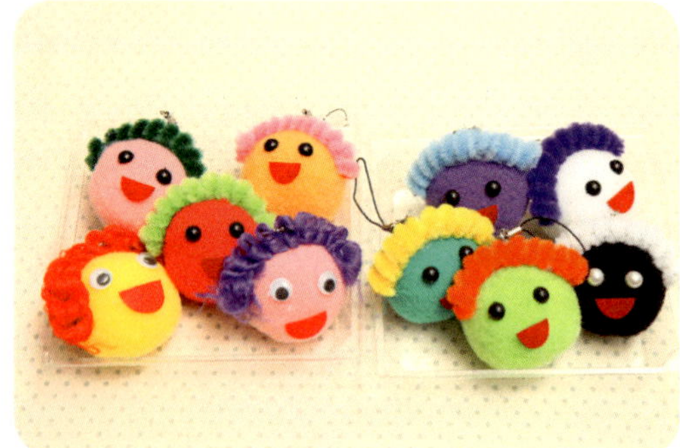

❹ 색깔별로 만들어 가방에 걸어 장식한다.

c. 마무리

활동이 끝나면 자리를 정리한다.

- 솜방울을 사용해서 색깔인형을 만들어 보았는데 어땠니?

- 여러 색깔이 모여 있으니 어떤 것 같니?

03 착시팽이

색깔이 혼합되는 방법으로는 어떤 것이 있는지 알아보고 빠르게 돌렸을 때 혼합되는 색깔이나 무늬를 관찰한다.

(1) 지도목표

착시현상을 경험하며 호기심을 가진다.
다양한 색을 칠해 보며 색의 혼합 과정을 즐긴다.

(2) 재료

둥근 종이보드, 송곳, 네임펜, 면봉

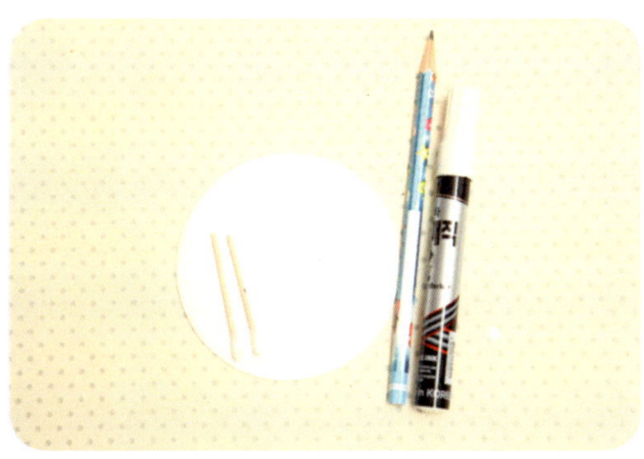

(3) 활동방법

a. 도입

① 팽이에 대해 이야기 나눈다.
- 팽이를 가지고 놀이한 경험이 있니?
- 어떤 모양의 팽이를 사용해 보았니?

② 교사가 사전에 준비한 착시팽이를 소개한다.
- 여기 팽이가 있단다. 어떤 색깔과 모양으로 되어 있는 것 같니?

- 팽이를 돌리면 어떤 모양이 보일까?

- 왜 그 모양이 보일 것이라고 생각하니?

③ 유아들과 함께 착시팽이를 만들어 볼 것을 이야기한다.

- 너희도 다양한 모양과 색깔이 보이는 팽이를 만들어 볼 수 있겠니?

- 어떤 모양의 팽이를 만들고 싶니?

- 어떤 색깔과 무늬를 그려야 할까?

b. 전개

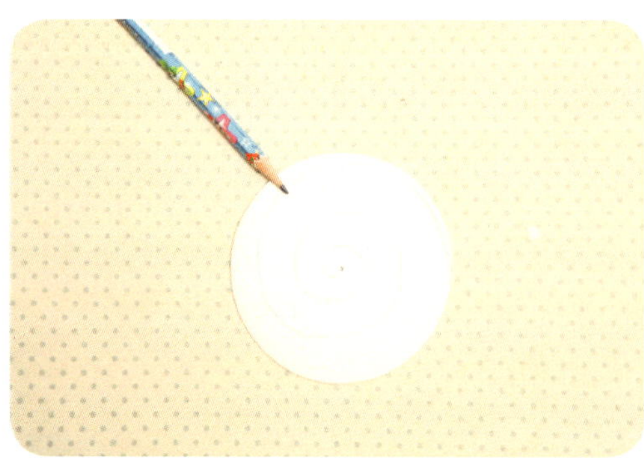

❶ 둥근 종이보드에 나선형으로 그림을 그린다.

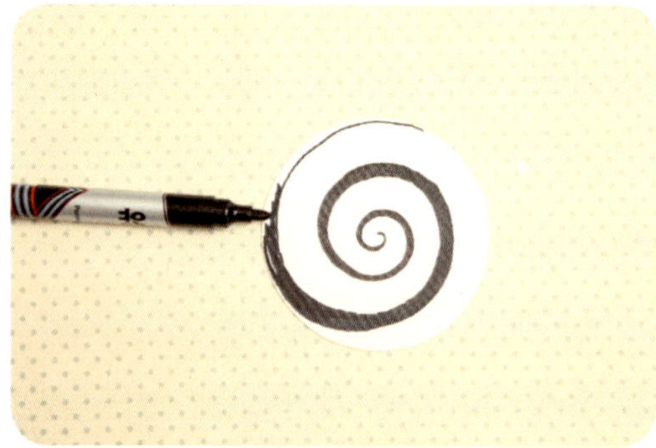

❷ 검정네임펜으로 꼼꼼히 칠한다.

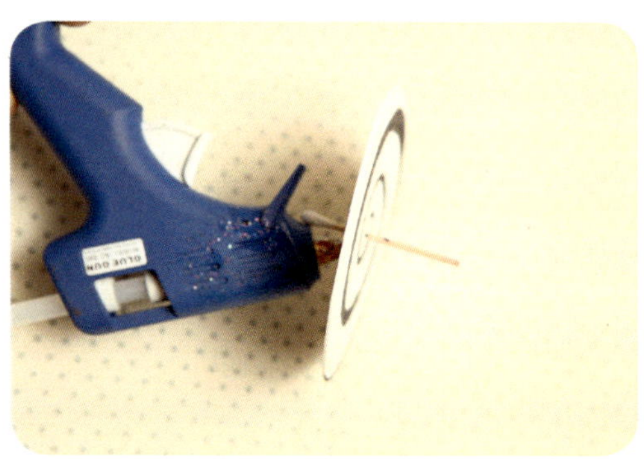

❸ 송곳으로 원의 중심에 구멍을 뚫고 면봉을 끼워 고정시킨다.

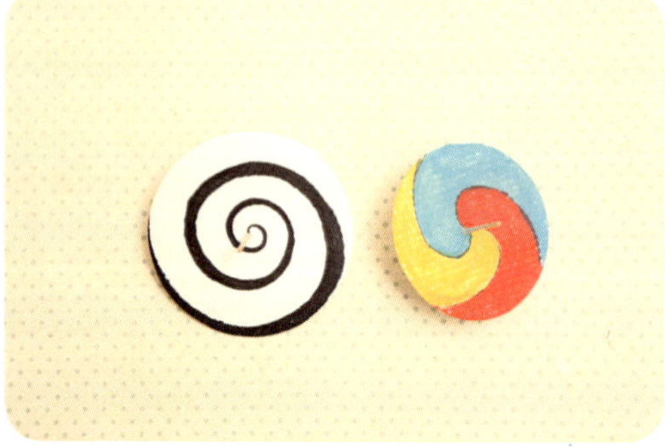

❹ 왼쪽으로 돌릴 때와 오른쪽으로 돌릴 때 그림이 달라진다.

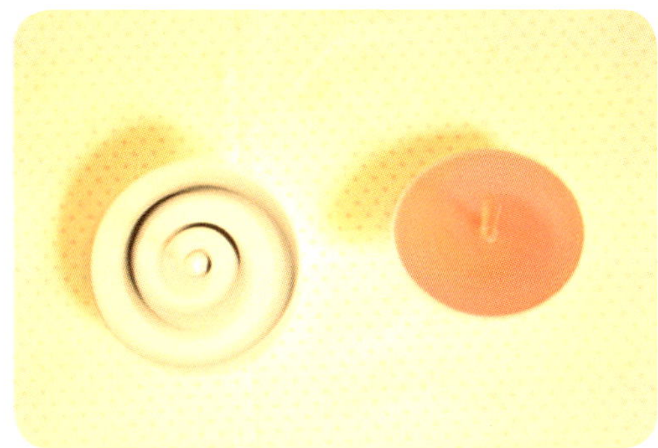

❺ 색상을 다양하게 칠하여 색의 혼합을 관찰해 본다.

c. 마무리

활동이 끝나면 자리를 정리한다.
- 팽이를 만들어 보았는데 어땠니?
- 어려운 점은 없었니?
- 어떻게 보이는 것 같니?
- 왜 그렇게 보일까?

04 퍼즐액자

조각을 잃어버려 더 이상 맞출 수 없는 퍼즐을 가지고 장식 리스를 만들어 벽장식을 한다. 퍼즐의 특징적인 모양을 관찰하고 조형에 응용해본다.

(1) 지도목표

다양한 모양으로 구성되어 있는 퍼즐을 사용하여 액자를 만들 수 있음을 안다.
여러 가지 모양을 관찰하고 구성해 볼 수 있다.

(2) 재료

퍼즐조각, 둥근 종이보드, 유성매직

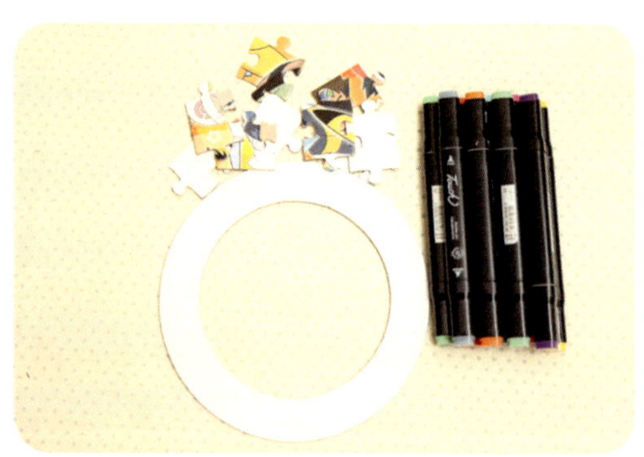

(3) 활동방법

a. 도입

① 다양한 모양의 종류에 대해 이야기 나눈다.
- 너희가 알고 있는 모양에는 어떤 모양들이 있니?
- 여러 가지 모양이 모여 있는 놀잇감은 무엇이 있을까?

② 퍼즐조각의 모양을 살펴보며 이야기 나눈다.
- 어떤 모양의 퍼즐조각들이 있는지 살펴보자.
- 여러 가지 모양의 퍼즐조각으로 무엇을 하면 좋을까?

b. 전개

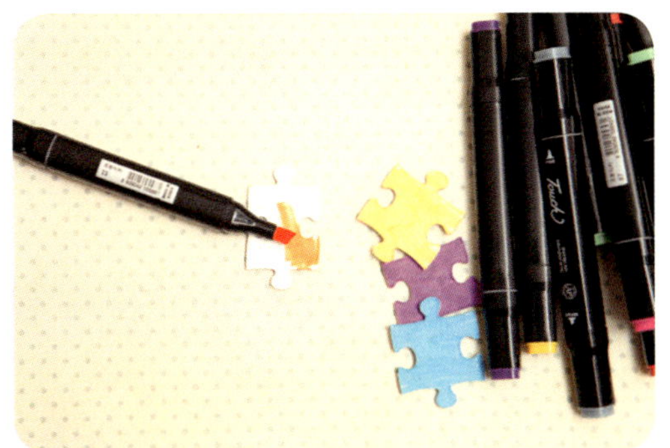

❶ 조각이 없어져 사용하지 않는 퍼즐의 뒷면을 여러 가지
색깔로 색칠한다.

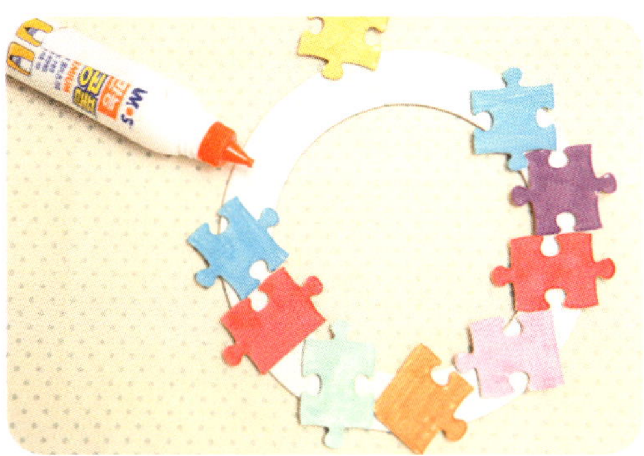

❷ 둥근 보드에 한 겹으로 붙인다.

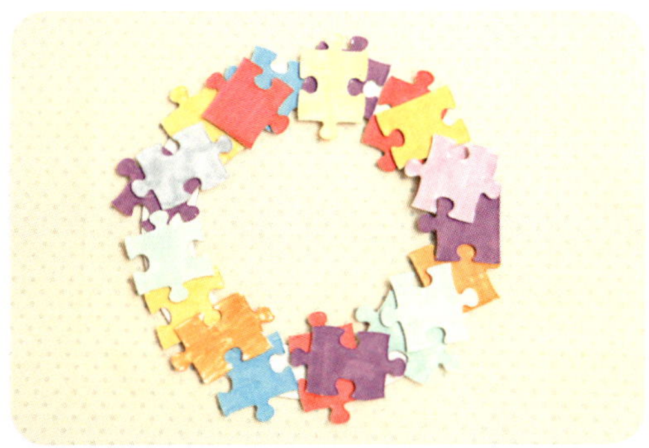

❸ 한 겹 붙인 퍼즐 위에 중간 중간 퍼즐조각을 붙인다.

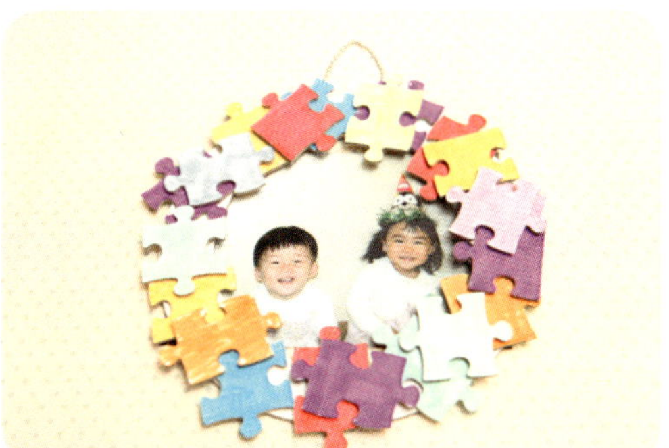

❹ 고리를 달아 사진액자로 이용한다.

c. 마무리

활동이 끝나면 자리를 정리한다.

- 퍼즐 조각을 사용해서 다양한 모양이 있는 리스액자를 만들어 보았는데 어땠니?
- 어려운 점은 없었니?
- 어떻게 보이는 것 같니?
- 여러 가지 모양이 보이는데 어떤 것 같니?

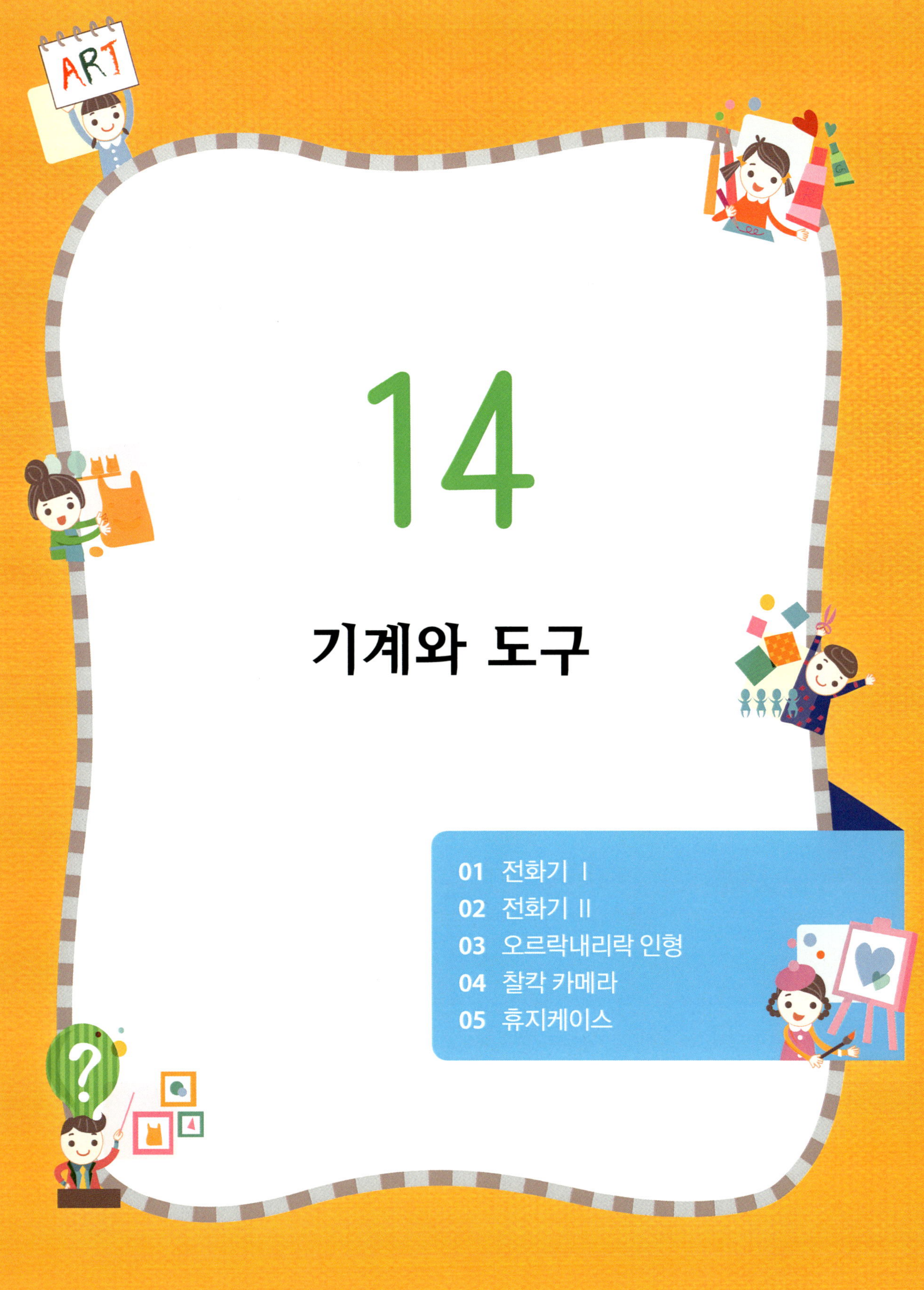

14

기계와 도구

01 전화기 Ⅰ

종이컵 전화기의 응용으로 종이컵과 휴지심으로 듣고 말하기가 한꺼번에 되는 전화기를 만들어보자.

(1) 지도목표

우리가 자주 사용하는 전화기를 만들어 보고 소리를 전달하는 원리를 이해할 수 있다.

(2) 재료

종이컵 4개, 휴지심 2개, 면실, 색종이

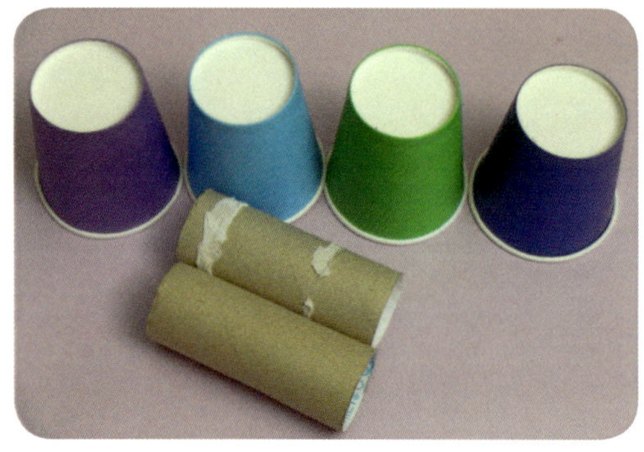 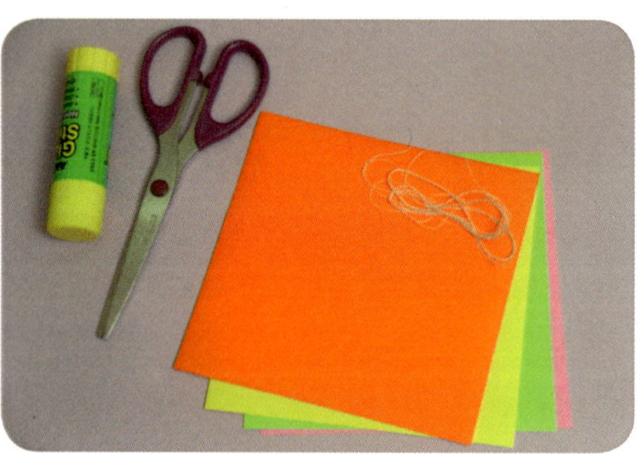

(3) 활동방법

a. 도입

① 다양한 전화기에 대해 이야기 나눈다.
- 다른 사람들에게 소식이나 안부를 전하기 위해 어떤 방법을 사용할까?
- 우리가 사용하는 전화기에는 어떤 것들이 있니?
- 전화기가 하는 일에는 어떤 것들이 있을까?

② 유아들과 함께 전화기를 만들 것을 이야기한다.
- 우리 생활에 편리함을 주는 전화기를 만들어 보자.

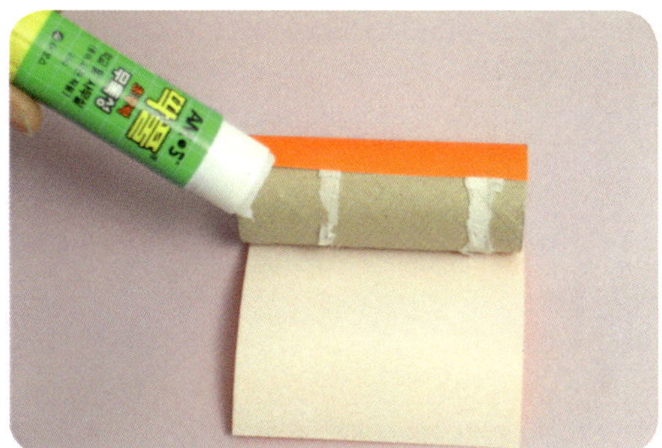

❶ 휴지심에 풀칠을 하여 색종이를 붙인다.

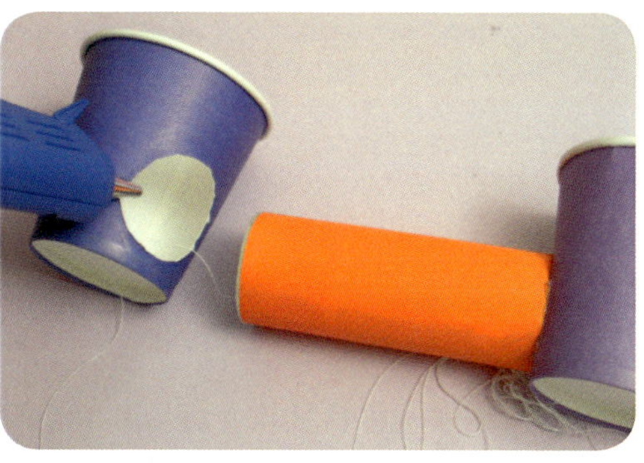

❷ 종이컵의 옆쪽에 휴지심의 지름 정도의 크기 구멍을 오려 낸다.

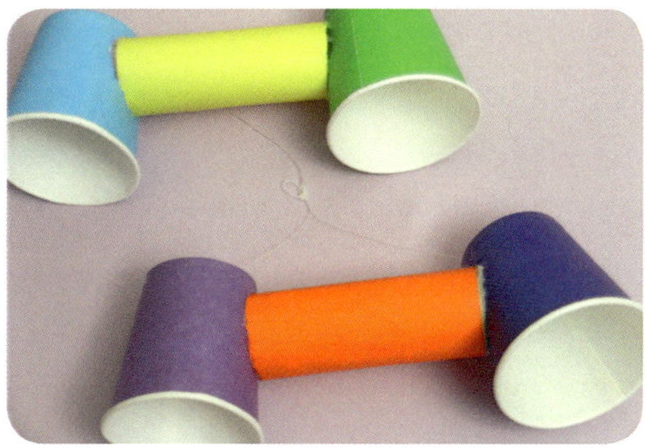

❸ 종이컵의 밑면에 작은 구멍을 뚫어 실을 끼우고 옆의 구멍에 휴지심을 끼워 붙인다.

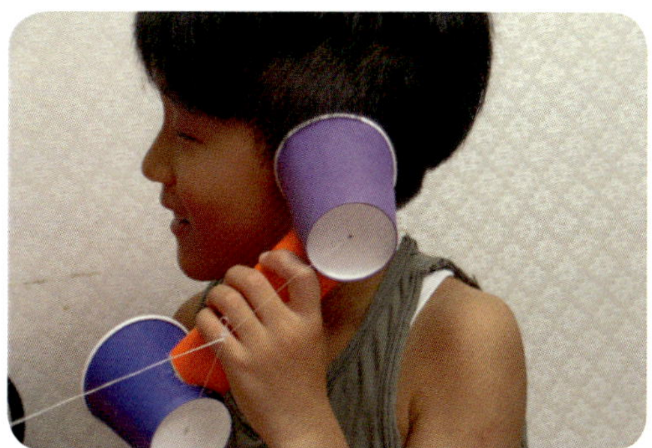

❹ 실이 종이컵 밑면으로 들어가 휴지심을 통과하고 다른 종이컵의 밑면으로 나오면 묶어서 다른 전화기와 연결한다.
❺ 실을 팽팽히 하여 친구들과 이야기를 나눈다.

c. 마무리

활동이 끝나면 친구와 함께 전화놀이를 한다.

02 전화기 Ⅱ

종이컵 전화기에서 소리를 전달하는 것 중에 실, 용수철, 비닐 등 재료를 달리해서 전화기를 만들고 소리가 어떻게 다른지 비교해 볼까?

(1) 지도목표

우리가 자주 사용하는 전화기를 만들어 보고 소리를 전달하는 매개에 따라 어떤 차이점이 있는지 안다.

(2) 재료

테이크아웃종이컵, 용수철

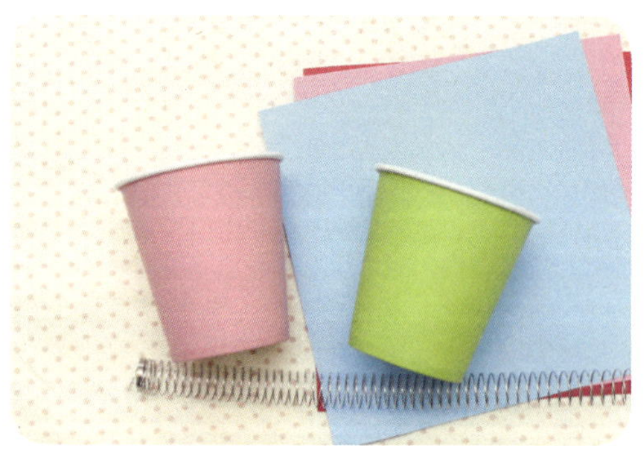

(3) 활동방법

a. 도입

① 다양한 전화기에 대해 이야기 나눈다.
- 다른 사람들에게 소식이나 안부를 전하기 위해 어떤 방법을 사용할까?
- 우리가 사용하는 전화기에는 어떤 것들이 있니?
- 전화기가 하는 일에는 어떤 것들이 있을까?

② 유아들과 함께 전화기를 만들 것을 이야기한다.
- 우리 생활에 편리함을 주는 전화기를 만들어 보자.
- 용수철을 사용하면 어떤 소리가 들릴까?

b. 전개

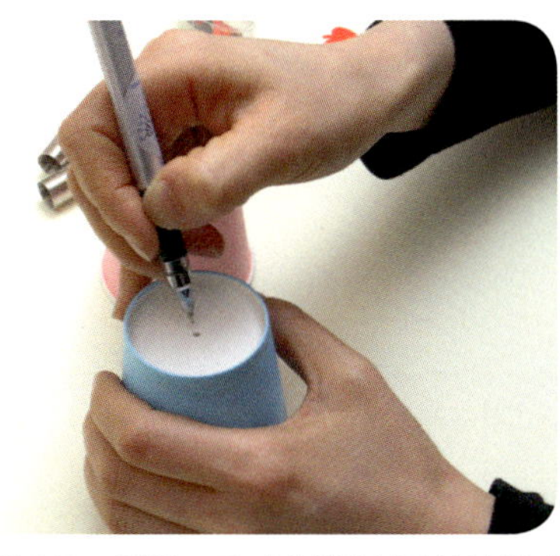

❶ 종이컵에 매직으로 그림을 그리거나 색종이를 붙여 꾸며 준다.
❷ 종이컵의 밑면에 송곳으로 구멍을 뚫고 용수철의 끝부분을 살짝 세워 돌리면서 넣는다.

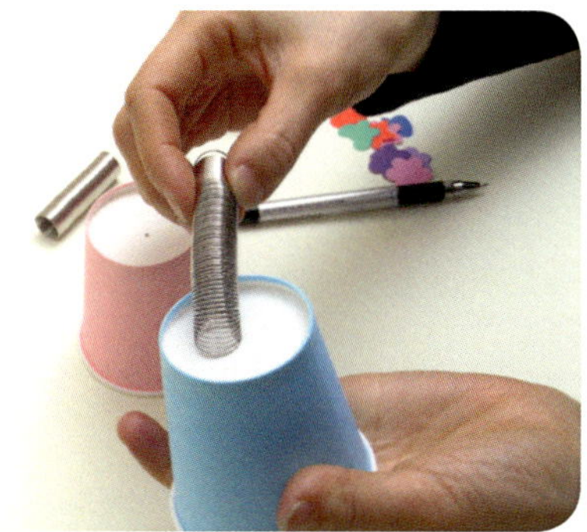

❸ 한 바퀴 정도 용수철이 들어가면 스카치테이프로 단단히 붙인다.

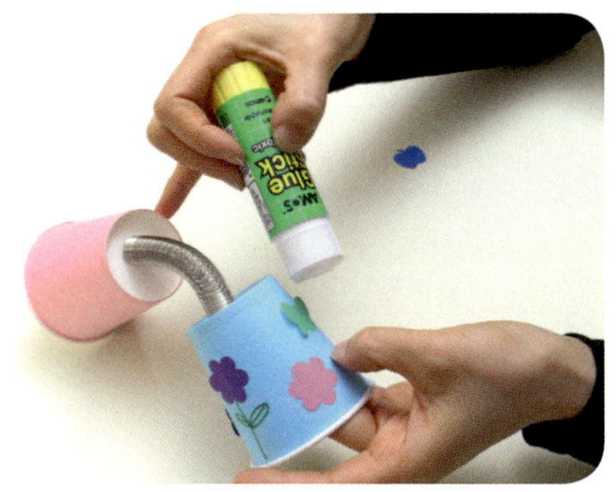

❹ 컵을 말하는 사람 입에 밀착시키고 듣는 사람의 귀에 밀착시킨 후에 말을 하게 되면 동굴에서 나는 소리처럼 울리게 된다.

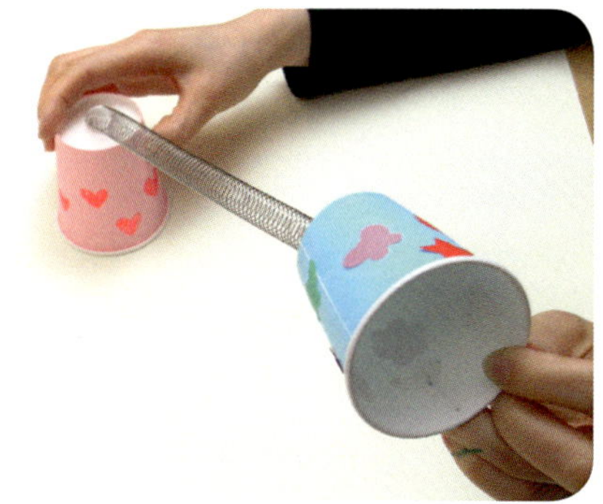

❺ 큰 용수철로 만든 전화기에서는 울림이 깊고 기계음과 혼합되는 소리효과가 있다.

c. 마무리

활동이 끝나면 친구와 함께 전화놀이를 한다.

03 오르락내리락 인형

생활을 편리하게 하는 여러 도구들은 누가 생각해 내고 어떻게 만들어졌을까?
손으로 직접 만지지 않고 물건을 움직이게 할 수 있을까? 빨래집게를 이용하여 움직이는 인형을 만들어
보자.

(1) 지도목표

빨래를 널 때 쓰는 도구인 빨래집게를 이용하여 오르락내리락하는 놀잇감을 만들어서 놀아
본다.

(2) 재료

빨래집게, 은사(끈), **뽕뽕이**, 종이, 색연필

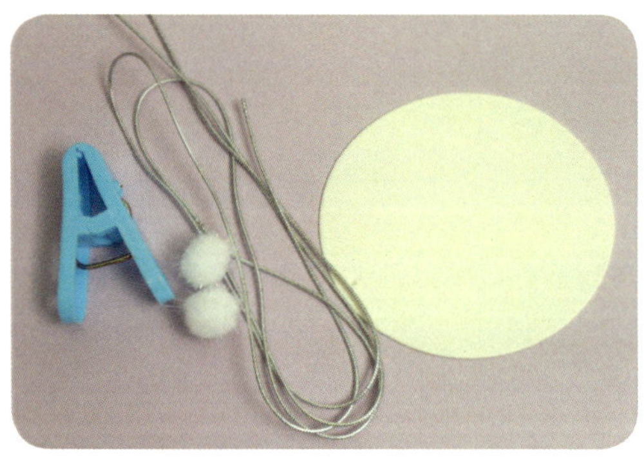

(3) 활동방법

a. 도입

① 빨래를 할 때 사용하는 도구와 기계에 대해 이야기 나눈다.
- 빨래를 할 때에는 어떤 도구와 기계가 필요할까?
- 사용해 본 경험이 있니?

② 재료를 탐색한다.
- 여기에 무엇이 준비되어 있니?

- 어디에 사용되는 것들인 것 같니?

- 여기에 있는 재료들로 무엇을 만들면 좋을까?

b. 전개

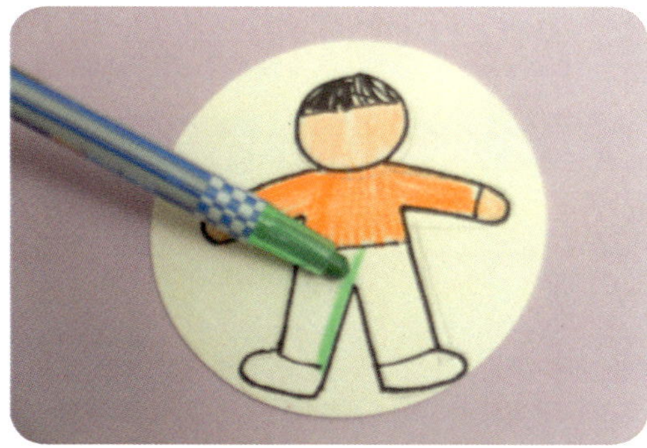

❶ 종이에 빨래집게의 크기에 맞게 사람을 그리고 색칠한다.

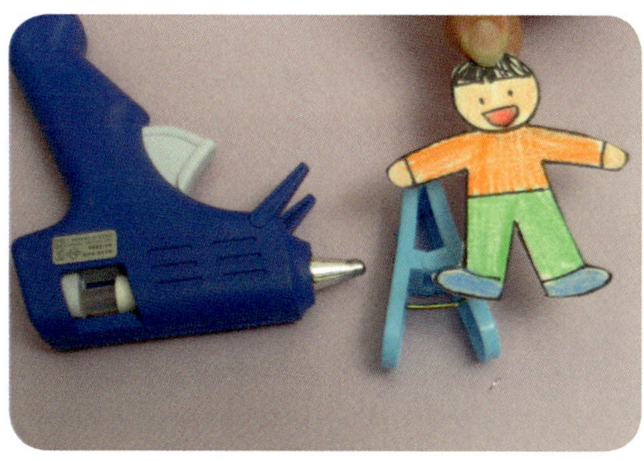

❷ 가위로 그린 것을 오리고 빨래집게에 붙인다.

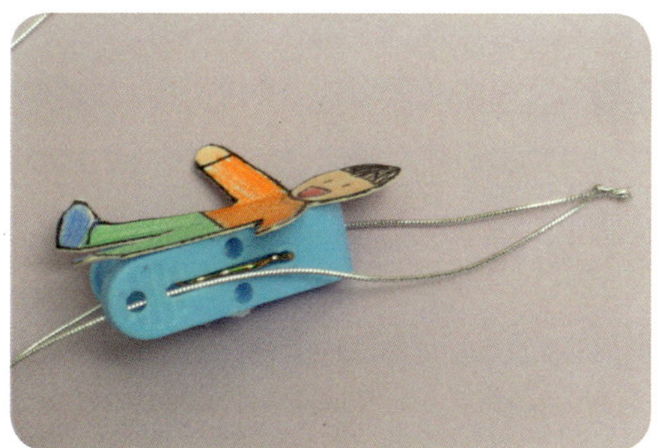

❸ 은사를 빨래집게의 양쪽 옆면의 구멍에 끼운다.

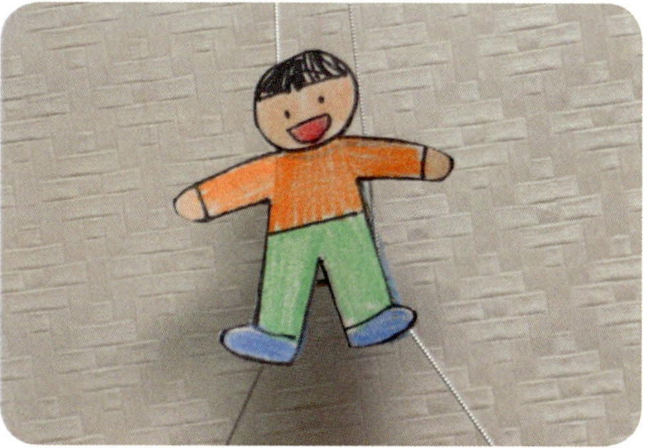

❹ 은사의 끝에 **뽕뽕이**를 붙이고 벽에 건다.
❺ 뽕뽕이를 양손으로 잡고 벌리면 인형이 올라가고 오므리면 내려간다.

c. 마무리

빨래집게의 쓰임을 생각하며 인형 놀이를 해 본다.

04 찰칵 카메라

사진을 찍는 도구인 카메라에 대해서 알아보고 카메라를 만들기 위한 재료들을 우리 주변에서 찾아보자.

(1) 지도목표

종이상자와 소주컵으로 렌즈를 돌리고 당길 수 있는 수동카메라를 만들어 서로의 모습을 찍는 모습을 표현할 수 있다.

(2) 재료

종이상자, 소주컵, 색종이, 띠골판지, 거울지, 리본, 컬러매직

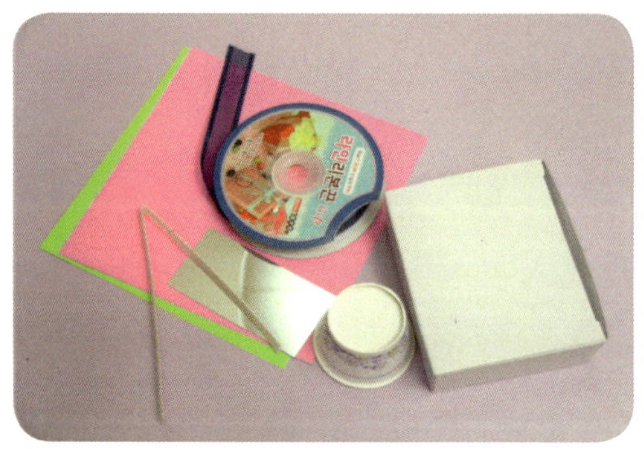

(3) 활동방법

a. 도입

① 카메라로 사진을 찍어 본 경험에 대해 이야기 나눈다.
- 사진을 찍어 본 경험이 있니?
- 내가 카메라를 들고 다른 사람을 찍어 본 경험이 있니?
- 카메라 속의 내 모습(다른 사람의 모습)은 어떻게 보이는 것 같니?

② 재료를 소개하며 이야기 나눈다.
- 여기에 어떤 재료들이 있니?

- 이 상자 안에는 무엇이 들어 있었을까?

- 여기에 있는 재료를 사용하여 무엇을 만들면 좋을까?

b. 전개

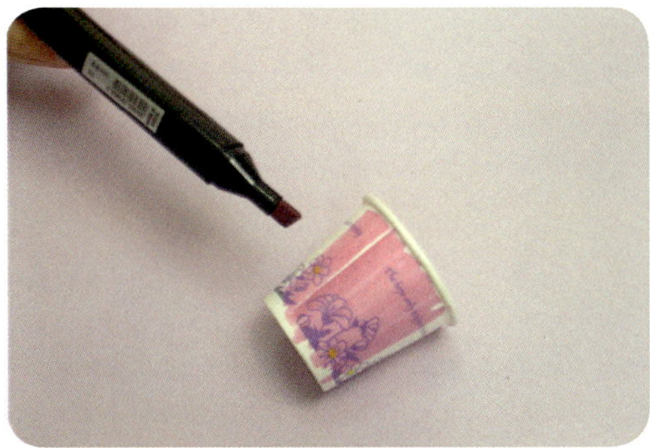

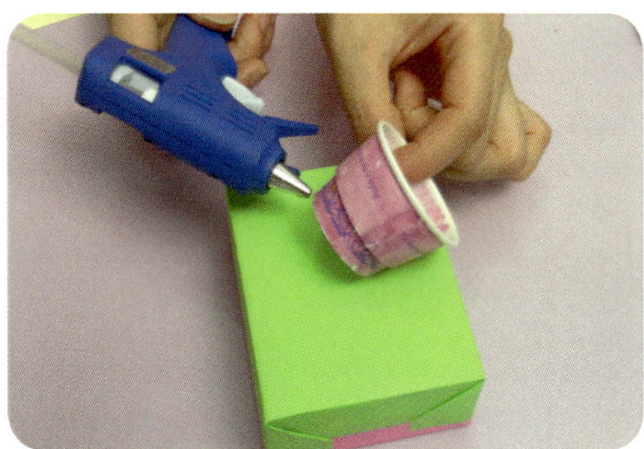

❶ 종이상자에 풀칠을 하여 색종이를 붙인다.

❷ 소주컵을 매직으로 색칠하고 칼로 가운데를 잘라서 끼운다.

❸ 종이상자에 소주컵을 붙이고 손으로 당기고 밀고 렌즈를 움직인다.

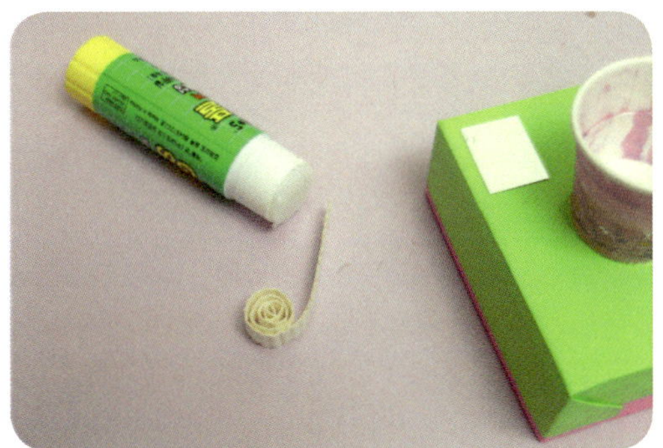

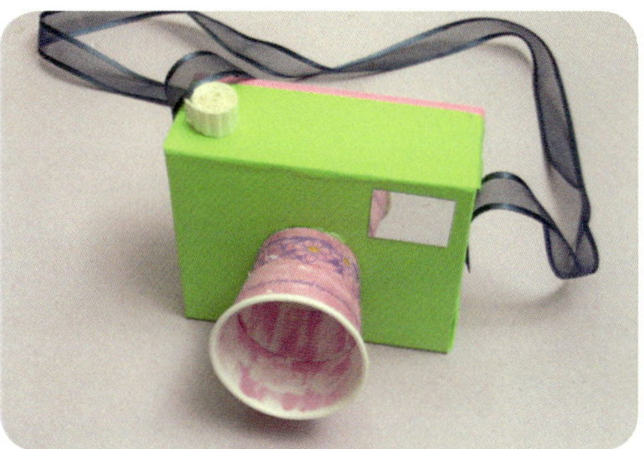

❹ 거울지를 붙이고 띠골판지를 말아서 셔터의 위치에 붙인다.

❺ 리본끈을 옆에 붙여서 목에 걸면 완성된다.

c. 마무리

활동이 끝나면 자리를 정리하고, 사진을 찍는 포즈를 나타내 본다.

05 # 휴지케이스

(1) 지도목표

정육면체 상자에 여러 가지 재료를 붙여서 휴지케이스를 만들어 편리하게 사용할 수 있다.

(2) 재료

정육면체 상자, 눈알, 단추, 병뚜껑, 바퀴, 집게, 컬러매직

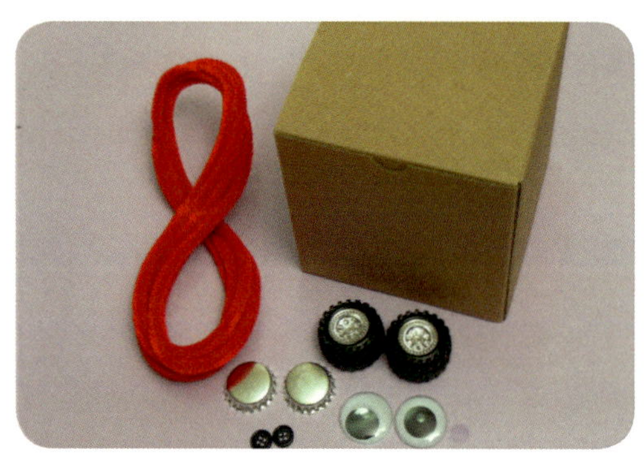

(3) 활동방법

a. 도입

① 네모 모양으로 되어 있는 편리한 도구와 기계에 대해 이야기 나눈다.
- 우리가 사용하는 도구와 기계 중에 네모 모양으로 되어 있는 것에는 어떤 것들이 있을까?
- 그것은 어떻게 사용하는 것이니?
- 왜 네모 모양으로 되어 있을까?

② 재료를 소개하며 이야기 나눈다.
- 여기에 어떤 재료들이 있니?

- 이 상자 안에는 무엇이 들어 있었을까?

- 여기에 있는 재료를 사용하여 무엇을 만들면 좋을까?

b. 전개

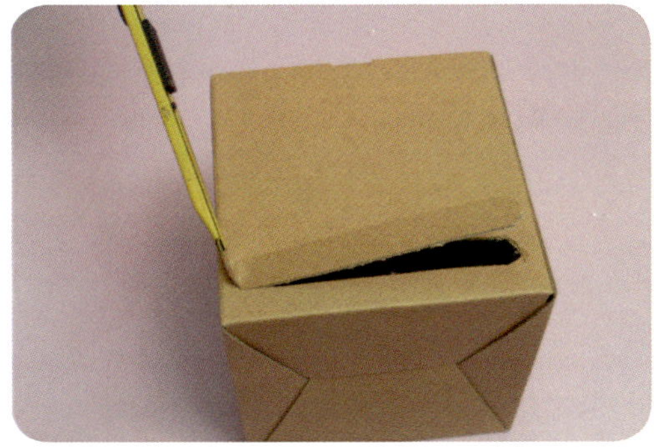

❶ 정육면체 상자의 아래에 휴지가 나올 수 있도록 길게 구멍을 낸다.

❷ 매직으로 상자의 앞면을 칠해 준다.

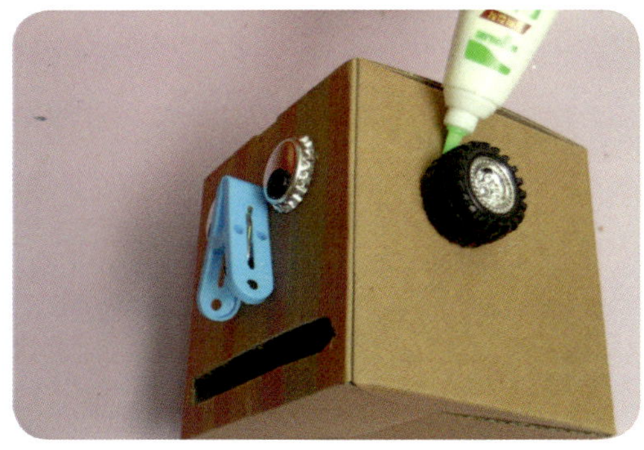

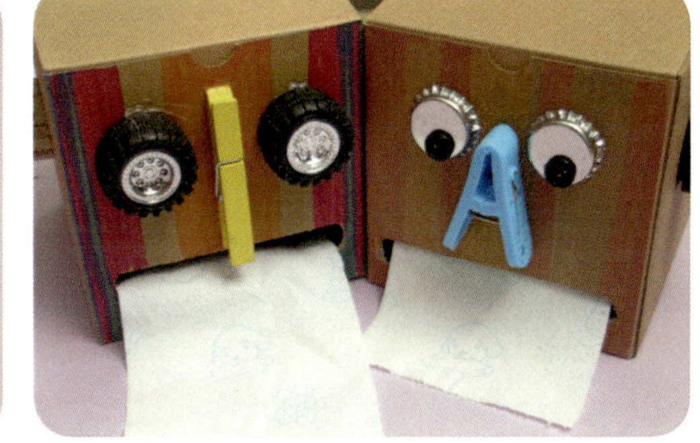

❸ 병뚜껑, 바퀴, 단추, 집게 등 여러 가지 재료로 눈과 코 귀를 붙인다.

❹ 안에 휴지를 넣고 입으로 빼내어 사용한다.

c. 마무리

활동이 끝나면 자리를 정리하고, 자기가 만든 휴지케이스를 소개한다.

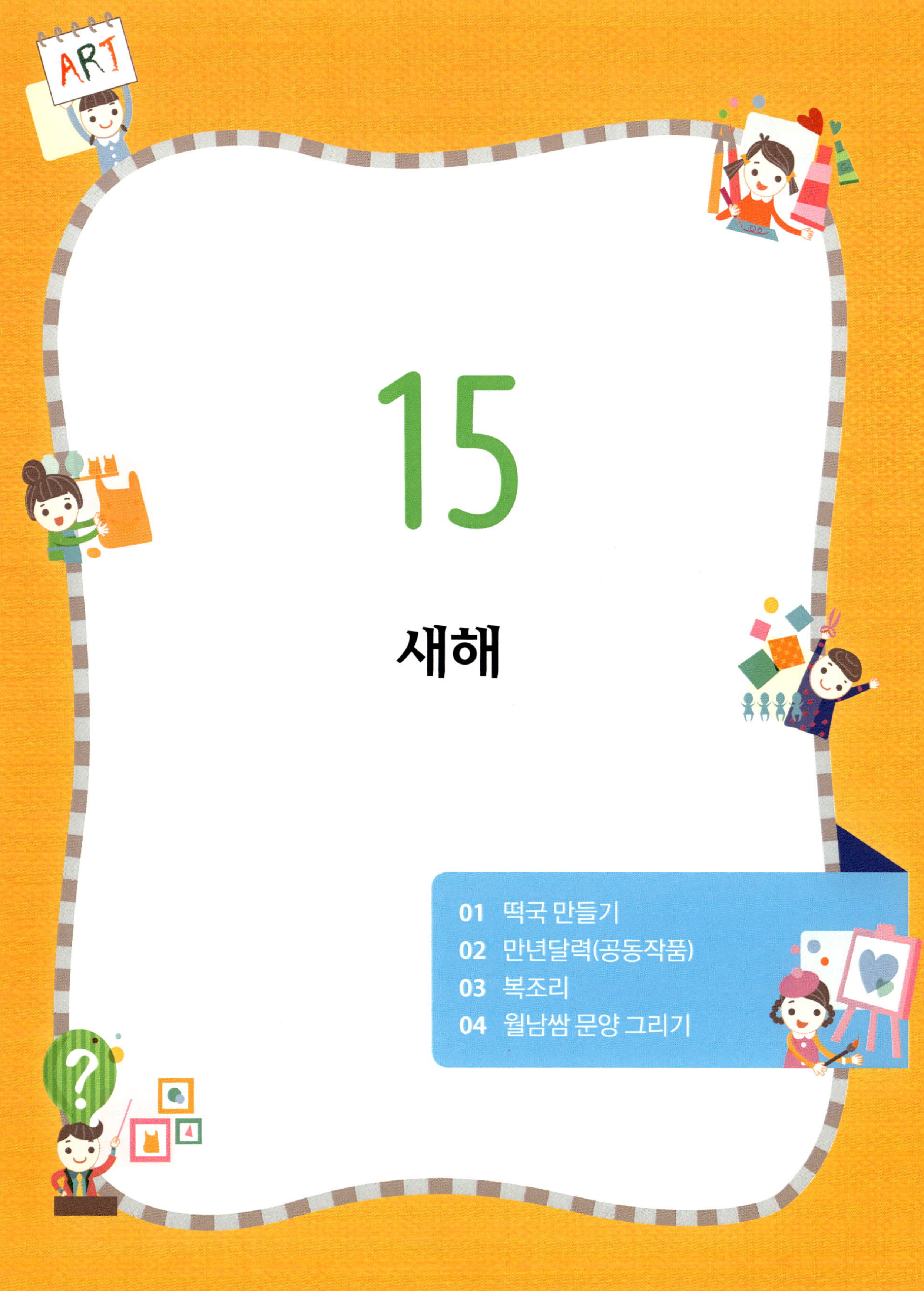

15

새해

01 떡국 만들기

민속 고유의 명절인 설날에 먹는 대표적인 음식인 떡국에는 어떤 재료들이 들어가는지 알아보고 조형활동을 해보자.

(1) 지도목표

떡국에 대한 경험을 떠올리며 만들어 볼 수 있다.

(2) 재료

도예토, 백업, 한지색종이, 비닐, 빵칼

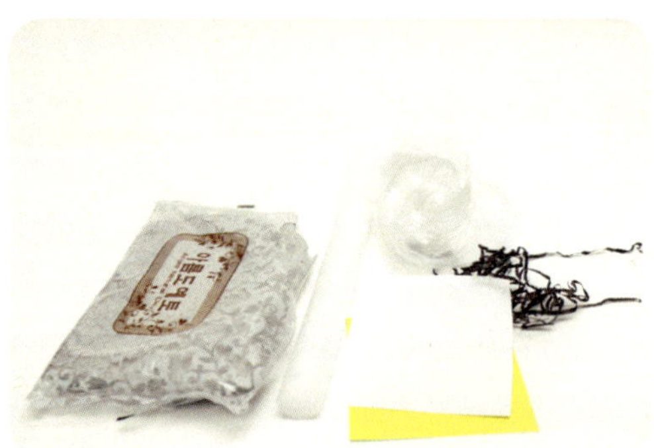

(3) 활동방법

a. 도입

① 떡국을 먹어 본 경험에 대해 이야기 나눈다.
- 떡국을 먹어 본 경험이 있니?
- 떡국은 언제 먹는 음식일까?

② 떡국을 만드는 방법에 대해 이야기 나눈다.
- 떡국을 만들기 위해서는 무엇이 필요할까?
- 떡국에 무엇이 있었니?

- 우리도 여기에 있는 재료들을 사용해서 떡국을 만들어 보자.

b. 전개

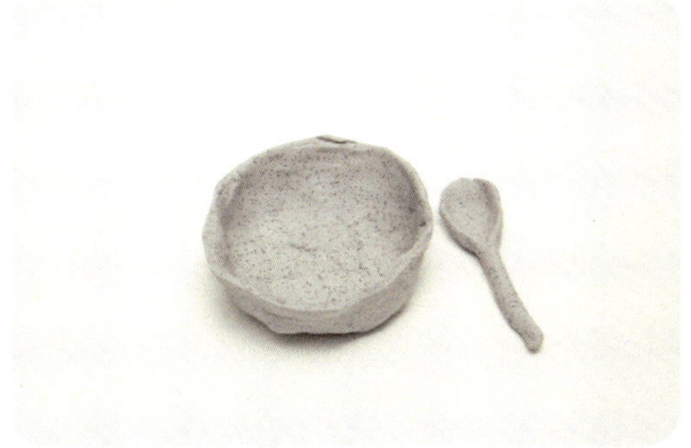

❶ 도예토로 그릇과 숟가락을 만든다.

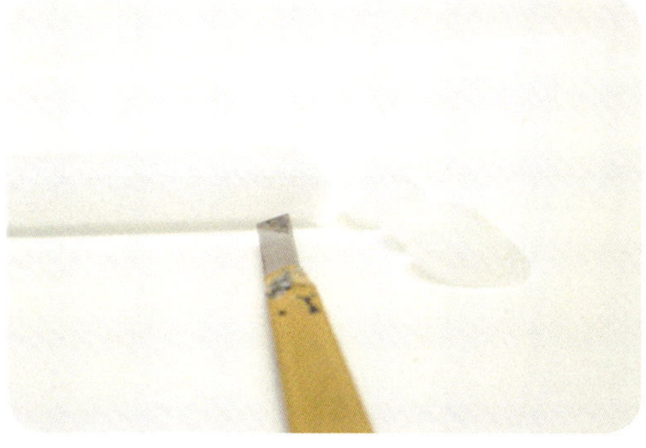

❷ 칼을 이용하여 백업을 사선으로 자른다(유아는 가위를 이용한다)

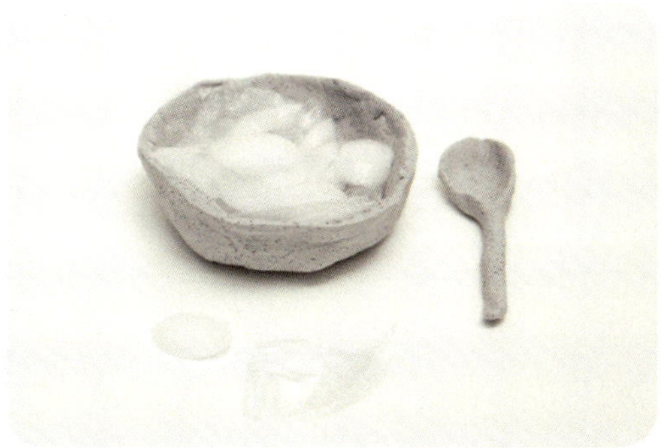

❸ 비닐을 잘라서 깔고 떡을 넣고 떡 위에 비닐을 올리고 다시 떡을 올려 자연스럽게 연출한다.

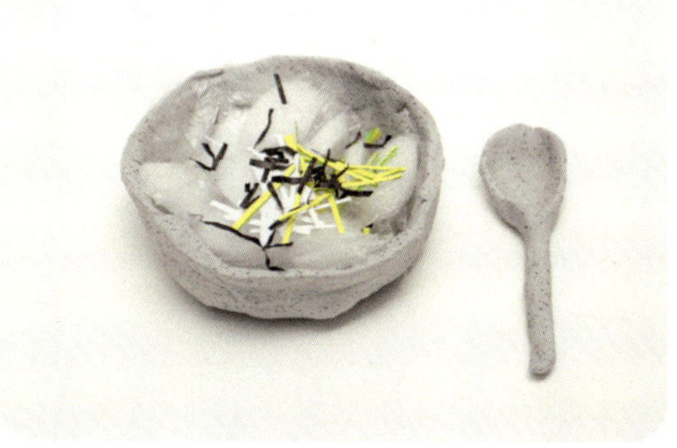

❹ 색한지를 잘게 잘라 고명을 얹는다.

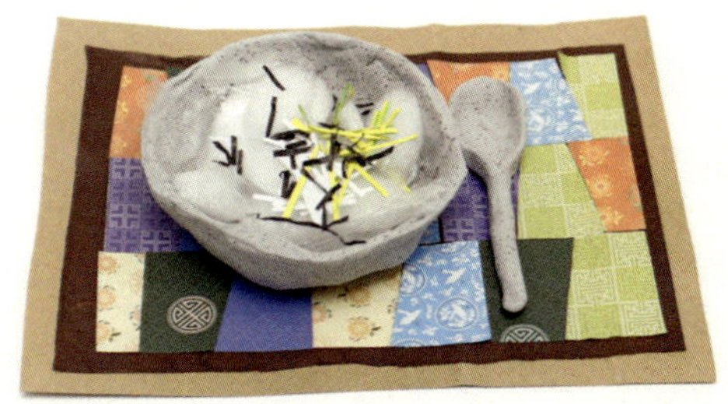

❺ 예쁜 전통무늬 식탁매트에 올려놓아 완성한다.

C. 마무리

활동이 끝나면 자리를 정리한다.
- 떡국을 만들어 보았는데 어땠니?
- 떡국을 누구와 함께 먹고 싶니?
- 누구의 떡국이 맛있게 만들어진 것 같니?

주의

빵칼이라도 손을 다칠 수 있으니 주의하여 사용하세요.

02 만년달력(공동작품)

새해가 시작되면서 바뀌는 달력은 1년마다 바뀌고 새달이 시작될 때마다 한 장씩 뜯어야 하는데 계속 사용할 수 있는 달력을 만들어 보자.

(1) 지도목표

새해가 바뀌었음을 알고 달력을 만들어 볼 수 있다.
한 달의 의미를 알고 수 개념을 익힐 수 있다.

(2) 재료

소주종이컵, 네임펜, 유성매직, 융판, 찍찍이, 뽀글이모루, 둥근 나뭇조각

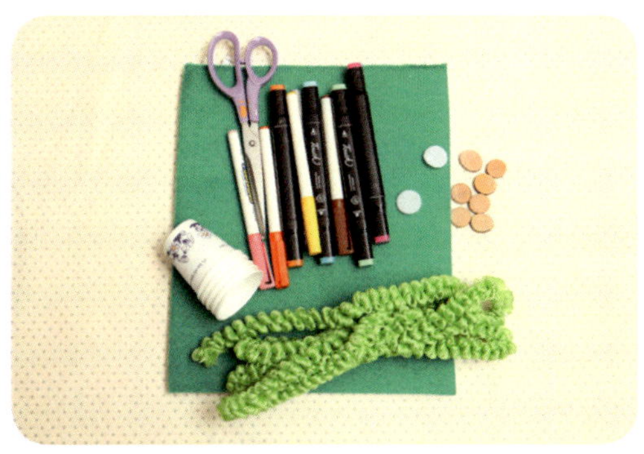

(3) 활동방법

a. 도입

① 달력에 대해 이야기 나눈다.
  - 오늘은 몇 월 며칠이니?
  - 날짜를 어떻게 알았니?

② 달력을 살펴보며 이야기 나눈다.
  - 달력 안에는 무엇이 있니?

- 어떤 숫자들이 있는지 말해 보자.

- 토요일과 일요일은 어떻게 표시되어 있니?

③ 달력 만들기 활동을 할 것을 소개한다.

- 앞으로 계속 사용할 수 있는 달력을 만들어 보자.

- 만년달력이라고 들어 본 적이 있니?

- 왜 만년달력이라고 할까?- 이 상자 안에는 무엇이 들어 있었을까?

- 여기에 있는 재료를 사용하여 무엇을 만들면 좋을까?

b. 전개

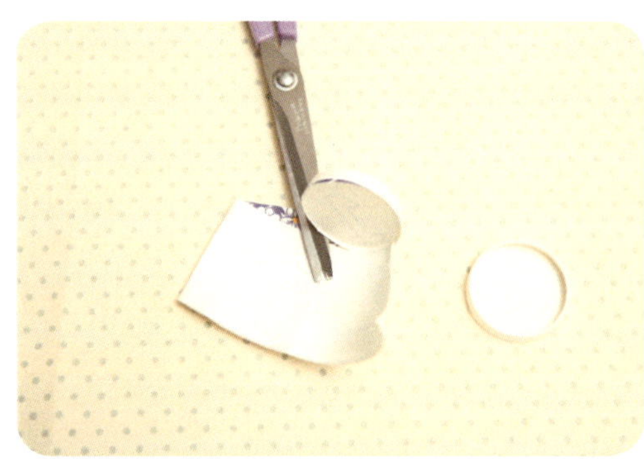

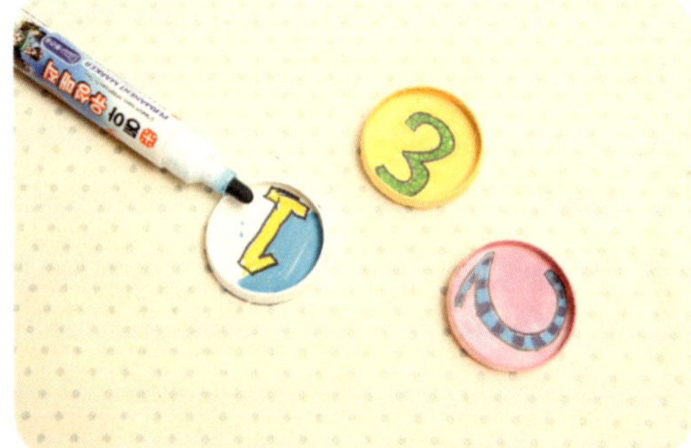

❶ 작은 종이컵의 밑면을 잘라서 숫자를 쓰고 색칠한다.

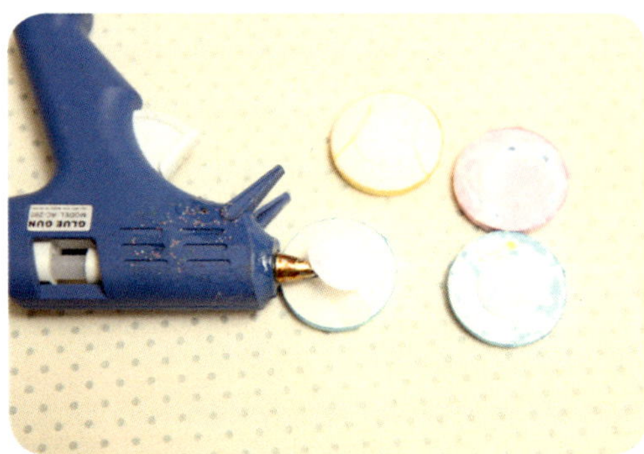

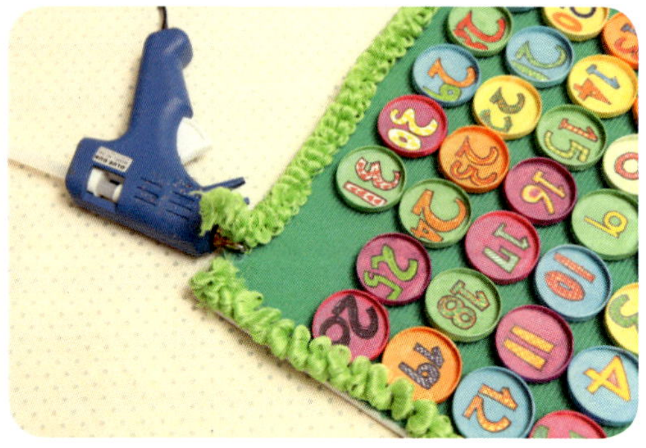

❷ 찍찍이의 거친 부분을 컵의 뒷면에 붙인다.

❸ 융판보드에 숫자들을 붙이고 뽀글이 모루로 테두리를 붙여 준다.

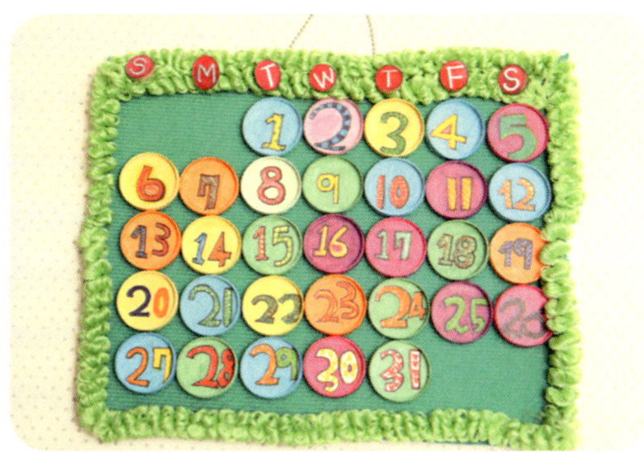

❹둥근 나뭇조각에 요일 이니셜을 쓰고 위쪽에 붙여 준다.
❺뒤에 고리를 달아서 벽에 걸어 놓는다.

c. 마무리

활동이 끝나면 자리를 정리한다.
- 만년달력을 만들어 보았는데 어땠니?
- 어려운 점은 없었니?
- 어디에 걸어두면 좋을까?

03 복조리

새로운 한 해가 시작되는 첫달 복을 기원하는 우리나라 풍습을 알아보고 복조리를 만들어 벽에 달아보자.

(1) 지도목표

새해가 되어 볼 수 있는 물건에 관심을 갖는다.
복조리의 의미를 알고 만들어 볼 수 있다.

(2) 재료

종이봉투, 장식수술, 원종이, 네임펜

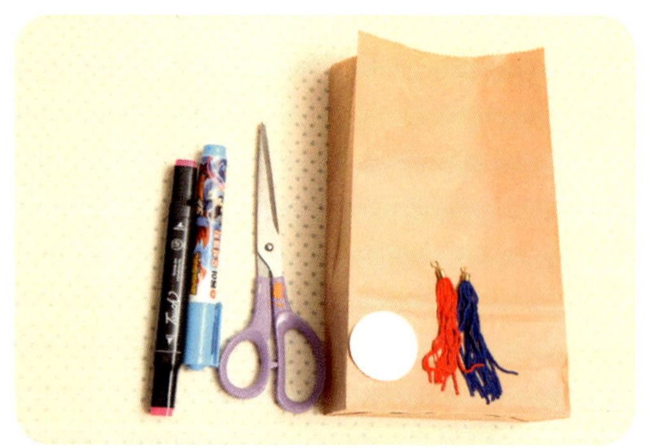

(3) 활동방법

a. 도입

① '복'을 주는 물건에 대해 이야기 나눈다.
  - 우리에게 좋은 복을 가져다준다는 물건에는 어떤 것들이 있을까?
  - 새해가 되면 집에 무엇을 걸어 둘까?

② 복조리에 대해 이야기 나눈다.
  - 이것은 무엇일까?

- 복조리를 본 적이 있니?

- 복조리는 어떤 뜻이 담겨 있을까?

③ 복조리를 만들어 볼 것을 이야기한다.

- 여기에 무엇이 있니?

- 복조리를 무엇으로 만들면 좋을까?

- 종이봉투를 사용해서 어떻게 복조리를 만들 수 있을까?

b. 전개

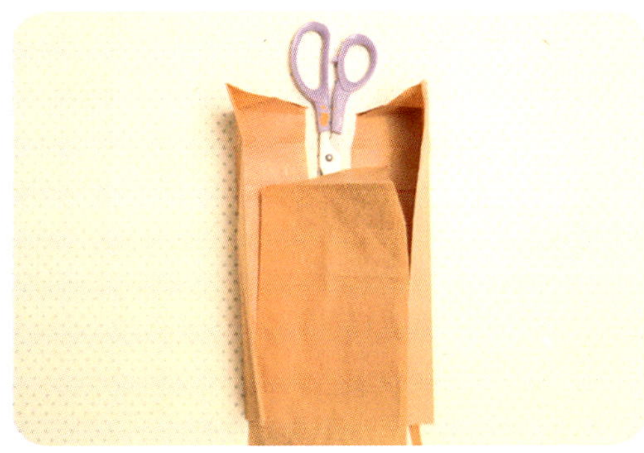

❶ 종이봉투의 밑면이 세모 모양이 나오게 가위로 자른다.

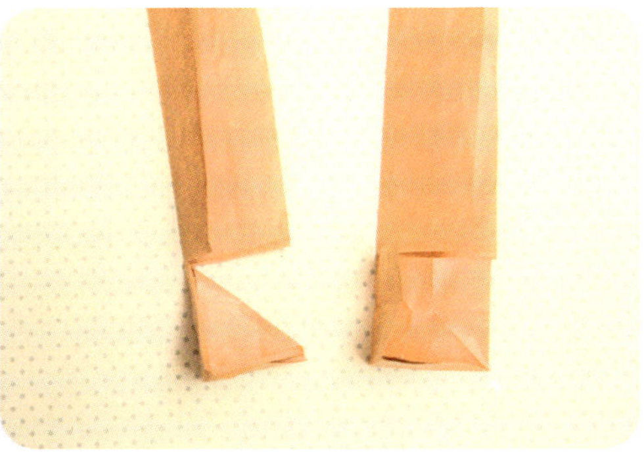

❷ 손잡이를 만들기 위해 그림과 같이 자르고 안쪽으로 접어 붙인다.

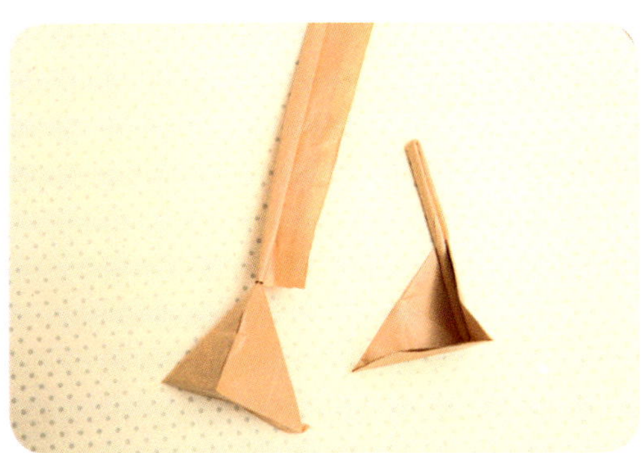

❸ 손잡이가 될 부분을 말아 접어 반으로 접는다.

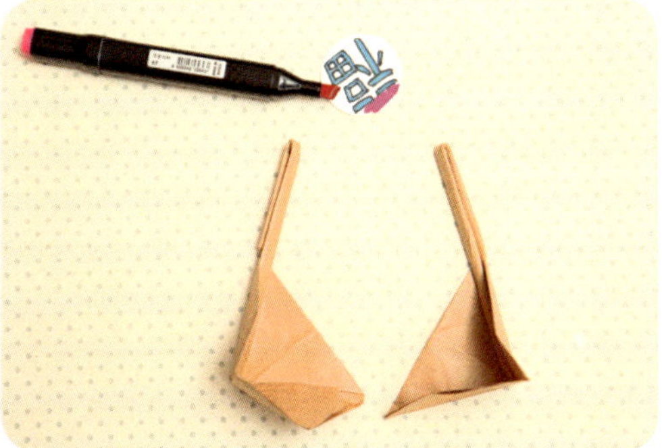

❹ 원종이에 '福'을 쓰고 색칠한다.

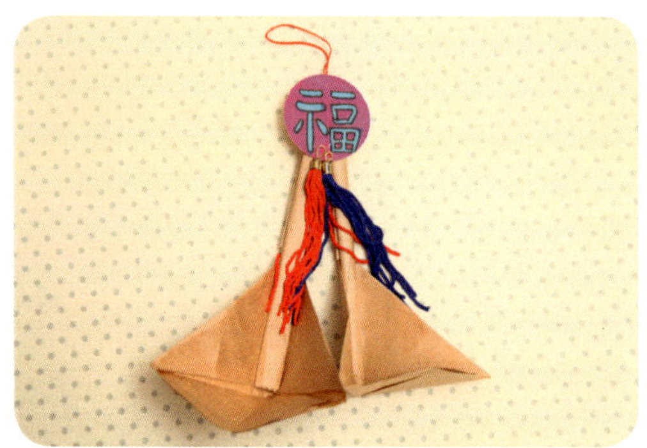

❺ 복조리와 장식수술을 원종이에 고정시키고 고리를 달아
서 벽에 건다.

c. 마무리

활동이 끝나면 자리를 정리한다.
  - 복조리를 만들어 보았는데 어땠니?
  - 어려운 점은 없었니?
  - 어디에 걸어 두고 싶니?

04 월남쌈 문양 그리기

우리나라 전통문양은 어떤 것들이 있으며 어디에서 볼 수 있을까? 전통문양을 월남쌈 위에 그려 보자.

(1) 지도목표

우리나라의 다양한 문양에 대해 관심을 갖는다.
여러 가지 문양을 만들어 볼 수 있다.

(2) 재료

월남쌈, 전통문양도안, 네임펜, 컬러매직

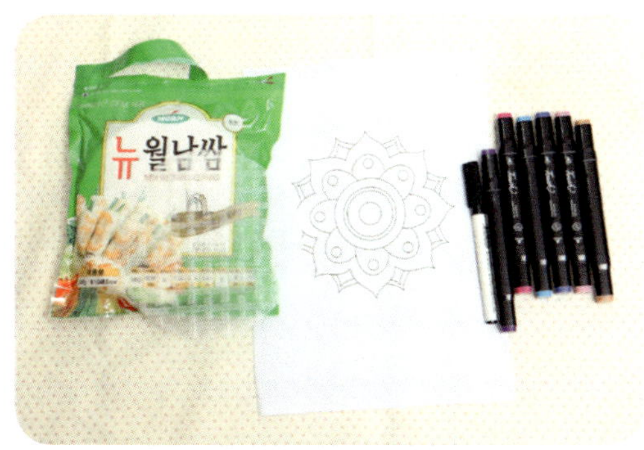

(3) 활동방법

a. 도입

① 우리나라의 다양한 전통문양에 대해 이야기 나눈다.
- 우리나라의 다양한 전통문양이 있단다. 어떤 문양들이 있는지 살펴보자.
- 이 문양은 어떤 모양인 것 같니?
- 무엇을 나타내는 문양일까?

② 유아들과 다양한 문양을 나타내 볼 것을 이야기한다.

b. 전개

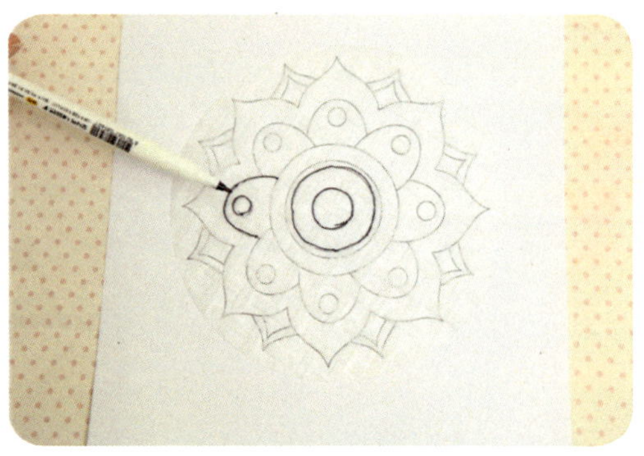

❶ 전통문양 도안 위에 월남쌈을 놓고 네임펜으로 따라서 그린다.

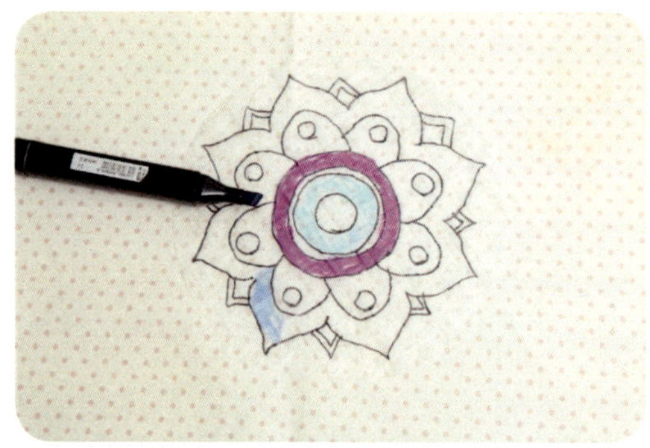

❷ 그림이 디 그려지면 뒤집어서 반대쪽에 유성매직으로 색칠한다.

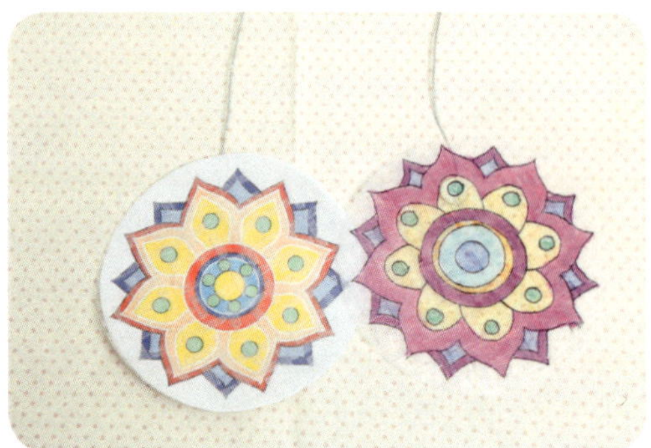

❸ 여러 장을 완성하여 모빌로 달거나 창문에 붙여도 좋다.

c. 마무리

완성된 문양을 보며 이야기 나눈다.
- 문양을 만들어 보았는데 어땠니?
- 어디에 장식하면 좋을까?

16

초등학교/형님반

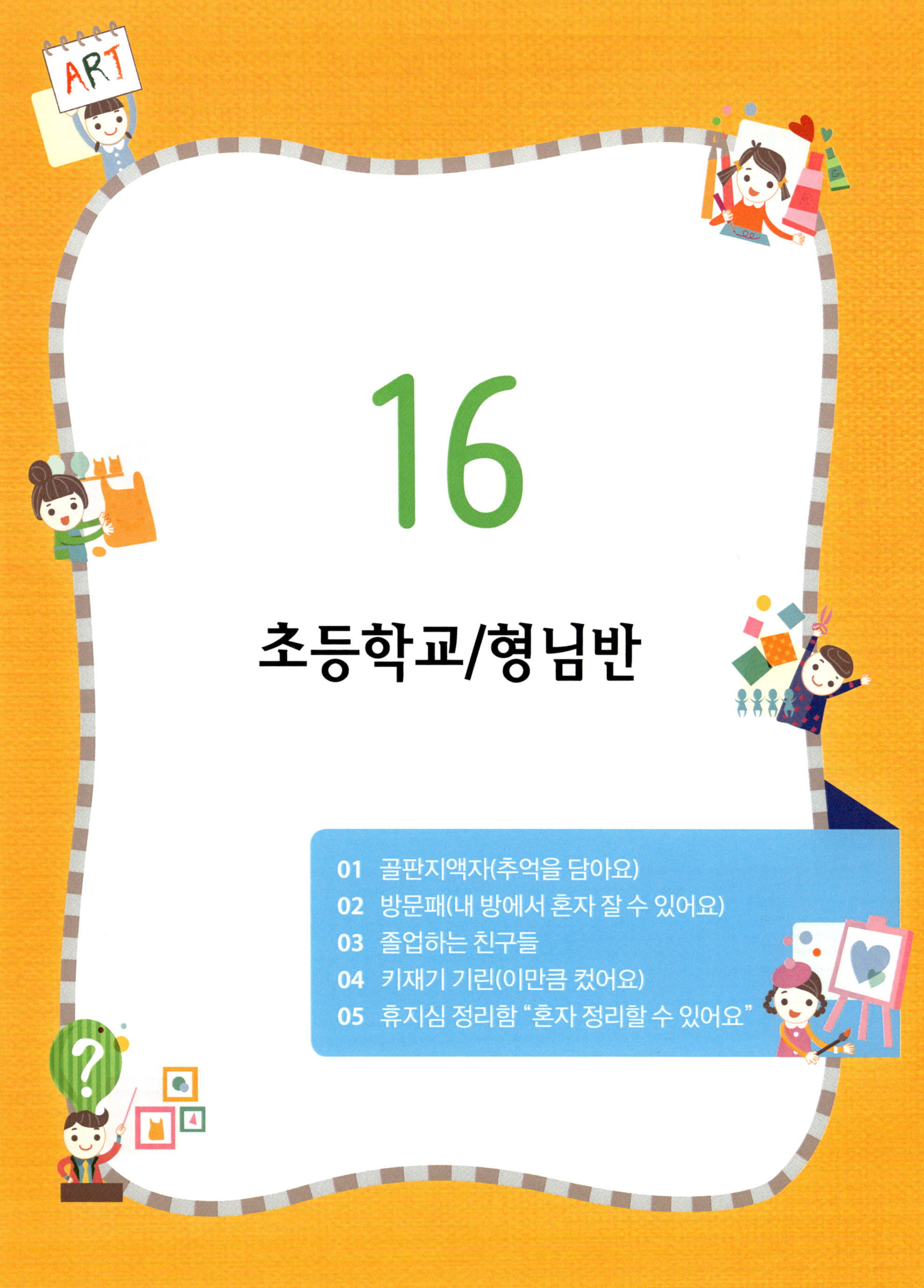

01 골판지액자(추억을 담아요)

주변에서 쉽게 구할 수 있는 재료로 사진을 넣을 수 있는 액자를 만들어 보자.
추억을 담는 액자들을 많이 만들어 장식한다.

(1) 지도목표

액자의 쓰임과 생김새에 관심을 갖는다. 창의적으로 액자를 만들어 볼 수 있다.

(2) 재료

골판지, 무늬리본, 영자신문, 빨래집게

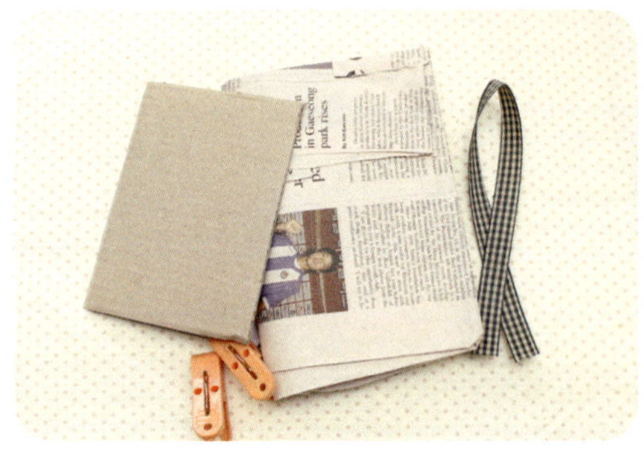

(3) 활동방법

a. 도입

① 액자에 대해 이야기 나눈다.
- 사진을 끼우거나 작품을 보관할 때 무엇을 사용하니?
- 너희들 집에도 액자가 있니?
- 액자를 어떻게 사용하고 있니?
- 액자가 어떻게 생겼니?

② 유아들에게 액자를 만들어 볼 것을 이야기한다.
   - 여기에 무엇이 있니?
   - 여기에 있는 재료들로 액자를 만들어 볼 수 있을까?

b. 전개

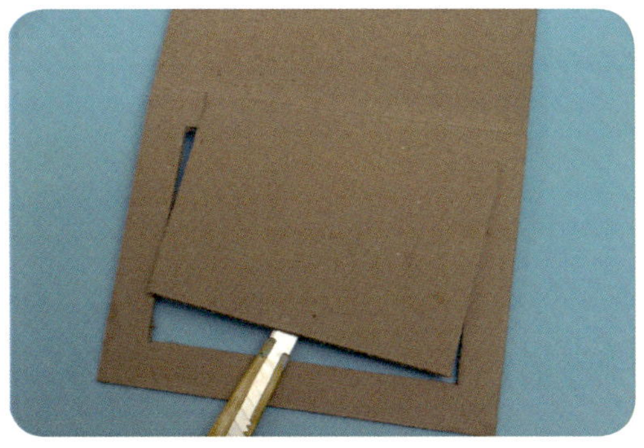

❶ 상자골판지를 반으로 접고 사진크기에 맞게 칼로 오려 낸다.

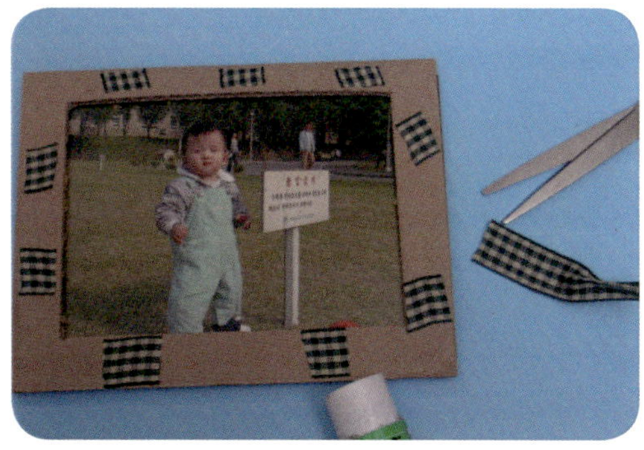

❷ 테두리 부분에 리본을 오려 붙인다.

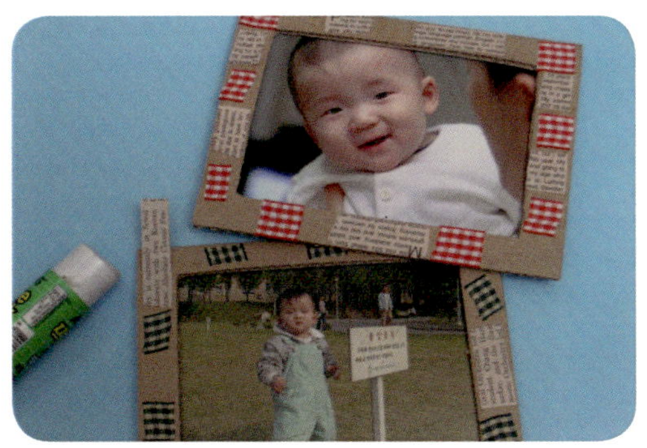

❸ 리본 사이에 영자 신문을 오려 붙인다.

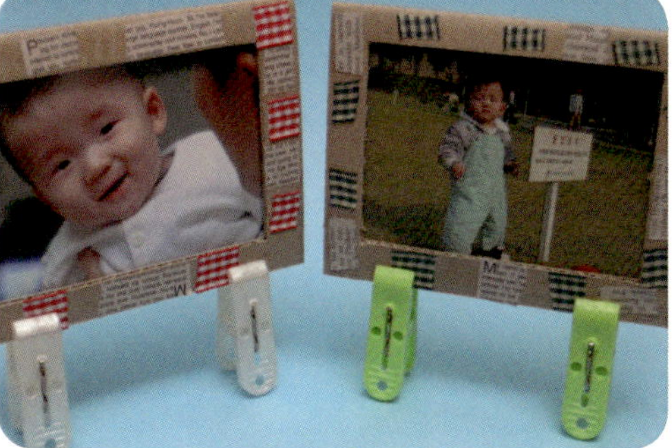

❹ 빨래집게를 아랫부분에 꽂아서 세워 놓는다.

c. 마무리

활동이 끝나면 자리를 정리한다.
   - 종이와 빨래집게를 사용하여 액자를 만들어 보았는데 어땠니?
   - 어려운 점은 없었니?
   - 액자에 무엇을 넣고 싶니

02 방문패(내 방에서 혼자 잘 수 있어요)

엄마 아빠와 같이 방을 쓰던 내가 '이제는 혼자 자도 무섭지 않아요'라고 용감하게 말할 수 있도록 방문패를 만들어 직접 붙이도록 한다.

(1) 지도목표

방문패의 의미를 알고 스스로 만들어 볼 수 있다.

(2) 재료

큰 하드스틱, 작은 하드스틱, 원 나뭇조각, 마끈, 단추, 하트모양 장식

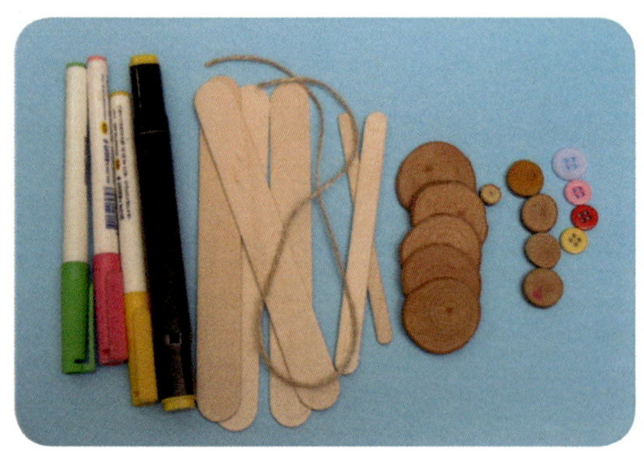

(3) 활동방법

a. 도입

① 문패를 소개한다.
- 이것이 무엇일까?
- 이것을 본 적이 있니?
- 이것의 이름을 무엇이라고 할까?

② 문패의 필요성에 대해 이야기 나눈다.
- 문패는 언제 사용할까?

- 문패를 사용해서 좋은 점은 무엇일까?

b. 전개

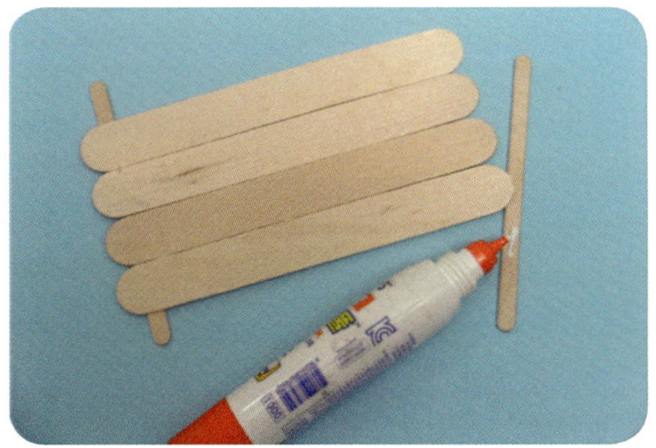

❶ 작은 하드스틱에 큰 하드스틱을 네 개 나란히 붙인다.

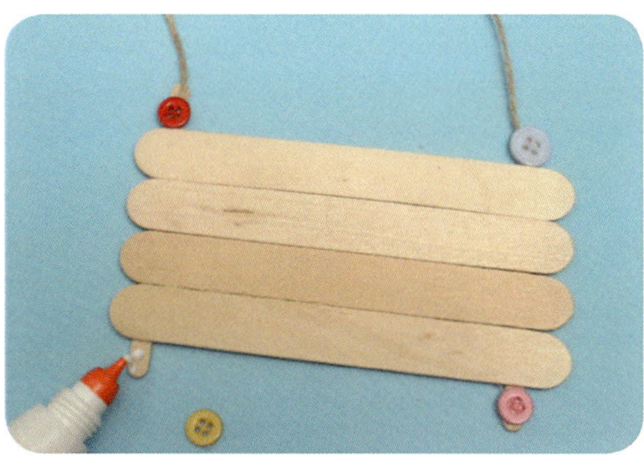

❷ 마끈을 위에 붙이고 단추장식을 한다.

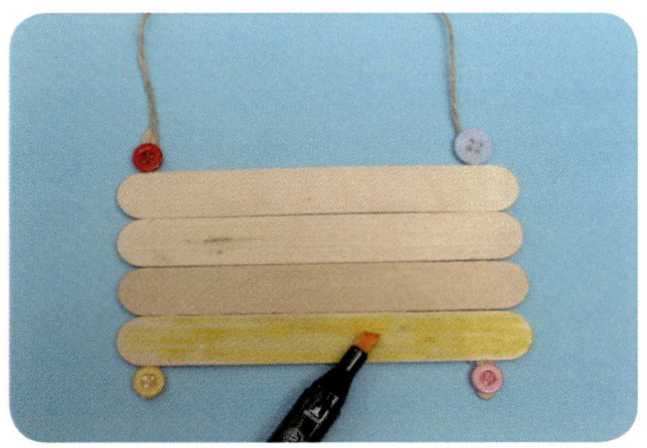

❸ 하드스틱을 마카로 색칠한다.

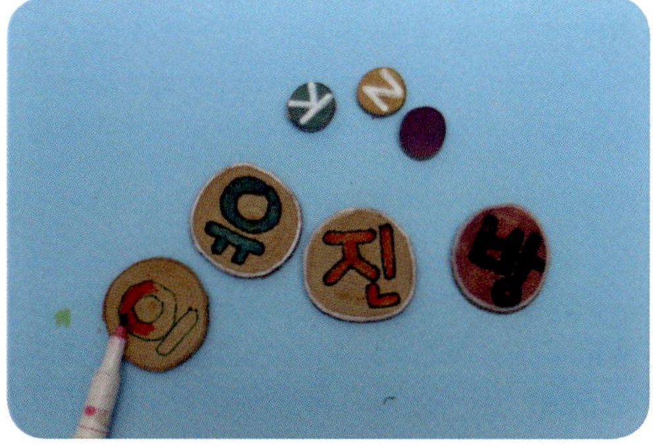

❹ 동그란 나뭇조각에 이름을 쓰고 색칠한다.
❺ 이름을 쓴 나뭇조각과 작은 나뭇조각을 붙이고 하트 장식이나 방울 장식을 달아 완성한다.

c. 마무리

활동이 끝나면 자리를 정리한다.
- 방문패를 만들어 보았는데 어땠니?
- 어려운 점은 없었니?
- 어디에 걸어 두고 싶니?

03 졸업하는 친구들

유치원 생활을 마치고 고마우신 선생님과 정든 친구들과 헤어져 졸업하는 때에 친구들과 함께 만들어본다.

(1) 지도목표

졸업의 의미를 안다. 졸업하는 친구들의 모습을 상상하며 표현해 볼 수 있다.

(2) 재료

종이접시, 검정 색종이, 도화지, 눈스티커

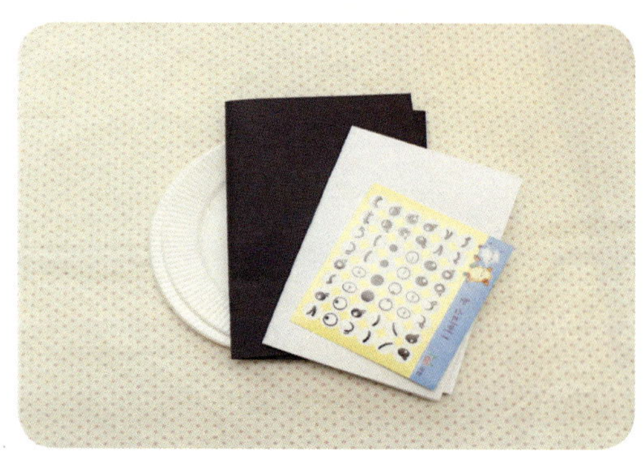

(3) 활동방법

a. 도입

① 졸업에 대해 이야기 나눈다.
- '졸업'이 무엇일까?
- 졸업을 할 때 어떤 옷을 입을까?
- 형님반에 올라가는 동생들도 수료를 할 때 어떤 옷을 입을까?
- (졸업가운과 모자를 보여 주며) 이런 옷을 본 적이 있니?
- 언제 입을까?
- 왜 이런 옷을 입을까?

② 유아들과 함께 졸업하는 친구들의 모습을 만들어 본다.
- 여기에 어떤 재료들이 있니?
- 여기에 있는 재료들로 졸업하는 친구들의 모습을 만들어 보자.

b. 전개

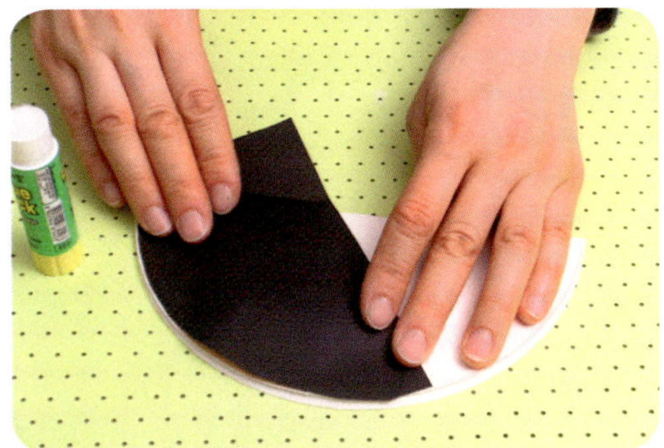

❶ 종이접시를 반으로 접고 검정 색종이로 졸업가운처럼 붙인다.

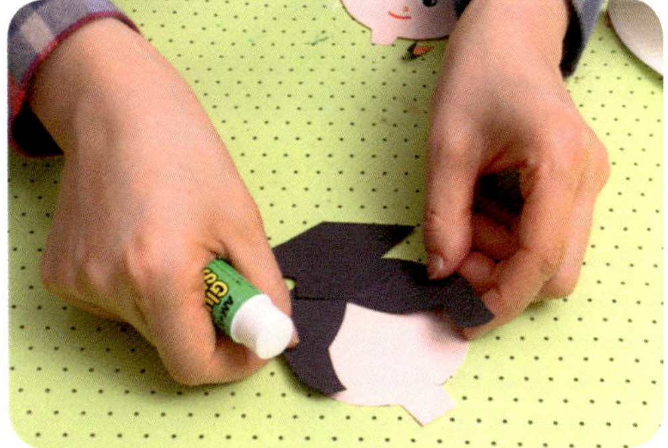

❷ 흰 도화지를 얼굴 모양으로 자르고 눈스티커를 붙인다.

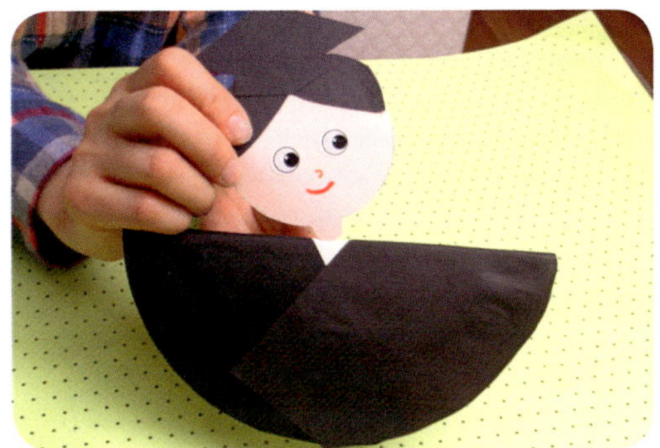

❸ 검정 색지로 머리와 학사모를 오려 붙인다.

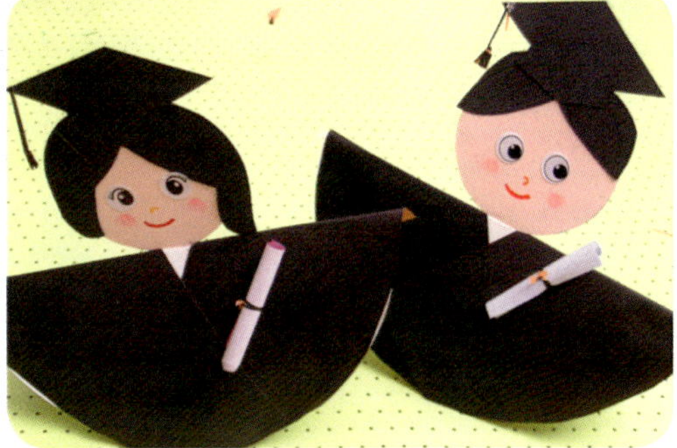

❹ 흰색 종이를 돌돌 감아 졸업장을 만들어 붙여 완성한다.

c. 마무리

활동이 끝나면 자리를 정리한다.
- 졸업하는 친구들을 만들어 보았는데 어땠니?
- 어려운 점은 없었니?
- 졸업이나 수료를 앞두고 기분이 어떠니?

키재기 기린(이만큼 컸어요)

자란다는 것은 무엇일까? 형님반이 되면서 동생들을 돌보아 주고 의젓한 모습으로 생활하는 우리 모습을 이야기해 보고 얼마나 컸는지 재 볼 수 있는 키재기 기린을 만들어 보자.

(1) 지도목표

신체변화에 대해 알고 관심을 가진다.

(2) 재료

융판보드, 종이접시, 펠트지, 눈알, 하드스틱, 단추, 색종이, 곰돌이타이, 찍찍이

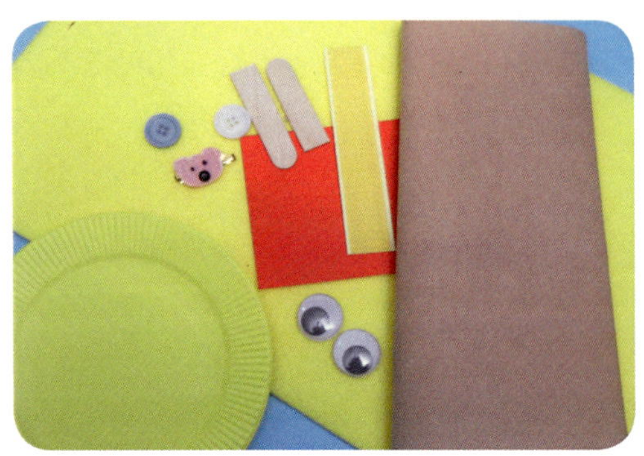

(3) 활동방법

a. 도입

① 키를 재기 위해 사용하는 것들에 대해 이야기 나눈다.
- 키가 얼마인지 알기 위해서는 어떻게 해야 할까?
- 키를 재기 위해 무엇을 사용하니?

② 키재기판을 소개한다.
- 이것은 무엇이니?
- 이것을 사용해 본 적이 있니?
- 키재기판은 언제 사용할까?

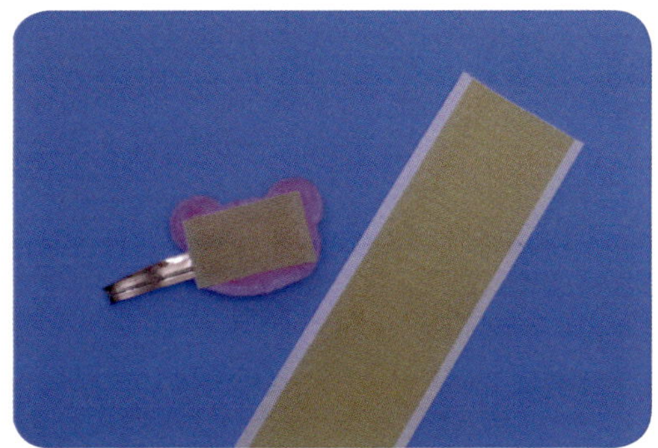

❶ 곰돌이타이 뒤에 찍찍이를 붙인다.

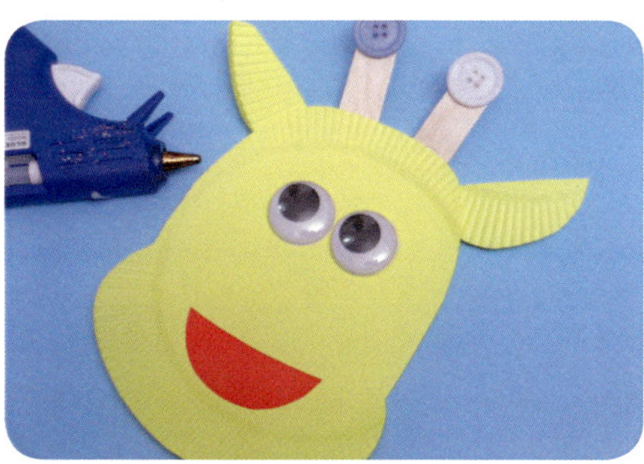

❷ 종이접시를 기린얼굴이 되도록 오리고 눈알과 귀, 뿔을 붙인다.

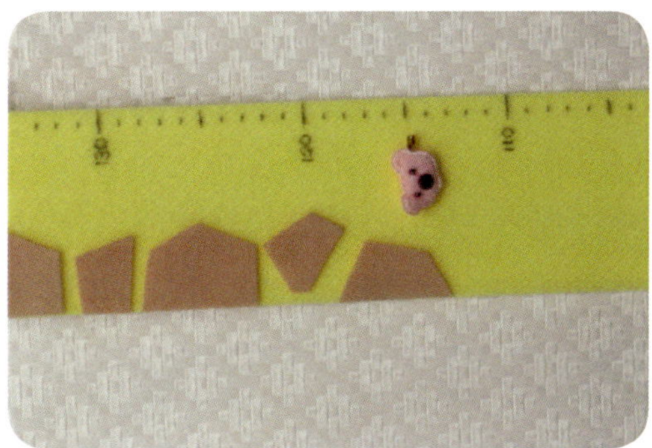

❸ 융판에 눈금을 표시하고 기린무늬를 펠트지로 붙인다.

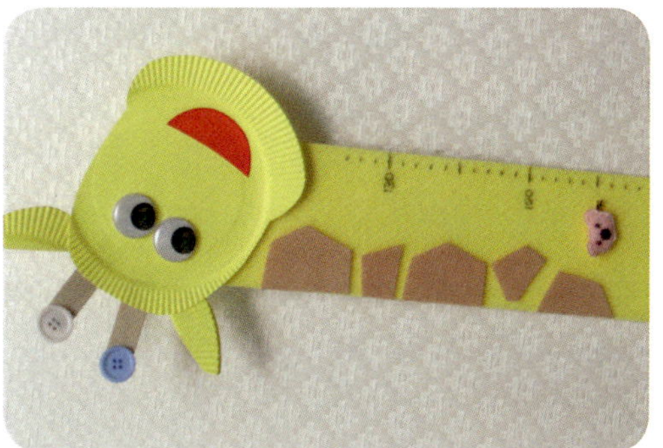

❹ 종이접시로 만든 기린 얼굴을 융판에 붙여 완성한다.

c. 마무리

활동이 끝나면 자리를 정리한다.

- 키재기 기린을 만들어 보았는데 어땠니?
- 어려운 점은 없었니?
- 어디에 붙여 놓으면 좋을까?
- 내 키가 얼마만큼 자라는지 살펴보자.

05 휴지심 정리함 "혼자 정리할 수 있어요"

내 물건은 내가 정리할 수 있는 나이가 되었음을 알고 주변을 깨끗하게 하는 역할을 스스로 하도록 정리함을 만들어 보자.

(1) 지도목표

정리함의 필요성을 알고 만들어 볼 수 있다.
재활용품을 사용한 만들기 활동을 경험한다.

(2) 재료

여러 가지 휴지심(지관), 색종이, 스티커, 폼보드, 구슬끈

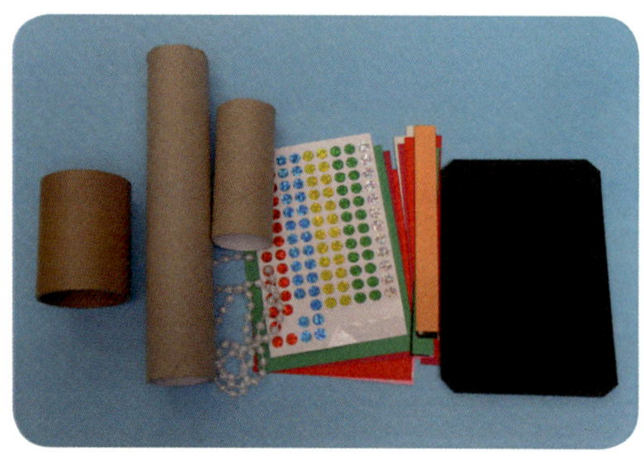

(3) 활동방법

a. 도입

① 정리함에 대해 이야기 나눈다.
- 색연필이 책상 위에 떨어져 있다면 어떻게 해야 할까?
- 어디에 정리를 해야 할까?
- 왜 그렇게 생각하니?

② 정리함의 필요성에 대해 이야기 나눈다.

- 정리함은 왜 필요할까?

- 집에 있는 정리함에는 어떤 것들을 정리해 놓았니?

③ 유아들에게 휴지심 정리함을 만들어 볼 것을 이야기한다.

- 우리도 정리함을 만들어 보자. 어떤 재료들이 필요할까?

- 이 재료들로 정리함을 어떻게 만들 수 있을까?

b. 전개

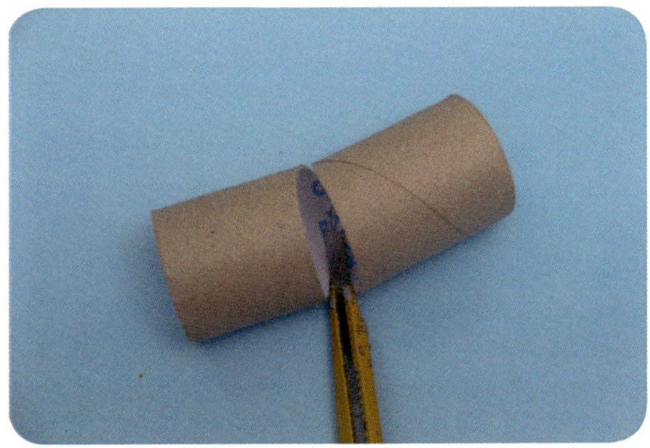

❶ 휴지심을 여러 가지 길이로 자른다.

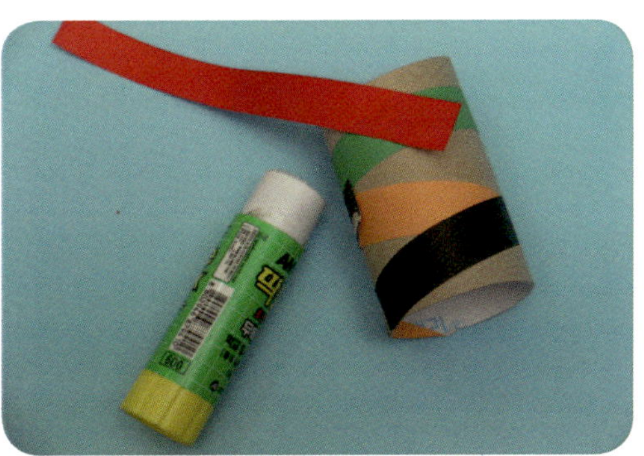

❷ 색종이를 이용하여 휴지심을 꾸민다.

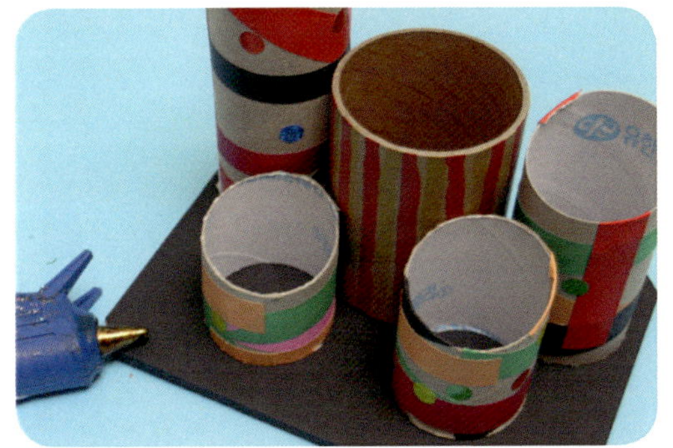

❸ 스티커를 붙이고 폼보드 위에 본드나 글루건을 이용하여 고정한다.

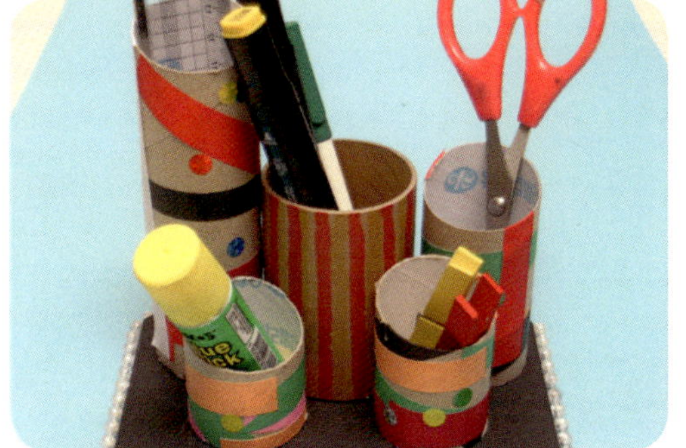

❹ 폼보드의 테두리에 구슬끈을 붙여서 마무리한다.

c. 마무리

활동이 끝나면 자리를 정리한다.

- 휴지심을 사용해서 정리함을 만들어 보았는데 어땠니?

- 어려운 점은 없었니?

- 어디에 놓고 사용하면 좋을까?

조형미술활동 사례집

입체표현미술 편

초판인쇄 2014년 12월 10일
초판발행 2014년 12월 10일

지은이 전정민 · 이희원
펴낸이 채종준
기획 조가연
편집 한지은
디자인 이명옥
사진 함용식

펴낸곳 한국학술정보(주)
주소 경기도 파주시 회동길 230(문발동)
전화 031) 908-3181(대표)
팩스 031) 908-3189
홈페이지 http://ebook.kstudy.com
E-mail 출판사업부 publish@kstudy.com
등록 제일산-115호(2000.6.19)

ISBN 978-89-268-6699-3 13370

이담 Books는 한국학술정보(주)의 지식실용서 브랜드입니다.